Force on Force

La tumba del ego

José Ángel Soguero

1ª Edición: Febrero de 2026

ISBN: 9788409817528
Depósito Legal: Z-144-2026
Sello: José Ángel Soguero

A mis hermanos de uniforme

Índice

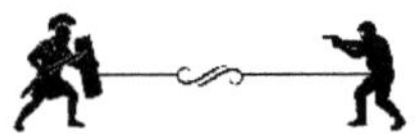

Agradecimientos

Este libro no habría llegado a buen término sin la ayuda inestimable y la dedicación infatigable de mi hermano Xabier Martínez. "*Xabi*", policía vocacional, profesional íntegro, aprendiz constante y motor imprescindible en la asociación PTPOL, ha demostrado durante meses una generosidad excepcional. Asumió la ardua tarea de leer y releer las numerosas versiones previas de este manuscrito que le enviaba, revisándolas con meticulosidad. Me advirtió sobre erratas, textos farragosos y reiteraciones que, para el autor, resultan difíciles de percibir. Sus ideas, propuestas de mejora y su perspectiva fresca han sido fundamentales para llevar a buen puerto este libro.

Del mismo modo, quiero agradecer a otros muchos amigos, compañeros y hermanos de uniforme, que también han influido de un modo u otro en este texto. Sabiendo que no podré nombrar a todos, agradezco especialmente a Cecilio, Esteban, Arturo, *Manolo,* Domingo *(Domin)*, Juan Carlos B. *(Juancar)*, José (*Santiago y cierra España*), Ernesto P.V., Ray y Pablo, Fernando y Agustín, Miguel (*Bisbal*), Víctor, Fernando L., Antonio F. y Maricarmen, Ixai, Nicolás, Cristian, Guillermo, Rubén, Marcos y Rafa S., con una especial mención al general don Paulino Rogelio J. "*don Paulino*" y a Germán Z., ambos allende de ultramar.

Finalmente, mi agradecimiento más profundo es para mi familia, por las horas, días y noches que les he robado para sacar adelante este proyecto; un tiempo invertido a su costa y que ya no volverá.

******

Como profesionales armados vivimos en un vasto universo de entrenamiento táctico. Sé que no es nada nuevo «*bajo el sol*», pero las actuales redes sociales y la omnipresente internet las hace más rápidas y lejanas en su exposición, por más que luego duren uno o dos clics de un dedo pulgar. Estamos en épocas de cambios sociales históricos, y el mundillo táctico de la instrucción no es ajeno a todo ello.

Tras un comienzo tan aparentemente oscuro y pesimista permítanme volver al mundo de la instrucción y capacitación de la mano de un auténtico y dedicado profesional armado, mi hermano de armas y autor del presente ensayo no merece un prólogo deprimente y de quejica.

Pues eso, en el mundo del verdadero profesional armado donde la precisión y la eficacia son esenciales, "*Force on Force. La tumba del ego*" emerge como una obra pionera, y que por ello, por esa misma creación única y sin precedentes , será fundamental en el concepto que transmite. Tienen en sus manos un ensayo, denominarlo manual es quedarse muy corto, que invita a reflexionar sobre la verdadera esencia del aprendizaje y la superación personal. Un libro que no solo aborda técnicas y estrategias, sino que profundiza en los Principios, Valores y Ética que deben guiar tanto al instructor como al aprendiz en su camino hacia la excelencia.

José Ángel Soguero parte en todos sus entrenamiento *FoF* con un enfoque realista, pragmático, sencillo y efectivo. Doy fe personal y directa de ello, pudiendo observar, y disfrutar, que su enfoque realista se distingue por permitir, y a la vez obligar, a los participantes a enfrentar escenarios que simulan situaciones de combate concretas y reales. A través de ejercicios prácticos, sus alumnos pueden poner a prueba todas las técnicas adquiridas, o que han creído adquirir, identificar sus fortalezas y áreas de mejora, las posean o no, y, sobre todo, adaptarse a las dinámicas cambiantes del entorno operativo. Su método, sus formas, sus procedimientos no solo mejoran las habilidades técnicas, sino que además fortalecen las capacidades de tomar decisiones bajo presión y de aprender de los errores cometidos, propios y ajenos.... y de los aciertos.

La incorporación de herramientas aparentemente infantiles, como el airsoft, en estos entrenamientos ha demostrado ser altamente efectiva. Al utilizar réplicas de armas que disparan proyectiles no letales, los participantes pueden experimentar la tensión y las sensaciones de un enfrentamiento real sin los riesgos asociados al uso de munición real. Esta modalidad permite una práctica más segura y accesible, fomentando la confianza y la preparación para situaciones de alto riesgo. Pero sobre todo pone al ego en una palestra problemática, donde las pequeñas bolitas generan heridas que no por no ser sangrantes, si se realiza todo con seguridad, dejan menor huella en el espíritu; no por ser menos perforantes profundizan menos en la mente, no por ser menos precisas en sus trayectorias dejan de alcanzar objetivos exactos y necesarios.

Podrán comprobar que los principios científicos campan a sus anchas por todas las páginas, de todas las ciencias que puedan imaginar y muchas que seguro les sorprenderán en el ámbito de la instrucción y adiestramiento del Profesional Armado.

Pero... ¿qué pensarían si además encuentran principios específicos y fundamentales que prácticamente ha compilado su autor?

Sin duda pensarán que exagero, después de todo José Ángel es un hermano de armas para mí.

Permítanme explicarme y juzguen después.

Podrán comprobar que el entrenamiento lo plantea para reflejar las condiciones y desafíos que se enfrentarán en situaciones reales. Lo que implica recrear escenarios lo más fielmente posible para que los participantes puedan desarrollar habilidades transferibles al campo de acción. O lo que es lo mismo, Principio de la Realidad:

Descubrirán que las técnicas y tácticas deben enseñarse de manera gradual, comenzando con fundamentos básicos y avanzando hacia ejercicios más complejos. Progresión que asegura una comprensión sólida y una aplicación efectiva de las habilidades adquiridas. ¿De qué hablamos? Del viejo y ya clásico Principio de la Progresión. La repetición constante de las acciones necesarias es esencial para realizarlas de la forma más rápida y precisa cuando sea requeridas. Práctica continua que fortalece la memoria muscular y la capacidad de respuesta automática. Aquí tienen el Principio de la Reiteración:

Tras lo anterior, y una vez que se han asimilado las acciones, es crucial ensayarlas en condiciones similares a las que se encontrarán frente a los adversarios o misión real. Esto garantiza que los participantes estén preparados para enfrentar situaciones inesperadas y complejas. José Ángel, siendo maestro reconocido y demostrado de todo lo. anterior, respecto al Principio de la Escenificación pueden considerarlo un verdadero Maestro de Armas, en su más clásica y distinguida acepción. Me enorgullece decir que este Maestro de Armas no se guarda nada con deseos de tener siempre un saber oculto que lo haga destacar y sobresalir, muy al contrario lo da todo buscando que sus alumnos lo superen y descubran sendas que el nunca avistó. Todo lo que entrega lo hace como pilar fundamental para que los participantes comprendan el propósito y la estrategia detrás de cada acción, así como su rol específico en su ejecución, análisis, mejora y evolución. Esta comprensión profunda permite una adaptación plena, continua y efectiva a las contingencias que puedan encontrarse. El Principio de la Información es el cimiento sobre lo que basa su propio legado.

Como pueden observar tras leerme, tienen en la mano un ensayo científico y filosófico en un único paquete. Al modo de los grandes mentores de la Historia, José Ángel es útil y vital para el crecimiento interno y técnico, tanto de alumnos como de instructores. Casi nada.

Pero, parafraseando a Super Ratón, que veíamos ambos en nuestra ya lejana infancia… "*no se vayan todavía, aún hay más*".

Más allá de los procedimientos, técnicas y tácticas que podrán leer sobre el entrenamiento FoF, podrán descubrir lo profundamente enraizado en Valores y Principios éticos que guían el comportamiento tanto del instructor como del alumno. Hablo, o mejor dicho, demuestra nuestro autor, "*cosas*" como, humildad, responsabilidad, integridad, respeto y compromiso, por destacar solo las cinco más evidentes. Cinco tan solo, pero que en el mundo que nos toca vivir... no son pocas.

Humildad para reconocer las propias limitaciones y estar dispuesto a aprender de los demás, algo esencial para el crecimiento personal y profesional. Humildad que nos permite aceptar críticas constructivas y buscar constantemente la mejora.

Responsabilidad que tanto en el papel de instructores como en el de aprendices debemos asumir de nuestras acciones y decisiones durante el entrenamiento. Responsabilidad que implica ser conscientes de las consecuencias de nuestros actos y aprender de los errores cometidos.

Integridad para actuar con honestidad y coherencia en todas las situaciones. La integridad es fundamental, ya que construye confianza y establece un estándar ético que debe ser mantenido en todo momento.

Respeto, el mismo que nos hace valorar y considerar las opiniones, habilidades y experiencias de los demás, lo que además fomenta un ambiente de aprendizaje positivo y colaborativo. El respeto mutuo es la base de una relación instructor-alumno, y alumno-instructor, efectiva y provechosa para ambos.

Compromiso con el proceso de aprendizaje y con el desarrollo de habilidades, sabiendo que el aprendizaje requiere dedicación y esfuerzo constante, lo que es esencial para alcanzar la excelencia en cualquier campo de la vida, profesional, privada o interna.

Debería ir terminando, lo sé, lo importante está en las siguientes páginas que les quedan por leer. Pero permítanme dos reflexiones finales, háganme esta pequeña merced. El subtítulo de la obra, "*La tumba del ego*", ya es una enseñanza en sí mismo. Nos invita a reflexionar sobre la importancia de dejar de lado el orgullo y la autosuficiencia para abrazar la vulnerabilidad y la disposición al aprendizaje. En el contexto del entrenamiento del profesional armado, en particular de ese menos del 1% de la humanidad que en contra de los más profundos instintos se dirige conscientemente al peligro con el deseo de cumplir con su Deber de Servir y Proteger a sus semejantes, esto significa reconocer que siempre hay espacio para mejorar, y asumiendo que el verdadero crecimiento se logra cuando se está dispuesto a cuestionar las propias creencias y a aceptar la guía de otros.

José Ángel Soguero, a través de este libro, nos ofrece una guía para navegar por el complejo mundo del entrenamiento FoF, enfatizando que la verdadera maestría no solo se alcanza a través de la habilidad técnica, sino también mediante el desarrollo de una mentalidad ética de Valores sólidos. "*Force on Force. La tumba del ego*" es mucho más que un manual técnico; es una reflexión profunda sobre el proceso de aprendizaje, la importancia de la ética y los valores en el entrenamiento, y la necesidad de mantener una mentalidad abierta y humilde en la búsqueda de la excelencia.

Este libro que ahora sostienen es una herramienta invaluable para todos aquellos que buscan no solo mejorar sus habilidades tácticas, sino también crecer como individuos y profesionales comprometidos con su desarrollo y el de los demás. "*Force on Force. La tumba del ego*" es una invitación a todos los instructores y aprendices a embarcarnos en un viaje de autodescubrimiento y superación, donde el ego es dejado atrás en favor de la verdadera y única excelencia.

Ya tengo mi banco de remo en esta vieja, clásica y a la vez novedosa y sempiterna galera… siempre hay bancos y remos libres… ¿se alistan en este viaje?

Disfruten de un texto que les cambiará…

Cecilio Andrade.

******

Entrena como trabajas

Voy a iniciar estas páginas con una máxima que considero esencial, y que he escuchado argumentar a muchos de mis instructores y amigos a lo largo de varias décadas: «*Entrena como trabajas; trabaja como entrenas*». Esta sentencia que seguramente es tan antigua como la estrategia bélica misma —porque los legionarios romanos, en cierto modo, ya en su día la internalizaban—, considero que contiene la esencia y el propósito del método de entrenamiento *Force on Force* (FoF).

Escribir este libro sobre FoF ha sido un desafío que he asumido con profunda responsabilidad y más de un dolor de cabeza. No porque haya sido difícil escribir sobre aquello de lo que llevo hablando durante años, sino que cuando me exigí plasmar con honestidad una buena parte de los conocimientos que he acumulado a lo largo de los años —en mis distintas facetas como aprendiz, alumno, instructor y compañero—, me pregunté qué contar y cómo transmitirlo a los que leyesen estas páginas.

Lo lógico es contarles que mi convicción de que el FoF es mucho más que una simple simulación, está cimentada en los resultados tangibles de innumerables experiencias a lo largo de los años. Porque este método de entrenamiento bien dirigido, puede ser una fuente de inspiración para el crecimiento profesional —para los profesionales de la seguridad en general— y una herramienta transformadora para desarrollar habilidades y aptitudes esenciales. Precisamente por ello, me propuse que el objetivo principal de estas páginas fuera que sirvieran como guía para ayudar a diseñar programas de entrenamiento FoF.

Y por eso, en este libro que ahora tienen en sus manos, entre líneas e ideas, se suman las experiencias de más de tres décadas de aprendizaje continuo, dedicación profesional e incontables jornadas de trabajo. Durante este tiempo, he tenido la suerte y el privilegio de poder colaborar con muchos profesionales de las Fuerzas y Cuerpos de Seguridad —estatales, autonómicos y locales—, del sector de la seguridad privada y, por supuesto, de las Fuerzas Armadas. El constante intercambio de conocimientos en talleres, seminarios y adiestramientos de diversa índole, me han resultado fundamentales para que pudiera forjar una visión clara y pragmática sobre el universo que rodea a los entrenamientos FoF.

Del extracto de todo lo anterior van a encontrar en las próximas páginas una metodología y una perspectiva sobre este tipo de actividades, que espero les sirva de inspiración o de simple referencia para planificar y ejecutar sus propias prácticas.

Quiero señalar que en este libro no voy a profundizar en relatos detallados ni en análisis específicos sobre enfrentamientos armados reales —aunque la parte dogmática y las actividades que les propongo se fundamenten en ellos—. Dicha información excede el propósito central de estas páginas y como ya ha sido abordada, con gran rigor, por otros autores de prestigio, me veo en la obligación de remitirles a ellos.

Entre esos autores y obras relevantes, quiero dedicar una mención especial a los libros *Policías, muerte en la calle* y *En la línea de fuego*, de Ernesto Pérez Vera[1] y Fernando Pérez Pacho. Me gustaría recalcar en este punto, que Ernesto me supone, personalmente, una fuente inacabable de inspiración a través de su trabajo y labor divulgativa desde hace décadas.

Volviendo a los libros mencionados, los autores combinan el relato de hechos reales de policías implicados en enfrentamientos armados, con análisis exhaustivos basados en testimonios directos de esos mismos policías, añadiendo además un valioso enfoque sobre las reacciones fisiológicas y psicológicas ante esas situaciones extremas.

Por eso, en las siguientes páginas me voy a centrar en el proceso de entrenamiento: en ofrecerles algunas de mis herramientas para que ustedes, si les sirven, se apoyen en ellas para gestionar sus actividades de instrucción, evaluación de las mismas y el importantísimo análisis del comportamiento de sus alumnos o compañeros.

---

[1] *Policías, muerte en la calle –Editorial Tecnos. 2019 - En la línea de fuego: La realidad de los enfrentamientos armados Editorial Tecnos. 2014*

La confección de todo lo que sigue a continuación, no habría sido posible sin la influencia de grandes profesionales, algunos de los cuales son hoy grandes amigos. Sus enseñanzas y experiencias han sido fundamentales en mi carrera. Menciono especialmente a don Cecilio Andrade[2], cuya obra titulada *Principios del adiestramiento táctico* fue para mí una piedra angular. Sentó las bases para comprender la preparación integral —física y mental— necesaria antes de afrontar situaciones de combate. Junto a su vasta producción académica y su incansable labor como instructor, Cecilio fue y sigue siendo un sólido pilar en mi camino, porque no hay mejor maestro que el que siempre está aprendiendo.

La búsqueda constante de aprender me ha llevado a nutrirme de numerosos expertos y grandes profesionales, que han enriquecido mi perspectiva y me han permitido forjar un modelo pedagógico sólido y práctico. El ejemplo de esta dedicación es mi participación en la asociación *Perfeccionamiento de Técnicas Policiales*[3], donde llevo más de quince años aplicando gran parte de los conceptos y metodologías que ahora les desgloso en este libro.

Para concluir, espero que el recorrido por estas páginas les permita ampliar sus horizontes y descubrir nuevas perspectivas, proporcionándoles recursos valiosos que contribuyan a un continuo crecimiento profesional.

******

[2] *Andrade García, José Cecilio. Principios del adiestramiento táctico. Madrid: Mercopalabra*

[3] *Asociación sin ánimo de lucro inscrita en el registro de asociaciones de Navarra nº7073*

¿Cómo utilizar este libro?

Este libro lo he diseñado como un manual de uso práctico. En la primera parte van a encontrar un compendio de materias e ideas, explicadas de manera sencilla, que considero son el pilar fundamental del conocimiento a la hora de intentar aproximarnos a la comprensión de los enfrentamientos armados y sus consecuencias. Porque no solo deberíamos limitarnos a reaccionar y responder a una agresión, sino también saber qué nos sucede y el porqué. Y esto es importante trasladarlo, como instructores, a los alumnos y a nuestros compañeros. No se trata de impartir dogmas, sino de ampliar el horizonte del conocimiento.

Por ello, después de cada bloque temático, encontrarán una plantilla/ modelo sobre cómo introducir la materia en una sesión o al inicio de un taller. Estas fichas, forman parte de mis cuadernos de campo y son el ejemplo de cómo imparto en mis talleres y entrenamientos dirigidos, esas materias que motivan, en parte, el FoF. Así que también, otro objetivo que me propongo con estas fichas es ayudarles a simplificar la explicación de los conceptos e ideas fuerzas.

En la última parte del libro van a encontrar, también, ejemplos de guiones y sesiones prácticas. El objetivo es el mismo: ofrecerles una referencia útil que facilite la organización de las actividades FoF. Se trata de esquemas que yo utilizo habitualmente cuando diseño escenarios o entrenamientos, por lo que me gustaría que no los vean como esquemas rígidos que hubiera que seguir al pie de la letra, sino más bien como una base sobre la que pueden estructurar sus propias actividades, tomando como referencia las plantillas que aquí les muestro. Así que los animo a que creen, mejoren y desarrollen sus propios guiones, y quedo a su entera disposición para ayudarles.

******

Introducción

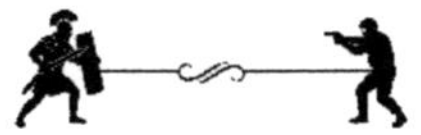

En muchas ocasiones me han preguntado, sobre todo neófitos en el tema, que qué es el FoF y siempre he ido recurriendo a los ejemplos de actividades para dar forma a una definición que con el tiempo, se convirtió en algo muy sencillo. Hoy en día, ante esa misma pregunta, mi respuesta es la siguiente:

«Es un método de entrenamiento en el que simulamos enfrentamientos armados, para que los participantes pongan a prueba su toma de decisiones, su gestión del estrés y sus habilidades tácticas en un entorno seguro y dinámico, mientras los instructores evaluamos su rendimiento y les damos una valoración personalizada».

Los siguiente que suelo explicar, ya profundizando, es que se trata de un ciclo constante de acción/reacción y análisis. Los instructores programamos unas determinadas actividades para que tengan unos objetivos claros y, sobre todo, para que podamos evaluar la respuesta de los alumnos. Esto nos permite, poner siempre el foco sobre ese alumno. No buscamos solo que salgan victoriosos del escenario propuesto, sino que seamos capaces de entender el porqué de cómo actúan, para así ayudarles a pulir sus habilidades.

Gracias a esa evaluación detallada y a los comentarios de todos —los nuestros y los de los propios alumnos—, basados en la experiencia que acaban de vivir, pretendemos que aprendan a tomar mejores decisiones, sobre todo en momentos críticos.

Siempre finalizo dejando en el aire la idea de que este enfoque funciona como un laboratorio, en el que podemos experimentar y trabajar la mejora la de la eficacia y la seguridad de los alumnos ante los enfrentamientos armados.

En los entrenamientos FoF podemos inocular un nivel de estrés controlado, que acerque y simule en los alumnos una aproximación a las reacciones fisiológicas que suceden en una situación real. Pero cuidado. Inocular no es abusar, maltratar u organizar un circo de agotamiento físico y psicológico, eso tiene otro nombre y adjetivos para los instructores, como estultos o aquelarre de estólidos psicópatas.

Entrenar escenarios realistas tiene que ser pedagógico y servirnos para que el alumno consolide el aprendizaje y reafirme sus habilidades, corrigiendo aquello en lo que flaquea, y perfeccionando lo que domina, pero nunca debe de ser como un proceso selectivo para boinas verdes. Porque entonces, la gente huirá frustrada y desengañada. Y no se trata de disparar, golpear, esquivar, etc., se trata de analizar sus defectos y virtudes, y trabajar sobre ello. No hay nada más.

Para terminar esta sección, me gustaría hacer un apunte. El FoF no enseña ninguna disciplina. Esto, ténganlo en cuenta. Para eso están los programas de adiestramiento e instrucción en tiro, combate cuerpo a cuerpo, etc. El entrenamiento FoF requerirá que cada uno de los alumnos aporte sus habilidades y aptitudes, que son las que se van a evaluar.

Argumentos

A diferencia de los métodos tradicionales, el entrenamiento FoF reproduce la complejidad de los desafíos reales. Este enfoque sumerge a los alumnos en las mismas dificultades físicas, psicológicas y tácticas que pueden llegar a afrontar en su día a día. Esta inmersión nos permitirá analizar el entorno operativo y evaluar tanto sus actitudes (gestión emocional, autoconfianza) como las aptitudes (habilidades técnicas, destrezas tácticas).

En situaciones de riesgo la capacidad para actuar bajo un estrés agudo es lo que realmente determinará el resultado de ese enfrentamiento. Por eso, los escenarios en FoF recrean entornos dinámicos que obligan al alumno a evaluar amenazas y a decidir la mejor respuesta, siempre contrarreloj.

Al incluir en el escenario adversarios proactivos —sean instructores o compañeros—, vamos a introducir el impredecible factor humano. Gracias a ello, podemos replicar con gran fidelidad la dinámica de un enfrentamiento armado, donde el instinto y la determinación del oponente son decisivos para la supervivencia. Así que sin duda, la oportunidad de vivir las consecuencias de nuestras decisiones, en un entorno seguro, hace del FoF una de las metodologías más eficaces para la formación y el desarrollo profesional.

La tumba del Ego

Que el subtítulo de este libro contenga esta frase no es casualidad ni capricho de ornamentación. Por desgracia, entre tantas bondades, hay un tema crucial que todo instructor debemos priorizar: afrontar la aparición del ego y el posterior derrumbe de los esquemas mentales de algunos alumnos.

Un alumno que nunca ha medido sus destrezas ante un oponente real —es decir, alguien que no es una diana de papel o un compañero que sigue normas técnicas fijas— descubre, la primera vez que se sumerge en una situación sin guion de comportamiento preestablecido, que sus fortalezas no eran tantas como creía. Es entonces cuando afloran las debilidades que desconocía tener. En ese momento, el orgullo muere y en la mayoría de casos, desde la humildad del alumno nace la necesidad de pulir aquellas debilidades que han quedado al descubierto. Como diría Ernesto, "*ahora sabe que no sabe*".

Por eso, cuando trato este tema, después de la primera jornada de un taller, suelo decirles a los alumnos, en "*el tercer tiempo*", que si hubiera una lista de métodos para disipar las raíces del ego, el entrenamiento FoF ocuparía un puesto de honor. Cuando uno toma conciencia de que nuestras aptitudes no son tan sólidas como creíamos y vemos cómo nuestra confianza se deshace como un castillo de arena, la mayoría nos obligamos a iniciar un camino de introspección.

En los entrenamientos convencionales es muy fácil caer en la autocomplacencia. Pensemos en los ejercicios repetitivos de tiro en galería: el estrés se limita, quizás, al cronómetro o a los gritos de un instructor —que parece que es el método favorito de estresar—, y los blancos estáticos no devuelven el fuego. Esa ausencia de un adversario real es, sin duda, el terreno donde mejor florece la vanidad. Cualquier tirador puede proclamarse experto en combate basando su supuesta excelencia en hacer "*dieces*" sobre un cartón.

Pero…, ¿qué sucede cuando se enfrenta a una persona que piensa, se mueve y reacciona?

La mejor manera de descubrirlo, de forma rápida y segura, es sumergirse en una serie de ejercicios FoF.

Verá cómo sus ilusiones se evaporan ante errores fruto de la anticipación, la ansiedad o fallos técnicos de base. Esta revelación es inigualable, sobre todo si se mide con oponentes que emplean tácticas similares o superiores a las suyas y que muestran una clara determinación por vencer, no por aparentar.

En el instante en que salga de su zona de confort le surgirán los primeros picos de estrés, provocados por las acciones del adversario. En ese contexto, entenderá que la velocidad de reacción, el movimiento, la toma de decisiones bajo presión y la adaptación a imprevistos se vuelven cruciales. Y es en esos momentos caóticos cuando su autoimagen, aferrada a las capacidades que creía poseer, inevitablemente se hace añicos.

Un planteamiento pasivo no sobrevive a la realidad de una confrontación dinámica. Bastará con un rival que dispare en movimiento y domine el tiro instintivo. Si uno acostumbra a contener la respiración y a guiñar un ojo para apuntar, no tardará en aprender por las malas que «*el movimiento es vida*».

Para mal o para bien, dejaremos de confiar en unas aptitudes que se demuestran ineficaces ante un oponente más efectivo y que reacciona a nuestros intentos de neutralizarlo. No hay nada más frustrante que "*ponerse nervioso*" y sentir que el cuerpo no responde, que las manos se vuelven torpes y los movimientos, antes sencillos, se atascan. Al mismo tiempo, la capacidad para decidir se ralentiza, al no estar acostumbrados a reaccionar ante estímulos inesperados. Estos imprevistos harán que nuestra mente procese la información cada vez más despacio, a merced de lo que imponga el rival. Y de colofón, además, se harán evidentes otras deficiencias, como la falta de conciencia situacional.

Aun así, ante la evidencia de sus errores, hay quienes se aferran a esa imagen idealizada de sí mismos —estos "*no saben, que no saben*"—. Imbuidos en su orgullo, experimentan frustración y negación. Esta reacción defensiva les impide reconocer la necesidad de aprender. En lugar de aceptar los fallos como oportunidades, buscan culpables o minimizan sus equivocaciones.

La verdad es que superar esa resistencia exige un alto grado de autoconciencia y humildad, y tal vez el FoF se convierta, entonces, en la herramienta más eficaz para que iniciemos ese viaje interior y reconstruyamos nuestra confianza, pero sobre cimientos más sólidos.

¿Qué más van a encontrar en estas páginas?

A lo largo del libro nos adentraremos en conceptos importantes que van a ser las columnas vertebrales sobre las que se asienten los entrenamientos FoF. Los invito a explorar cómo estos elementos —teorías, estudios, trabajos, etc.— se relacionan y se refuerzan entre sí, creando el tejido constructivo que va a enriquecer las actividades de entrenamiento y al mismo tiempo, sirvan como referencia para guiar los análisis críticos.

En este recorrido reviso algunas teorías relevantes con las que complemento y nutro los talleres, así como las referencias a obras clásicas y estudios que, pese al paso del tiempo, siguen siendo plenamente vigentes para comprender la dinámica de los enfrentamientos armados. Los animo a profundizar en estas fuentes que yo les muestro, y en cientos más que no caben en un humilde manual, porque entre todas han sentado las bases de gran parte de la formación especializada en seguridad y defensa.

Dentro de esa amalgama de documentación no me olvido de los profesionales nacionales en activo, cuyo trabajo podemos encontrar en libros, artículos y blogs. Escuchar sus ponencias o leer sus publicaciones aporta perspectivas diversas —a veces contrapuestas— que, unidas al conocimiento del contexto local, tienen un valor incalculable para nuestros futuros entrenamientos.

En mi caso, las fuentes seleccionadas las considero fundamentales, pero obviamente no son dogma. Como dice el refrán, «*cada maestrillo tiene su librillo*». Con ese espíritu, este libro se presenta como una perspectiva más, o un nuevo punto de partida.

******

Parte I

La base del conocimiento

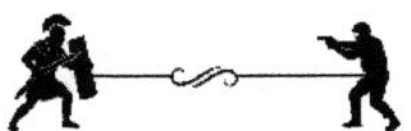

Las actividades FoF debemos programarlas, orientarlas y diseñarlas para que sean evaluables. Para ello, vamos a partir de una base clara y estructurada, que nos permita abordar los distintos factores de un enfrentamiento real y aprender a gestionarlo.

Les propongo que lean este libro desde una doble perspectiva. Por un lado, atendiendo a la base con la que vamos a construir nuestros edificios —los entrenamientos—, fundamentada en el rigor científico y el análisis realista de los encuentros armados. Por otro, como un conjunto de ejemplos prácticos, con actividades y ejercicios diseñados para validarla sobre el terreno.

En el libro trazo así un itinerario didáctico, presentando los temas que considero esenciales. Si bien es cierto, existen otras muchas disciplinas relevantes que no contemplo en este volumen por no profundizar más. Sobre todo ahora que la llamada "*Ciencia del combate*" vive un notable auge debido, en gran medida, a muchos instructores e investigadores que con su trabajo nos ayudan a entender los fundamentos que la consolidan.

Comencemos…

******

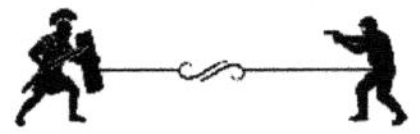

Fisiología

Un breve paseo por la fisiología humana en los enfrentamientos armados

A ninguno se nos escapa que ante un peligro extremo, como un enfrentamiento armado, nuestro cuerpo reacciona de formas distintas a las sensaciones cotidianas. Y aunque el cine nos familiarice con estas escenas, la realidad fisiológica de un combate es una experiencia difícil de replicar en situaciones de normalidad.

Nuestra biología ha evolucionado con el fin de que podamos sobrevivir a cualquier tipo de amenaza y peligro. En esos instantes, el organismo moviliza todos sus recursos para afrontar ese riesgo. Desde la aceleración del ritmo cardíaco hasta la vasoconstricción —que redirige la sangre de zonas menos críticas—, cada cambio persigue ese único objetivo: nuestra supervivencia. Cuando el cerebro percibe la amenaza, envía una señal de alerta que recorre el sistema nervioso. Esta respuesta pone en marcha una serie de reacciones que afectan a prácticamente todos los sistemas del cuerpo.

En las siguientes páginas, vamos a adentrarnos en estos procesos internos, que nos van a llevar a las implicaciones ante situaciones de combate.

El miedo al enfrentamiento armado

Para empezar este capítulo, considero muy importante citar el estudio que marcó un antes y un después en cómo se entienden los enfrentamientos armados en España: *el Informe 1/11. El agente de policía: Reacción ante el peligro*[4], publicado por ASOPOL —Asociación Profesional de Policías— a través de su

[4] *ASOPOL (Asociación Profesional de Policías - Centro Superior de Estudios Policiales). Informe 1/11. El agente de policía: Reacción ante el peligro. 2011*

Centro Superior de Estudios Policiales. Este trabajo reveló cómo funciona la fisiología humana en situaciones extremas y cambió la perspectiva de la formación policial en el país. Aunque en el extranjero ya se investigaba este tema, en España el conocimiento era escaso o más bien desinteresado tanto por las administraciones como por muchos de los que instruían o juzgaban a los policías. Por ello, la lectura de este informe, que está accesible en la web, continúa siendo un paso clave para cualquier profesional de la seguridad pública o privada que desee entender las consecuencias al quedar sometido a una situación de riesgo total para la vida.

Uno de los mejores ejemplos para explicar esas reacciones fisiológicas involuntarias, es describir una situación en la que seguro que alguna vez nos hemos encontrado y en la que se disparan nuestras alertas; nada como la aparición de un perro agresivo en las inmediaciones. De repente, nuestro corazón se acelera, las manos comienzan a sudar y notamos los músculos tensos. Y a partir de ese momento toda nuestra atención se clava en el animal, en sus movimientos, fauces y ladridos. Este conjunto de sensaciones y reacciones físicas es lo que llamamos «*miedo*», que tan solo es el modo en que nuestro cuerpo nos grita: «¡*Cuidado, hay peligro*!».

Al sentir una amenaza, el cuerpo humano activa la conocida respuesta de "*lucha o huida*" —de la que hablaremos más adelante—, que se trata de un mecanismo que nos prepara para dos acciones básicas: enfrentarnos al peligro o intentar escapar. En mitad de esa dicotomía se disparan procesos automáticos que no somos capaces de controlar: el corazón bombea con más fuerza para llevar sangre a los músculos, la respiración se agita buscando más oxígeno, los sentidos se agudizan y la musculatura se contrae, lista para entrar en acción. Todo esto ocurre en segundos gracias a una pequeña estructura cerebral: la amígdala de la que podemos leer y estudiar largo y tendido. Pero en resumen, se trata de nuestro centro de control para emociones como el miedo y, al detectar un peligro, es la glándula que pone en marcha toda la maquinaria de protección. Se trata de un mecanismo de supervivencia grabado en nuestra evolución, de ahí que reaccionemos de un modo tan instintivo.

Ahora bien, vamos a pensar que el miedo no es solo un impulso automático, porque también es una emoción que aprendemos y desarrollamos a lo largo de la vida, con nuestras propias y particulares experiencias desde el momento en el que vemos la primera luz.

En el contexto de un enfrentamiento armado o una agresión, nuestra mente se anticipa a lo que puede ocurrir; imagina escenarios y siente la inminencia de la violencia. Es esta anticipación[5] la que realmente activa nuestra respuesta fisiológica. La forma en que cada persona reaccionamos no es idéntica. Depende de la experiencia previa y, sobre todo, del entrenamiento recibido —en el caso de los enfrentamientos armados—. Una buena preparación nos enseña protocolos de actuación y nos familiariza con las sensaciones del miedo para aprender a manejarlas. No obstante, aquí reside un punto crucial: independientemente de la profesión, ante un enfrentamiento, el cuerpo humano reacciona de forma similar, y esas reacciones fisiológicas, si no se gestionan, veremos que pueden ser perjudiciales más para unos que para otros.

Por lo tanto, aunque el miedo sea una emoción poderosa, no estamos indefensos ante él. Podemos aprender a gestionarlo y a controlar cómo reaccionamos.

Las consecuencias físicas del miedo

El miedo tiene mala fama, es inevitable. Pero tenemos que tener en cuenta que se trata de una emoción básica e indispensable para nuestra supervivencia. Entender los efectos que provoca en el cuerpo nos ayuda no solo a reconocerlo y aceptarlo, sino, sobre todo, a manejarlo.

Aumento de la frecuencia cardíaca y respiratoria

Ante un peligro, nuestro sistema de alarma interno se activa. Sentimos la alteración del ritmo cardiaco y la aceleración de la respiración. No es una reacción casual, sino la estrategia con la que nuestro cuerpo se prepara para la acción. Esta respuesta es obra de la adrenalina, una hormona que funciona como

[5] *Marina, José A. Anatomía del miedo: Un tratado sobre la valentía. Barcelona: Anagrama, 2009*

un mensajero químico urgente: impulsa al corazón a bombear sangre con más vigor, lo que dispara el pulso. Al mismo tiempo, acelera la respiración porque el organismo anticipa que necesitaremos una gran cantidad de energía para luchar o huir y, por tanto, demanda más oxígeno.

Respiramos más rápido y profundo para que los pulmones capturen el máximo de aire, ese combustible esencial para que los músculos respondan con potencia. Es como si llenáramos el depósito justo antes de un largo viaje. Así, corazón y pulmones se coordinan: los pulmones captan el combustible y el corazón lo transporta a toda velocidad hacia los músculos. Se trata de una herencia evolutiva vital, pero a veces esta reacción se vuelve excesiva. Si la respiración se descontrola hasta convertirse en un jadeo superficial, corremos el riesgo de hiperventilar. Paradójicamente, aunque inhalamos aire a toda prisa, la sensación es que nos falta. Esto ocurre porque expulsamos demasiado dióxido de carbono, alterando el equilibrio químico de la sangre. Esta descompensación provoca efectos muy desagradables, como mareos y la sensación de que todo da vueltas, ahogo, confusión mental que nos impide pensar con claridad e incluso, en casos extremos, el desmayo.

Tensión muscular

El cuerpo entero se siente como un arco tensado, preparado para la reaccionar. Los músculos se ponen en alerta para poder reaccionar con fuerza y rapidez. A veces, esta tensión es evidente y la sentimos en forma de temblores, rigidez o incluso un dolor parecido al de las agujetas. Cierto grado de tensión es beneficioso, ya que nos proporciona un impulso extra de fuerza y velocidad. Sin embargo, un exceso de tensión perjudica nuestras habilidades motoras finas y nos hace perder precisión. Las manos tiemblan y los gestos se vuelven torpes. Tareas como apuntar con un arma se complican hasta volverse casi imposibles, pues la inestabilidad del brazo impide mantener la puntería. Lo mismo sucede al manipular objetos pequeños, ya sea abrochar un botón, subir una cremallera o usar el móvil.

Sudoración

Nuestro organismo cuenta con su propio termostato: las glándulas sudoríparas. Sudar es el mecanismo con el que el cuerpo libera agua para enfriarse cuando la temperatura interna sube por el ejercicio, el calor o el estrés. Al evaporarse, el sudor disipa el calor de la piel. Aunque es un sistema de refrigeración vital, en una situación de peligro puede resultar contraproducente. El sudor en las manos, por ejemplo, compromete gravemente la capacidad de agarre, algo especialmente peligroso al manejar un arma, ya que afecta tanto a la seguridad como a la precisión.

Vasoconstricción periférica

Frente a una amenaza, el cuerpo redirige el flujo sanguíneo hacia donde es más necesario: el cerebro, el corazón y los grandes grupos musculares. Para lograrlo, recurre a la vasoconstricción periférica, un proceso en el que los vasos sanguíneos de la piel, brazos y piernas —nuestras tuberías internas más pequeñas— se estrechan. Es una estrategia de supervivencia con tres propósitos claros: minimizar el sangrado en caso de herida, priorizar el reparto de oxígeno y nutrientes a los órganos vitales para la lucha o la huida, y conservar el calor corporal en situaciones de estrés prolongado.

Cuando esto sucede, notamos la piel fría y pálida, y es común sentir un hormigueo o que se nos "*duermen*" las manos y los pies. Si bien es un mecanismo de protección, complica las tareas que exigen destreza. Con menos sangre en las manos, perdemos sensibilidad y, como ya vimos, coordinación fina. Apretar un disparador, ajustar una mira o usar los botones de una radio se convierte en una tarea extremadamente difícil.

Este proceso también altera nuestros sentidos:

- Visión de túnel: Nuestro foco visual se estrecha, ya que el cerebro se concentra en la amenaza principal y dejamos de percibir lo que ocurre en la periferia. Las pupilas se dilatan para captar más luz, lo que mejora la visión lejana pero dificulta enormemente enfocar objetos cercanos, como la mira de un arma.

- Exclusión auditiva: El cerebro actúa como un filtro selectivo, priorizando los sonidos que interpreta como una amenaza (gritos, disparos) mientras ignora todo lo demás. Esto puede provocar que no escuchemos las advertencias de un compañero. Algunas personas notan incluso que su capacidad auditiva disminuye, como si tuvieran los oídos taponados, o experimentan una sordera momentánea.

  En ocasiones y a modo de chascarrillo también recuerdo que el sistema digestivo se paraliza y que la sangra de los órganos excretores se evapora para ir, como ya hemos visto, a los grupos musculares principales. Entonces aparecen las fugas… mayores o menores, sin que el valiente guerrero sea consciente. No es falta de valor, tan solo es fisiología pura y dura. Nada oprime los músculos que impiden que seamos una regadera.

Liberación de hormonas del estrés (cortisol y adrenalina)

Para hacer frente al estrés, nuestro cuerpo despliega una respuesta química a través de dos hormonas fundamentales: la adrenalina, diseñada para emergencias inmediatas, y el cortisol, que actúa en desafíos más prolongados[6].

La adrenalina nos proporciona un torrente de energía instantánea que pone al cuerpo en alerta máxima. Con ella, el corazón y la respiración se aceleran y sentimos una descarga de fuerza que nos prepara para reaccionar en el acto. Por su parte, el cortisol actúa de una forma más sostenida. A medida que el estrés se prolonga, sus niveles aumentan, pero si se mantienen altos durante demasiado tiempo, empiezan a afectar negativamente a nuestras capacidades mentales. Podemos experimentar una especie de niebla que nos dificulta pensar con claridad, llevándonos a tomar peores decisiones al disminuir la capacidad para seguir un razonamiento lógico. Además, nuestra percepción del tiempo puede distorsionarse, aumenta la impulsividad que nos conduce a decisiones precipitadas y, peligrosamente, podemos llegar a subestimar el peligro real de una situación.

---

[6] *Bear, Mark F., Michael A. Paradiso y Barry W. Connors. Neurociencia. La exploración del cerebro. Barcelona: LWW, 2016*

Aun así, el cortisol es esencial. En momentos de estrés agudo, su función es vital para movilizar la energía que necesitamos y para regular la inflamación. El problema no es la hormona en sí, sino la cronicidad del estrés que mantiene sus niveles constantemente elevados.

Las consecuencias psicológicas que provoca el miedo

El miedo es como una onda expansiva. La primera ola es siempre la reacción física e inmediata: el sobresalto, el instinto de huir. Pero después llegan las réplicas silenciosas, esas consecuencias psicológicas [7] que, aunque menos visibles, afectan profundamente a nuestra forma de sentir y de vivir.

Ansiedad y estrés

El miedo, la ansiedad y el estrés forman una cadena que se retroalimenta. El miedo es la chispa, la reacción ante un peligro real y presente. La ansiedad, en cambio, es la preocupación por una amenaza futura que quizá nunca llegue a materializarse; es nuestra propia mente creando escenarios negativos. Finalmente, el estrés es la respuesta física y mental con la que nuestro organismo afronta tanto el miedo como la ansiedad, manteniéndonos en un estado de alerta permanente.

Este proceso puede arrastrarnos a un círculo vicioso: una experiencia aterradora nos provoca un miedo intenso, que a su vez nos hace preocuparnos de que se repita, generando ansiedad. Esa preocupación constante mantiene al cuerpo en tensión, bajo los efectos del estrés, lo que nos vuelve todavía más vulnerables. Con el tiempo, este miedo puede cristalizar en fobias —temores irracionales a algo específico— o empujarnos a evitar cualquier situación que nos recuerde una mala experiencia. Cuando la vivencia es demasiado intensa, la herida que deja es más profunda: un trauma, capaz de manifestarse en forma de

[7] *López de Silanes Martínez, Guillermo y Gonzalo Lacasta López. Estudios fisiológicos aplicados a la instrucción de combatientes. Granada: Universidad de Granada, 2024*

pesadillas, recuerdos angustiantes y una sensación constante de peligro[8] que lo tiñe todo.

Trastorno de estrés postraumático

A veces, una experiencia deja una huella tan honda que la persona siente que la revive una y otra vez, mucho tiempo después del suceso. Nos encontramos entonces ante el Trastorno de Estrés Postraumático[9] (TEPT), una herida psicológica grave causada por la exposición a eventos extremos como combates, actos de violencia o la pérdida traumática de un ser querido.

El síntoma más reconocible es la reexperimentación del trauma. No se trata de simples recuerdos, sino de *flashbacks* tan vívidos que la persona revive el suceso en tiempo real, con las mismas imágenes, sonidos, olores y sensaciones físicas. Es el pasado invadiendo el presente de la forma más dolorosa. Vivir en este estado de amenaza constante deriva en la hipervigilancia, una alerta permanente que lleva a la persona a sobresaltarse ante cualquier ruido o movimiento brusco y a escanear su entorno sin descanso en busca de peligros.

Esta tensión incesante hace que las emociones se vuelvan inmanejables y desproporcionadas, pudiendo aparecer ataques de ira, una irritabilidad continuada o un sentimiento de culpa aplastante, incluso sin tener responsabilidad en lo ocurrido. Para sobrevivir a este tormento, la persona a menudo desarrolla conductas de evitación, intentando esquivar a toda costa cualquier estímulo que le recuerde el trauma, ya sean lugares, personas o conversaciones. Este mecanismo puede llevarla a un bloqueo emocional, a sentir un profundo vacío interior, a distanciarse de sus seres queridos y a desarrollar pensamientos muy negativos sobre sí misma y el mundo, llegando incluso a ser incapaz de recordar partes del evento traumático.

******

[8] *Van der Kolk, Bessel. El cuerpo lleva la cuenta. Madrid: Eleftheria SL, 2023*

[9] *Baile Ayensa, José I. y María F. Rabito Alcón. Tratando... trastorno por estrés postraumático. Madrid: Ediciones Pirámide, 2020*

Ficha 001

Tema: Fisiología humana y miedo en los enfrentamientos armados.

1. OBJETIVOS DEL MÓDULO

1) **Entender la fisiología del estrés**: Que los alumnos sepan qué le pasa a su cuerpo cuando la presión es máxima. Deben entender que la taquicardia, la sudoración o la visión de túnel son reacciones biológicas universales, no un fallo personal. Nos pasa a todos.
2) Aprender a observarse: Que cada alumno sea capaz de reconocer estos síntomas en sí mismo, basándose en experiencias previas o en los ejercicios que tenga previstos.
3) Valorar el entrenamiento: Como instructores, deben insistir en que la única forma de dominar el caos es mediante la ejecución de protocolos y la repetición. Remarquen que el entrenamiento es lo que nos permite actuar a pesar del miedo.
4) Conectar la teoría con la práctica (FoF): Lo que explique se tiene que ver y sentir de inmediato en un escenario práctico.

Idea central: El miedo no se elimina, se aprende a gestionar. La clave es el entrenamiento controlado.

2. CONTENIDOS ESENCIALES

a) **La respuesta fisiológica inmediata**: Los cambios que ocurren en segundos. Aumento del ritmo cardíaco y la respiración, tensión muscular, sudoración, vasoconstricción (manos frías), visión de túnel y exclusión auditiva.
b) **La respuesta hormonal**:
Adrenalina: El impulso inicial, rápido y explosivo.
Cortisol: La hormona del estrés sostenido. Afecta a la claridad mental y la toma de decisiones a medio plazo.
c) **Las consecuencias psicológicas**: Ansiedad, bloqueo o sobrerreacción. Explicar brevemente cómo esto puede derivar en estrés postraumático (TEPT) si no se gestiona.

d) **El impacto operativo**: Traducir cada reacción a sus consecuencias prácticas en puntería, comunicación con el equipo, coordinación y toma de decisiones. Siempre use símiles fáciles de asociar.

Conecten siempre con la práctica: Por ejemplo, "Cuando la visión se estrecha por el estrés, puedes dejar de ver a un segundo agresor aunque esté a tres metros de ti".

3. METODOLOGÍA EN CAMPO

Exposición inicial: Expliquen de forma breve el mecanismo de "lucha o huida". Usen ejemplos que todos entiendan: el susto al volante, un perro que te ladra de repente.

Objetivo: Conecten sus miedos cotidianos con lo que van a sentir aquí.

Recuerde: Cero tecnicismos. Usen analogías sencillas: El cuerpo se pone en modo emergencia, como un motor a máximas revoluciones.

Discusión guiada: Lancen preguntas directas al grupo: ¿Qué sentisteis la primera vez que entrenasteis bajo estrés?, ¿A alguien se le han dormido las manos?

Objetivo: Que pongan palabras a sus sensaciones y las vinculen con la explicación.

Clave: Refuercen la idea de que no hay respuestas incorrectas. Sentir miedo, temblar o quedarse en blanco no es debilidad, es pura biología.

Ejercicio práctico – Escenario breve: Una simulación FoF simple, en parejas o grupos pequeños. Corta y directa.

Objetivo: Que se observen a sí mismos bajo un estrés controlado y real.

Importante: Al terminar, el foco no está en la técnica o los impactos. La conversación debe girar en torno a lo que sintieron.

Síntesis grupal: En una pizarra o incluso en el suelo, hagan dos columnas: SÍNTOMAS FÍSICOS e IMPACTO OPERATIVO. Rellénenlas con lo que ellos digan.

Objetivo: Que visualicen la conexión directa entre cómo reacciona su cuerpo y cómo afecta a su rendimiento.

4. ACTIVIDADES SUGERIDAS

Antes del escenario

1) Arranquen, por ejemplo, con la pregunta: ¿Qué le ocurre al cuerpo cuando tiene miedo?
2) Dirijan un ejercicio de respiración controlada (2 minutos). Que noten la diferencia entre ese estado de calma y lo que sentirán después.

Durante el escenario

1) Pídanles que, si pueden, presten atención a su cuerpo: ¿se acelera la respiración?, ¿tiemblan las manos?, ¿han perdido la visión periférica?

Después del escenario

1) La primera pregunta siempre debe ser: ¿Qué cambios notasteis en vuestro cuerpo?
2) Guíen la conversación para que ellos mismos relacionen su experiencia con la fisiología que explicaste al principio.
3) Recalquen esta idea: El entrenamiento es nuestro laboratorio. Aquí es donde podemos fallar de forma segura para aprender a controlarnos cuando importe de verdad.

5. EVALUACIÓN

El éxito de este módulo se mide por:

a) ¿Participan? ¿Se implican en la discusión y comparten lo que sienten?
b) ¿Saben identificar lo que sienten? ¿Cada uno puede nombrar al menos tres reacciones fisiológicas que ha experimentado y explicar cómo le afectaron?
c) ¿Conectan los puntos? ¿Son capaces de vincular la teoría con lo que acaban de vivir en el escenario FoF?
d) El foco eres tú, no tu puntería: Eviten evaluar quién dispara mejor. El objetivo es la autoconciencia y el inicio de la gestión del miedo.

6. OBSERVACIONES PARA EL INSTRUCTOR

1) Hablar del miedo puede ser difícil para algunos. Creen un ambiente de confianza y respeto absoluto. Lo que se dice en el grupo, se queda en el grupo.
2) El miedo es un aliado, no un enemigo. Insistan en que es un mecanismo evolutivo que nos mantiene alerta y vivos. Entrenamos para que no nos paralice.
3) Pueden recomendar la lectura del Informe 1/11 de ASOPOL como material complementario y las otras lecturas referenciadas del tema.
4) Cierren con la idea más importante: "La fisiología no se cambia escuchando una charla. Se domina con repetición, sudor y entrenamiento en escenarios realistas"

******

Nadie mejor que un veterano en alguna lid para hablar del tema. En nuestros días parece que el tabú de hablar sobre lo que sucede durante y después de un enfrentamiento armado, se está disipando, pero durante mucho tiempo las heridas mentales de la guerra ha sido ignoradas. A menudo vistas como un simple daño colateral de la violencia, pero por suerte han dejado de ser un misterio. La ciencia, y en concreto la psicología militar, nos ha permitido entender qué le sucede realmente a una persona en el fragor del combate.

Gracias a una investigación rigurosa, hemos empezado a comprender el impacto del miedo extremo en la mente de soldados y policías. El trabajo de expertos como el del teniente coronel (retirado) *Dave Grossman*[10], por ejemplo, ha sido fundamental. Él se adentra en uno de los aspectos más complejos de la experiencia del combatiente: la resistencia innata a matar. *Grossman* explica que la mayoría de nosotros poseemos una profunda barrera psicológica que nos impide quitarle la vida a otro ser humano, incluso en un entorno de máxima violencia. Superar esta resistencia natural genera un conflicto interno brutal. Es precisamente por eso que en algunos países, sus fuerzas armadas, han desarrollado técnicas de condicionamiento específicas, que también han sido analizadas por *Grossman*, y que buscan desensibilizar al soldado y automatizar su respuesta letal en combate. Pensar ralentiza las decisiones en situaciones de vida o muerte.

En un enfrentamiento armado la lucha no es solo contra el enemigo o contra uno mismo. Quienes quedan expuestos a semejantes actos de violencia, sufren o van a sufrir un estrés inmenso. La amenaza constante de muerte, la incertidumbre, la pérdida de compañeros o la falta de sueño, se combinan para crear una presión psicológica insoportable. Este estrés no solo afecta al rendimiento en el momento, sino que deja secuelas duraderas.

---

10 *Grossman, Dave. On killing: The psychological cost of learning to kill in war. Boston: Back Bay Books, 2004*

La consecuencia más conocida es como ya hemos hablado el TEPT, que puede atormentar a los veteranos durante años con recuerdos intrusivos, pesadillas e hipervigilancia. Afortunadamente, gracias a los avances en la psicología militar y policial, ya se han desarrollado unas buenas "*herramientas*" para prevenir y tratar "*estas heridas*", ofreciendo un apoyo mucho más eficaz a quienes sirven en profesiones de alto riesgo. Aunque en algunos lugares todavía la sensación es de abandono e inexistencia de planes...

Entre esas herramientas, me gusta siempre aludir al entrenamiento en resiliencia, que ha demostrado ser de gran eficacia para el ámbito militar. Durante años se implementó en mi entorno y mediante actividades de diversa intensidad, gradual y evaluable, tomé consciencia de la importancia de entrenar para ser mejor "*sufridor*". De esto, saben mucho los militares.

No mucho después de comenzar con estas actividades y ejercicios, leí por primera vez —recomendado por un amigo psicólogo— *El factor resiliencia: 7 claves para encontrar tu fuerza interior y superar los obstáculos de la vida* de *Karen Reivich* y *Andrew Shattés*[11], dos psicólogos entrenadores en resiliencia. Su método no se enfoca en eliminar el estrés, una tarea imposible en entornos de alto riesgo, sino en fortalecer a la persona para que pueda superarlo y salir reforzada de la experiencia. Este enfoque se centra en desarrollar dos habilidades clave: por un lado, el control de lo que pensamos para gestionar las ideas negativas o catastróficas que disparan nuestra ansiedad y, por otro, la regulación emocional para identificar, comprender y manejar nuestras propias emociones, incluso bajo una presión extrema.

Trasladado al ejemplo de los soldados, al dominar estas técnicas, siempre estarán mejor preparados para mantener la calma, tomar decisiones racionales y recuperarse más rápido de las situaciones y condiciones adversas.

---

[11] *Reivich, Karen y Andrew Shatte. The resilience factor: 7 essential skills for overcoming life's inevitable obstacles. Nueva York: Broadway Books, 2002*

Si viramos al ámbito policial, a quien recomiendo leer es a *John M. Violanti*[12] y sus colaboradores. Hay un trabajo titulado Factores estresantes policiales y salud: una revisión de última generación —accesible desde la web— que se ha convertido en una referencia sobre este asunto. Además, muchos de sus estudios revelan el profundo impacto que los incidentes críticos tienen en los agentes, con altas tasas de TEPT, ansiedad y depresión como consecuencia. La exposición repetida a tiroteos, persecuciones o violencia extrema puede superar la capacidad de afrontamiento de una persona, provocando trastornos que marcan su vida personal y profesional.

Sin embargo, el estrés policial no nace únicamente de la exposición a la violencia. La investigación del psicólogo *Marcos H. Anshel*[13] , desarrollada tras un extenso trabajo de campo, señala una serie de factores internos cruciales. Recomiendo una lectura de su artículo *Un modelo conceptual e implicaciones para afrontar acontecimientos estresantes en el trabajo policial.* Además, en otros trabajo que ha desarrollado suele destacar la burocracia y las exigencias laborales a las que se enfrenta el policía, a menudo contradictorias, la falta de apoyo social o la percepción de no contar con el respaldo necesario, y una constante sensación de falta de control unida a una enorme carga de responsabilidad.

Anshel subraya además un aspecto preocupante: tras vivir episodios violentos, los agentes raramente reciben el apoyo psicológico inmediato y adecuado para procesar esas experiencias, lo que dificulta la prevención de traumas a largo plazo.

Otros resortes del cuerpo humano orientados a la supervivencia

Hemos visto que ante una amenaza, ya sea real o imaginaria, nuestro cuerpo activa unos resortes de supervivencia. Se trata de reacciones automáticas e involuntarias que la evolución ha grabado en nosotros para prepararnos ante el

[12] *Violanti, J. M., Charles, y otros. Police stressors and health: A state-of-the-art review. Charles C. Thomas Publisher Ltd. 2006*

[13] *Anshel, M. H. "A conceptual model and implications for coping with stressful events in police work". Criminal Justice and Behavior, 27(3), 2000, pp. 381-400.*

peligro. Pero esta preparación no es solo física. Más allá de las respuestas fisiológicas que ya hemos visto, se desencadenan potentes reacciones psicológicas, diseñadas para que nuestra mente y nuestro cuerpo actúen como uno solo. Vamos a ver aquellas reacciones psicológicas que también son claves para la supervivencia.

Aumento del estado de alerta

Ante una amenaza, el cerebro se activa de inmediato y eleva nuestro nivel de conciencia a un estado de alerta máxima. Nos volvemos hipervigilantes, somos capaces de procesar la información sensorial mucho más rápido para identificar el peligro y valorar las posibles vías de escape o defensa. Esta agudización de los sentidos nos permite detectar señales sutiles del entorno y prepararnos para reaccionar en una fracción de segundo.

Estrechamiento del foco atencional (Visión de túnel):

Nuestra atención puede reducirse drásticamente hasta clavarse en la amenaza principal, ignorando todo lo que ocurre en la periferia. El criminólogo *David Klinger* en su obra *Hacia la zona de muerte: la vista de la fuerza letal desde el punto de vista de un policía*[14], lo describe como un fenómeno común en situaciones de fuerza letal. La ventaja de este mecanismo es que nos permite concentrar todos nuestros recursos mentales en el peligro más inmediato, facilitando una decisión rápida. Sin embargo, su gran inconveniente es que puede hacernos ignorar otras amenazas secundarias o vías de escape cruciales que queden fuera de nuestro campo de visión. En este punto, recomiendo encarecidamente la lectura del libro *Cara a cara ante una intervención armada: Una visión científica de las bases neurológicas, conductuales y operativas policiales en las técnicas de tiro de la intervención armada* de David Berengueras Duch.[15]

---

[14] *Klinger, David. Into the kill zone: a cop's eye view of deadly force. San Francisco: Jossey-Bass; Chichester: John Wiley, 2006*

[15] *Berengueras Duch, David Cara a cara ante una intervención armada: Una visión científica de las bases neurológicas, conductuales y operativas policiales en las técnicas de tiro de la intervención armada. Círculo* Rojo *2021.*

Distorsiones en la interpretación del tiempo:

Bajo un miedo intenso, es habitual que nuestra percepción del tiempo se altere por completo. Estas circunstancias están muy bien explicadas en una lectura que recomiendo leer *Psicopatología forense Libro de casos*[16] de Eric García-López y David González Trijueque. A veces, en momentos de miedo o estrés extremo, sentimos que el tiempo se ralentiza o que todo pasa demasiado rápido. Esta sensación no es fruto de la imaginación, sino que responde directamente al funcionamiento de nuestro cerebro.

Cuando nos enfrentamos a un peligro, una región del cerebro, la amígdala, se activa y libera sustancias como la adrenalina. Esto pone al cerebro en "*alerta máxima*", un estado en el que empezamos a procesar muchísimos más detalles de nuestro entorno. De ahí la sensación de que todo sucede a cámara lenta y el tiempo se estira. Sin embargo, en otras ocasiones la situación es tan intensa que el cerebro se satura. Como resultado, nuestra atención se dispersa y perdemos el hilo de lo que ocurre, experimentando esa sensación de que todo pasa demasiado rápido, como un borrón.

Además, cuando después recordamos el evento, a menudo nos parece que duró más tiempo del real. La explicación está en que el cerebro, en ese estado de alerta, almacena muchos más recuerdos por segundo: imágenes, sonidos y sensaciones. Por eso, al reconstruir ese momento, la gran cantidad de información guardada hace que lo percibamos como si hubiera durado más.

Estas reacciones, lejos de ser un fallo, tienen un profundo sentido evolutivo, porque si el tiempo se ralentiza, ganamos unos instantes preciosos para reaccionar con mayor precisión. Y si todo se acelera, el impulso de huir se impone sobre el análisis, lo que nos ayuda a evitar la parálisis por el miedo.

Al final, estas extrañas distorsiones temporales no son más que el resultado de una danza compleja entre el estrés, el modo en que nuestro cerebro procesa la información y cómo la memoria reconstruye los hechos. Se trata de otro sofisticado mecanismo de supervivencia.

---

[16] *García-López, Eric y González Trijueque, David. Psicopatología forense: Libro de casos. N.p., Editorial El Manual Moderno, 2024.*

Negación y disociación:

Frente a una amenaza que nos sobrepase, nuestra mente puede desplegar mecanismos de defensa que podíamos adjetivar de extremos. Uno de ellos es la negación, donde nos resistimos a aceptar la realidad con pensamientos como "*esto no puede estar pasándome*". Este escudo mental tiene una doble cara: a corto plazo, puede contener un ataque de pánico inicial, pero si se prolonga, nos impide responder adecuadamente al peligro.

En situaciones de estrés aún más extremo, puede aparecer otro problema, la disociación. Que no es más que una profunda desconexión de la realidad. Podemos llegar a sentirnos como un observador externo de nosotros mismos (despersonalización) o percibir el mundo como si no fuera real. Es la forma que tiene la mente de amortiguar el impacto de un horror insoportable, pero, al igual que la negación, anula nuestra capacidad de ofrecer una respuesta eficaz a la amenaza.

******

Ficha 002

Tema: Qué dicen los expertos / Resortes psicológicos de la supervivencia.

1. OBJETIVOS DEL MÓDULO

En este módulo van a adentrar a los alumnos en la visión de la psicología militar y policial sobre el miedo en combate, mostrando cómo la ciencia moderna ha desvelado su impacto mental y sus consecuencias

a) Analizarán la resistencia psicológica innata al acto de matar, basándonos en el trabajo fundamental de Dave Grossman, y su importancia en la formación táctica. Además, identificarán los factores de estrés y sus secuelas (ansiedad, TEPT, desgaste) en profesionales de riesgo, para finalmente desglosar las reacciones psicológicas clave de supervivencia como el estado de alerta, la visión de túnel o las distorsiones temporales.
b) El objetivo final es que traduzca toda esta teoría en implicaciones prácticas, conectando los hallazgos científicos con lo que el alumno experimentará directamente en los escenarios de entrenamiento.

(**Nota para el instructor**: es crucial resaltar que estos estudios no son teoría abstracta, sino el resultado de miles de experiencias reales en combate).

2. CONTENIDOS ESENCIALES

1) Psicología militar (*Dave Grossman*): La resistencia a matar, el condicionamiento para superar esa barrera y los devastadores efectos del estrés de combate.
2) Psicología de la resiliencia (*Karen Reivich* y *Andrew Shatté*): El control de pensamientos y la regulación emocional como herramientas para gestionar la presión extrema.
3) Investigaciones en ámbito policial (*John Violanti, Mark Anshel*): El impacto del TEPT, la ansiedad, el peso de la burocracia, la falta de apoyo y el estrés puramente operativo.

4) Ámbito de la seguridad privada (*Gail Kinman* y *Andrew Clements*): Las similitudes en la exposición al estrés y las consecuencias psicológicas con militares y policías.
5) Resortes psicológicos de supervivencia: Hipervigilancia, visión de túnel, distorsión temporal, negación y disociación.

(**Recomendación**: cuando expongan estos puntos, la clave es vincular cada concepto con un ejemplo operativo. Por ejemplo, al hablar de la visión de túnel, pueden decir: "Durante un entrenamiento FoF, el alumno se fija tanto en el adversario que tiene delante que no percibe al segundo agresor entrando por su flanco").

3. METODOLOGÍA EN CAMPO

1. Exposición inicial

a) Comiencen con una introducción concisa sobre quiénes son los expertos clave (*Grossman, Reivich, Violanti*) y la relevancia de sus aportaciones.
b) Busquen proporcionar autoridad científica al tema y despertar el interés de los alumnos. Es importante no convertir esto en una larga clase teórica; bastará con seleccionar dos o tres hallazgos impactantes y conectarlos directamente con lo que ellos mismos van a vivir en el entrenamiento.

2. Discusión guiada

1) Abrirán un diálogo con preguntas directas como: "¿Alguna vez habéis sentido que vuestra atención se estrechaba hasta centrarse solo en una amenaza?" o "¿Qué le ocurre a vuestra percepción del tiempo cuando estáis bajo máxima presión?".
2) El propósito es que los alumnos reconozcan estas experiencias en sí mismos.
3) Deben fomentar un ambiente donde compartan sus vivencias sin juicios, normalizando estas reacciones como parte de nuestra biología de supervivencia.

3. Escenario práctico

El núcleo de la sesión será un ejercicio *Force on Force* que deberán diseñar con múltiples estímulos: ruidos inesperados, varios agresores, factores sorpresa. El fin es que provoque de manera controlada que los alumnos experimenten de primera mano la visión de túnel, la hipervigilancia o la distorsión del tiempo. Justo al terminar la práctica, es crucial que realicen un juicio crítico inmediato con preguntas como: "¿Qué viste exactamente? ¿Qué oíste? ¿El tiempo te pareció que corría más rápido o más lento?".

Este paso es fundamental para que los alumnos tomen conciencia de sus propias distorsiones perceptivas.

4. Síntesis grupal

Cierren la sesión reuniendo las conclusiones en una tabla sencilla que muestre la reacción psicológica (ej. visión de túnel), su ventaja táctica (ej. concentración máxima en la amenaza principal) y su desventaja (ej. ignorar amenazas secundarias).

El objetivo final es que entiendan que estos resortes de supervivencia tienen pros y contras, y que el entrenamiento sirve precisamente para aprender a compensar sus limitaciones.

4. ACTIVIDADES SUGERIDAS

Antes del escenario

Pueden lanzar una pregunta de anticipación para activar su reflexión:

"¿Cuál creéis que es la mayor fuente de estrés para un policía o un soldado?".

Una explicación breve sobre la resistencia a matar de Grossman también le servirá para dar un contexto potente a la práctica.

Durante el escenario

Su labor como instructores será observar y registrar si los alumnos muestran signos de visión de túnel (ignoran estímulos evidentes en su periferia) o de hipervigilancia (escanean su entorno de forma errática y excesiva), además de anotar cualquier comentario que hagan sobre la distorsión del tiempo.

Después del escenario

La discusión en grupo debe centrarse en sus sensaciones y en cómo estas afectaron sus decisiones o su precisión. Su papel será vincular sus respuestas directamente con los conceptos de la psicología militar y policial que hemos expuesto. Es vital subrayar que el entrenamiento no busca eliminar estas reacciones, sino aprender a reconocerlas y funcionar con ellas.

5. EVALUACIÓN

a) La evaluación será formativa, no competitiva. Valorarán principalmente:
b) La participación activa en la discusión y el escenario, demostrándoles que son capaces de expresar y reconocer sus reacciones.
c) La identificación de los mecanismos, esperando que puedan nombrar al menos tres resortes psicológicos de supervivencia y explicar su impacto.
d) Su capacidad de reflexión, es decir, que sepan relacionar la teoría de los expertos con la práctica de su propia experiencia en el campo.
e) El progreso se mide en el aumento de su conciencia y autogestión, no en los "aciertos de tiro".

6. OBSERVACIONES PARA EL INSTRUCTOR

a) **Sensibilidad ante todo**: Algunos alumnos pueden arrastrar experiencias previas de violencia o trauma. Será su responsabilidad mantener un ambiente de entrenamiento seguro y respetuoso.
b) **El marco evolutivo**: Deben explicar que estas reacciones no son "fallos del sistema", sino herramientas evolutivas que nos han permitido sobrevivir. El objetivo no es suprimirlas, sino aprender a modularlas.
c) **Material de ampliación**: Es una buena práctica recomendar lecturas como *On Combat* de *Dave Grossman* o los estudios de *John Violanti* para aquellos que deseen profundizar.

******

Para entender la respuesta del ser humano al peligro extremo, contamos con dos fuentes principales de conocimiento: la experiencia directa y la investigación científica. A menudo, quienes solo confían en la primera desprecian el área dogmática que analiza los hechos, mientras que quienes se aferran a los estudios formales suelen desconfiar de las anécdotas vividas. Sin embargo, la perspectiva más enriquecedora nace precisamente de la combinación de ambas.

Cuando los testimonios de quienes han estado bajo fuego se contrastan con los estudios de psicólogos, psiquiatras y forenses, nuestra comprensión de la realidad se vuelve mucho más completa. Las experiencias subjetivas encuentran una explicación científica, y la ciencia, a su vez, cobra un nuevo significado al aplicarse a vivencias reales. Aquí vuelvo a hacer hincapié en la lectura de los libros de Ernesto Pérez Vera, más que nada porque sus protagonistas son policías, y los hechos se analizan desde el punto de vista tanto del científico —psicólogo— como del instructor.

Un autor que ha sabido tender puentes entre estos dos mundos es el ya mencionado *Dave Grossman* con su obra *On Combat: The Psychology and Physiology of Deadly Conflict in War and in Peace*[17] (titulada en español *Sobre el combate…*).

Este libro se ha convertido en una referencia clave porque aborda cómo reaccionan el cuerpo y la mente ante la violencia, con una sencillez abrumadora, basándose tanto en la experiencia militar del autor como en una exhaustiva investigación como psicólogo. *Grossman* ofrece una perspectiva que une el rigor académico con la aplicación práctica, y su trabajo ha influido de manera notable en los protocolos de entrenamiento modernos.

On Combat desgrana la compleja relación entre el miedo y el comportamiento, detallando cómo esta emoción primaria puede provocar dos efectos opuestos y muy peligrosos: la parálisis, que nos bloquea cuando más necesitamos actuar, o

[17] *Grossman, Dave y Loren W. Christensen. On combat: The psychology and physiology of deadly conflict in war and in peace. Madison, WI: PPCT Research Publications, 2007*

la impulsividad, que nos lleva a cometer errores fatales. Entender esta dualidad es crucial para analizar las reacciones bajo presión extrema.

El libro también examina las estrategias de entrenamiento militar (específicamente las del ejército de EE. UU.) diseñadas para manejar el miedo. El objetivo de estas técnicas no es eliminarlo —ya hemos hablado de que es una emoción necesaria—, sino enseñar a los soldados a actuar eficazmente a pesar de él. Esto se logra a menudo mediante la repetición y la inmersión en escenarios realistas, recreando la realidad de los combates, para buscar la automatización de las respuestas, correctas, con el fin de que la necesidad de tomar decisiones lentas y conscientes en pleno combate se reduzca al mínimo.

Al mismo tiempo, la obra es realista y reconoce las limitaciones de cualquier entrenamiento. La realidad de un enfrentamiento es caótica e impredecible; si bien la preparación nos proporcionará una base sólida, la capacidad de adaptación y la toma de decisiones en tiempo real son las que finalmente nos van a asegurar la supervivencia. De ahí que *Grossman* insista en la importancia de mantener la conciencia situacional, confiar en lo entrenado y preservar la cohesión del equipo o unidad.

Sus estudios no solo profundizan en las reacciones inmediatas, sino también en las secuelas psicológicas. Aborda el TEPT y el "*Síndrome de desgaste profesional*[18]" (*Burnout*), que es un estado de agotamiento provocado por la exposición prolongada al estrés. Al hablarnos de estas secuelas, *Grossman* no se limita a describir los problemas, sino que también ofrece soluciones.

En este sentido, subraya la importancia de la preparación mental. Más allá del entrenamiento físico y táctico, los profesionales deben desarrollar estrategias para afrontar el miedo y la incertidumbre. El libro propone técnicas como los ejercicios de visualización, el control de la respiración y el desarrollo de una mentalidad enfocada y adaptable para mejorar la resiliencia psicológica y el rendimiento bajo presión.

---

[18] *Carlin, Mark. El síndrome de Burnout: comprensión del pasado, análisis del presente y perspectivas de futuro. Sevilla: Wanceulen Editorial S.L., 2014*

El gran valor de *On Combat* radica en su inmersión en la mente humana durante los episodios de violencia, revelando esos mecanismos primitivos que dictan nuestra respuesta al miedo y en este caso, ante un enfrentamiento armado.

Quizá el mayor logro de la obra es su capacidad para integrar los hallazgos de la neurociencia, la fisiología y la psicología con impactantes relatos históricos y testimonios directos de los propios combatientes. Esta fusión de ciencia rigurosa y experiencia personal convierte a *On Combat* en un texto que no solo invita a la reflexión, sino que nos ayuda a comprender la compleja experiencia humana frente a la violencia extrema.

Para profundizar en el tema de las respuestas de nuestro cuerpo ante situaciones desafiantes, podemos darle una vuelta a la obra de *Hans Hugo Bruno Selye*, el médico y fisiólogo considerado el padre del estudio moderno del estrés. En su libro *El estrés de la vida*[19], *Selye* nos presenta su idea central: el Síndrome General de Adaptación (SGA).

Con este síndrome, nos describe cómo el organismo reacciona de una forma general y predecible ante cualquier factor que perciba como una amenaza o una demanda sostenida, sin importar su origen. El enfoque de *Selye* va más allá de la reacción inmediata de luchar o huir; su interés se centra en qué le ocurre a nuestro cuerpo cuando el estrés se prolonga en el tiempo. Su teoría explica cómo, en un intento de mantener el equilibrio, pasamos por diferentes etapas de adaptación. Si la situación estresante no se resuelve, esta lucha constante acaba por agotar nuestros recursos físicos y mentales.

Fue el primero en dividir esta respuesta al estrés prolongado en tres fases distintas, demostrando que no es solo una emoción, sino un fenómeno con un profundo impacto físico y medible. Su trabajo sentó las bases de toda la investigación moderna en este campo

Si la obra de *Selye* nos explica las consecuencias del estrés a largo plazo, conviene tomar también en atención la del neurocientífico *Joseph LeDoux*, que nos arroja luz sobre el origen de estas reacciones. En su libro *The Emotional*

---

[19] *Selye, Hans. The stress of life. Nueva York: McGraw-Hill, 1956*

Brain[20] (*El cerebro emocional*), *LeDoux* desvela cómo nuestro cerebro procesa las señales de amenaza para generar la respuesta del miedo.

Su investigación se enfoca en los circuitos neuronales que dan forma a las emociones. Dentro de esta compleja red, *LeDoux* sitúa en un papel protagonista a la amígdala. Esa pequeña estructura, que ya conocemos, en forma de almendra que es el verdadero detector de peligros del cerebro, y la encargada no solo de analizar las amenazas, sino también de activar las respuestas fisiológicas para que podamos enfrentarlas.

Para explicar cómo funciona este proceso, *LeDoux* nos propone un modelo con dos vías principales por las que nuestro cerebro analiza la información de una amenaza. Estas rutas determinan tanto la rapidez como la naturaleza de nuestra reacción.

La vía corta

Pensemos en la vía corta como el circuito de emergencia del cerebro, una auténtica autopista neuronal que nos permite una respuesta casi instantánea ante el peligro. Cuando nuestros sentidos captan una señal de alarma —un ruido fuerte, una sombra que se mueve de repente—, la información viaja directamente al tálamo, que funciona como la gran centralita del cerebro. En esta ruta de urgencia, el tálamo no se detiene a reenviar la llamada a los pisos superiores para un análisis detallado, es decir, a la corteza cerebral donde reside nuestro pensamiento consciente. En su lugar, la deriva directamente a la amígdala, nuestro detector de amenazas.

Esta conexión directa es la clave de su eficacia, porque permite que la amígdala active la alarma sin esperar la confirmación del pensamiento racional. Una vez activada, la amígdala desencadena una cascada de respuestas de supervivencia, tanto físicas como de conducta, preparándonos para las tres reacciones primarias: lucha, huida o parálisis.

Todo esto ocurre en una fracción de segundo, antes incluso de que seamos plenamente conscientes de lo que está pasando. Aunque esta reacción inmediata

---

[20] *LeDoux, Joseph. The emotional brain. Nueva York: Simon & Schuster, 1996.*

a veces nos lleve a errores, como asustarnos de una sombra inofensiva, es crucial para sobrevivir. En una situación de peligro real, cada milisegundo cuenta, y la vía corta nos da una ventaja evolutiva incalculable: la capacidad de reaccionar primero y analizar después.

La vía larga

En contraste, la vía larga es el circuito reflexivo del cerebro. A diferencia de la pura reacción de la vía corta, esta ruta es más lenta porque implica un análisis consciente de la situación.

Aquí, la información que llega a la centralita del tálamo no va directamente al detector de amenazas de la amígdala, sino que hace primero una parada crucial en la corteza cerebral, la sede de nuestro pensamiento y razonamiento.

En la corteza, la información se procesa a fondo: se analiza qué es exactamente ese estímulo, si lo hemos experimentado antes y si representa un peligro real. Solo cuando completa este análisis, la corteza envía su veredicto a la amígdala. Este paso adicional permite una evaluación consciente del peligro, en lugar de una simple reacción instintiva.

Imaginemos que escuchamos un ruido fuerte y repentino. En una fracción de segundo, la vía corta toma el control: el sonido viaja por la autopista neuronal hasta la amígdala y nuestro cuerpo reacciona antes de que podamos pensar, con el corazón desbocado y los músculos tensos, listos para la acción. Pero, casi al mismo tiempo, el sonido también viaja por el camino más lento hacia la corteza cerebral. Allí, nuestro cerebro analiza el contexto: es de día, se oyen risas de niños, hay un ligero olor a pólvora... La conclusión es clara: se trata de un petardo inofensivo. Entonces, la corteza envía un mensaje tranquilizador a la amígdala, algo así como:

"*Falsa alarma, cancela la respuesta de miedo*".

Nuestro ritmo cardíaco, poco a poco, vuelve a la normalidad.

Esta capacidad de la vía larga para modular e incluso anular la respuesta instintiva es fundamental, pues nos permite adaptar nuestra reacción a la amenaza real y no reaccionar de forma exagerada ante cualquier estímulo. Nos da la capacidad de evaluar, reflexionar y responder de una manera más consciente y adaptativa.

******

Las teorías de *LeDoux*, *Selye* y *Grossman*, lejos de competir, se complementan y encajan como las piezas de un puzle, describiendo una única y coherente secuencia de eventos bajo estrés.

Todo comienza con el detonante que nos descubrió *LeDoux*. Su trabajo sobre la amígdala y la "*vía corta*" cerebral explica ese chispazo inicial, esa reacción instintiva al peligro que se dispara incluso antes de que seamos plenamente conscientes de la amenaza. Es el primer eslabón de la cadena. A partir de ahí, si el peligro persiste, entra en juego el motor descrito por *Hans Selye*. Su SGA es lo que ocurre en nuestro cuerpo justo después de esa alarma cerebral: la reacción de *LeDoux* activa las fases de alarma, resistencia y, finalmente, agotamiento que *Selye* identificó. Por último, llegamos a las secuelas, analizadas a fondo por *Dave Grossman*. Su estudio del combatiente nos muestra las consecuencias psicológicas de vivir constantemente en esos estados de alerta y resistencia. El TEPT o *el Burnout* no son más que las "*heridas mentales*" que quedan en un cerebro y un cuerpo que han sido sometidos a un estrés extremo y prolongado.

Vistas así, estas tres perspectivas nos ofrecen un mapa completo: desde el impulso cerebral que dura una fracción de segundo, pasando por la adaptación del cuerpo a lo largo de días o semanas, hasta las cicatrices psicológicas que pueden durar toda una vida.

Comprender en profundidad esta conexión entre cerebro, cuerpo y mente es lo que nos permite pasar de la simple reacción a la preparación inteligente. Saber cómo funcionamos bajo presión es la verdadera clave para poder diseñar entrenamientos más eficaces, crear protocolos de actuación más seguros y, sobre todo, ofrecer un apoyo psicológico que realmente responda a las necesidades de quienes se enfrentan al peligro cada día.

Continuando con la comprensión de la respuestas al estrés, vamos a recurrir a diversas investigaciones que han explorado estos mecanismos subyacentes —respuestas—.

Un punto de partida ineludible es el *El Manual Diagnóstico y Estadístico de los Trastornos Mentales* (DSM-5) de la *American Psychiatric Association*[21], una obra de referencia para cualquier profesional de la salud mental. Y aunque a los neófitos nos queda algo grande por su densidad, la parte que nos importa es la información sobre el establecimiento de criterios claros y específicos para el diagnóstico de los trastornos mentales. Sobre todo en el contexto del estrés, en el que su contribución más significativa fue la definición de algo que sí nos suena, el Trastorno de Estrés Postraumático (TEPT).

Antes del DSM, el sufrimiento derivado de un trauma era difícil de diagnosticar de forma consistente, pero este manual proporcionó un lenguaje común y criterios rigurosos que unificaron la práctica clínica. Esto se tradujo en diagnósticos mucho más precisos, que permiten identificar correctamente el TEPT y diferenciarlo de otros problemas, y, sobre todo, en tratamientos más eficaces, porque un buen diagnóstico es siempre el primer paso para una terapia adecuada. El DSM-5 ofreció a los profesionales un mapa claro para navegar las complejas secuelas del trauma, mejorando así la vida de innumerables personas.

Ahora pensemos que si DSM-5 es como el mapa de la búsqueda del tesoro, hay otros investigadores que nos van a permitir ver la maquinaria interna de nuestras reacciones, el coste a largo plazo del estrés y el origen biológico de nuestras respuestas.

El trabajo de *Marian Joëls* y *Tallie Z. Baran*[22], detallado en su artículo *La neuro-sintomatología del trastorno de estrés postraumático: Desde los recuerdos fragmentados hasta la terapia hormonal*, ha arrojado luz sobre los mecanismos hormonales del TEPT. Su investigación se centra en el eje hipotalámico-hipofisario-adrenal (HHA), la principal cadena de mando química que se activa durante el estrés. Su funcionamiento describe una cascada de señales: el hipotálamo cerebral alerta a la hipófisis (la glándula pituitaria), que a su vez ordena a las glándulas

[21] *American Psychiatric Association. Diagnostic and statistical manual of mental disorders (5ª ed.). Arlington, VA: American Psychiatric Publishing, 2013*

[22] *Joëls, Marian y Tallie Z. Baram. "The neuro-symptomatology of posttraumatic stress disorder: From fragmented memories to hormonal therapy". Endocrine reviews, 30(5), 2009, pp. 439-462*

suprarrenales liberar cortisol, la conocida hormona del estrés. *Joëls y Baram* han demostrado cómo las alteraciones en esta cadena pueden provocar síntomas del TEPT, como los problemas de memoria o las emociones desreguladas, revelando la íntima conexión entre nuestras hormonas y la salud mental.

A su vez, la labor divulgativa del neurobiólogo *Robert Sapolsky* [23] es fundamental para entender el impacto crónico del estrés. En su célebre libro *¿Por qué las cebras no tienen úlceras?*, *Sapolsky* nos explica, de forma accesible, los efectos devastadores del estrés prolongado.

Su idea central es poderosa en su simplicidad: nos dice que la respuesta al estrés es un mecanismo de supervivencia brillante para una emergencia puntual —como una cebra que escapa de un león—, pero resulta terrible para el cuerpo si se mantiene activa durante meses o años debido a preocupaciones crónicas. La activación constante de este sistema de emergencia acaba dañando nuestra salud cardiovascular, inmunológica y nerviosa. Como resume *Sapolsky*, "*pagamos un alto precio fisiológico por preocuparnos demasiado*".

Y a modo de culturilla. Todo lo anterior se apoya en los cimientos que estableció el fisiólogo *Walter Cannon*[24] mucho antes que los demás. Su artículo de 1929, *Organización para la homeostasis fisiológica*, sentó las bases este campo de estudio. *Cannon* fue el primero en identificar y nombrar la respuesta de "*lucha o huida*", describiendo los mecanismos fisiológicos que preparan al cuerpo para la acción ante una amenaza: la liberación de adrenalina, el aumento del ritmo cardíaco y la subida de la presión arterial. Su trabajo pionero sigue siendo la piedra angular sobre la que se construye nuestro entendimiento de la respuesta inmediata y visceral ante el peligro.

******

[23] *Sapolsky, Robert M. Why zebras don't get ulcers. Nueva York: Henry Holt and Company, 2004*

[24] *Cannon, W. B. "Organization for physiological homeostasis". Physiological reviews, 9(3), 1929, pp. 399-431.*

Ficha 003

Tema: Análisis de las fuentes: Ciencia, Experiencia y Entrenamiento.

1. OBJETIVOS DE LA SESIÓN

El propósito de esta sesión no es que ofrezcan una clase magistral de neurociencia, sino que proporcionen un contexto operativo sólido. El alumno debe terminar el entrenamiento o taller entendiendo que no ha entrenado con simulaciones por simple costumbre, sino porque existe una base científica robusta que respalda cada ejercicio que ha realizado.

Al finalizar, los participantes deberán ser capaces de:

1) Integrar los conocimientos de la neurociencia, la psicología y la fisiología para explicar la respuesta humana ante el peligro.
2) Valorar la importancia de combinar la teoría con la experiencia real para diseñar entrenamientos efectivos.
3) Analizar la dinámica entre miedo, estrés y rendimiento en escenarios de combate simulado.
4) Reconocer el impacto del estrés extremo a corto, medio y largo plazo, desde las reacciones inmediatas hasta el Síndrome General de Adaptación (SGA), el TEPT o el Burnout.

2. CONTENIDOS A TRABAJAR

Para construir una comprensión completa, pueden apoyarse en varios autores clave, explicando cómo cada uno ilumina un momento distinto de la respuesta al peligro. Es fundamental que los alumnos vean esta secuencia completa.

Comenzarán con el "chispazo" inicial, la reacción instantánea, usando las ideas de *LeDoux* sobre la vía corta (reacción instintiva) y la vía larga (análisis consciente). De ahí, pase al desgaste progresivo que sufre el cuerpo, explicando el SGA de Selye y sus fases de alarma, resistencia y agotamiento. Finalmente, aborde las secuelas y las soluciones prácticas con *Dave Grossman*, analizando cómo el miedo puede provocar parálisis o impulsividad y cómo la automatización, la repetición y la conciencia situacional son nuestros mejores antídotos.

Para enriquecer el marco, mencionen brevemente a *Cannon* (lucha/huida), Sapolsky (estrés crónico) y los criterios del DSM-5 para entender el TEPT, vinculándolos a situaciones operativas conocidas como una emboscada (vía corta), una patrulla prolongada (fase de resistencia de *Selye*) o las secuelas vistas en veteranos.

3. CÓMO ESTRUCTURAR LA SESIÓN

Deben mantener un tono operativo en todo momento. Cada vez que citen a un autor, lo deben anclar inmediatamente a la práctica: "*LeDoux* explica por qué te sobresaltas antes de pensar... y eso es precisamente lo que entrenamos en las entradas dinámicas".

Arranque (Introducción breve)

Inicien con preguntas directas para generar debate: ¿Qué pesa más en combate: la ciencia o la experiencia? ¿Qué vale más: la teoría de *Grossman* o el instinto de un veterano?

Desarrollo (Exposición guiada)

Expliquen de forma resumida a cada autor, usando anécdotas y metáforas claras. La vía corta de *LeDoux* es la "autopista de emergencia" del cerebro; el SGA de Selye es como un "motor que se sobrecalienta" por funcionar al límite durante demasiado tiempo. Utilicen un lenguaje directo y evite tecnicismos: "La amígdala no es un postre, es tu radar de amenazas".

Aplicación (Ejercicios prácticos)

1) Antes de la teoría, les preguntarán si creen que el miedo se puede entrenar o es innato, para abrir el debate.
2) Durante la sesión, realizaran un escenario corto de sorpresa. Un ruido fuerte e inesperado servirá para que sientan la reacción de la vía corta. Harán una pausa inmediata para explicarlo y después les pediremos que analicen el contexto (vía larga).

3) A continuación, introducirán una dinámica de estrés acumulado. Les harán repetir un ejercicio sencillo (ej. montar y desmontar un cargador) bajo presión de tiempo y fatiga física para simular la fase de resistencia de Selye y que sientan cómo se degrada la habilidad motora fina.
4) Cierre (Reflexión y debate): Concluirán con una puesta en común. ¿Qué momento del ejercicio se correspondió con *LeDoux*, *Selye* o *Grossman*? ¿Qué fuente les parece más útil y por qué? El objetivo es que aprendan a integrar estos conceptos en su propio entrenamiento.

4. PAUTAS DE EVALUACIÓN

a) La evaluación no se basará en que memoricen nombres, sino en su capacidad de reflexión y conexión. El manual es un medio; lo importante es que el alumno comprenda sus propias reacciones bajo presión.

   Valoraremos lo siguiente:

   1) Si comprenden las fases del estrés y son capaces de aplicarlas al análisis del entrenamiento.
   2) Su participación activa a la hora de vincular la experiencia vivida en los ejercicios con los conceptos teóricos.
   3) Una actitud reflexiva, donde acepten el miedo como una reacción natural que, lejos de ser una debilidad, puede y debe ser entrenada. Debemos reforzar la idea de *Grossman*: hablar del miedo no es un signo de flaqueza, sino de preparación profesional.

Recuerden: los errores en la simulación no son fallos, son oportunidades de oro para conectar la teoría con la práctica. Su objetivo es fomentar la conciencia de sus propios procesos internos. Si el grupo es más práctico que teórico, no dude en reducir el tiempo de exposición y ampliar el de simulación.

******

Tras comprender la explosión fisiológica del miedo, es momento de que analicemos qué le ocurre a nuestro cuerpo en pleno enfrentamiento armado. Nuestro punto de partida se encuentra en el pasado ancestral. Como primates, la huida, y no la lucha, era nuestra principal estrategia de supervivencia ante un depredador. Esta herencia evolutiva sigue grabada a fuego en nosotros: el instinto más básico es, y siempre será, sobrevivir.

Hemos dicho que el miedo desencadena una cascada de respuestas coordinadas que nos preparan para la acción, pues en el contexto de un enfrentamiento armado, este proceso, que se activará en segundos, atraviesa por tres etapas principales.

Fase 1: La reacción de alarma (respuesta de lucha o huida[25])

Imaginemos que, sin previo aviso, nos vemos envueltos desgraciadamente en un tiroteo. Gritos, detonaciones y el silbido de las balas. En ese instante, algo profundo se activa en nuestro interior, una fuerza instintiva que escapa a cualquier pensamiento racional. Al percibir el peligro inminente, el cuerpo entra en modo supervivencia. No hay tiempo para analizar, solo para actuar.

Esta reacción es tan veloz que nos adelanta, ocurriendo antes de que seamos plenamente conscientes de la situación. Nuestro sistema nervioso simpático toma el control y libera esa avalancha de cambios fisiológicos diseñados para mantenernos con vida. En este estado, la mente se enfoca de un modo particular: todo lo que no es esencial para sobrevivir se desvanece. Solo existe el ahora, el peligro y la necesidad imperiosa de reaccionar. Quizá decidamos enfrentarnos al enemigo, canalizando toda esa energía para apuntar, movernos o disparar con eficacia. O quizá optemos por una retirada estratégica, aprovechando la velocidad y la agudeza mental para ponernos a salvo. Esta reacción no es un comportamiento aprendido; es nuestra herencia más pura.

---

[25] *Cannon, W. B. Bodily changes in pain, hunger, fear and rage. Nueva York: D. Appleton and Company, 1995*

Aunque hoy el peligro provenga de las balas y no de los colmillos, respondemos con el mismo impulso instintivo que nuestros ancestros en la sabana.

Fase 2: Resistencia (adaptación)

Si el enfrentamiento se alarga y la amenaza persiste, el cuerpo entra en una nueva fase: la resistencia. Ya no se trata de una simple reacción de lucha o huida; ahora, el organismo debe adaptarse para seguir operativo. Para ello, activa el eje hormonal HHA y libera enormes cantidades de cortisol, cuya misión es inyectarnos resistencia. Inunda la sangre de glucosa, proporcionando un combustible constante a los músculos y al cerebro, como si nos conectáramos a una batería de emergencia para no fallar en mitad de la confrontación. Pero esta adaptación ya sabemos que tiene un coste. A medida que el renombrado cortisol fluye por el cuerpo, la mente, que antes era un bisturí, empieza a perder su filo. Nuestra memoria se vuelve frágil, y concentrarnos en detalles cruciales —la posición del enemigo, las órdenes de un compañero— nos va a exigir un esfuerzo sobrehumano. El cerebro está pagando el peaje por mantenernos activos bajo una presión tan extrema.

Paradójicamente, aunque esta circunstancia debilite ciertas funciones cognitivas, el cortisol nos ofrece una extraña tregua: actúa como una anestesia natural. Su potente efecto antiinflamatorio reduce drásticamente la percepción del dolor si resultamos heridos. Esto nos permite seguir en movimiento, luchando o retirándonos, mientras ignoramos un daño que en otras circunstancias nos incapacitaría.

A corto plazo, esta capacidad puede salvarnos la vida. Con el paso de los minutos, la atención se vuelve extremadamente selectiva. Nos hiper focalizamos en la amenaza inmediata, perdiendo por completo la conciencia periférica y volviéndonos vulnerables a movimientos en los flancos o a sonidos que podrían alertarnos de nuevos peligros.

Esta fase es un delicado compromiso biológico. Mientras canalizamos toda la energía en sobrevivir al presente, otros sistemas empiezan a resentirse. El sistema inmune se debilita, el metabolismo se desequilibra y la mente, cada vez más agotada, queda expuesta a cometer errores críticos. Tal como describió

Hans Selye en su modelo del estrés, esta adaptación no es infinita. Si la amenaza no cesa, el cuerpo se aproxima a su punto de ruptura.

Fase 3: Agotamiento (colapso)

Cuando el estrés se prolonga más allá de lo soportable, el cuerpo llega a su límite. Las reservas de energía se nos agotan, las glándulas suprarrenales, que las hemos tenido trabajando sin descanso, empiezan a fallar, y nuestra producción de cortisol cae en picado. Con ella, desaparece el combustible de emergencia que nos mantenía en pie, y el organismo, exhausto, finalmente cede. La consecuencia inmediata es una fatiga abrumadora, tanto física como mental. Los movimientos se vuelven lentos y torpes; sostener un arma se convierte en un esfuerzo titánico. La mente, antes enfocada, se nubla de confusión y apatía hasta perder la capacidad de decidir o reaccionar. En esencia, quedamos completamente expuestos y vulnerables.

Pero el colapso físico no es lo único que nos debe preocupar. El agotamiento también deja profundas cicatrices mentales. Las emociones reprimidas durante la lucha —miedo, ira, dolor— van a emerger con una fuerza incontrolable, pudiendo provocarnos ansiedad intensa o ataques de pánico. A menudo, estas reacciones son solo el preludio de trastornos más graves, como el TEPT, la depresión o la ansiedad crónica. Que pueden persistir durante años, mucho después de que el peligro haya desaparecido.

******

Ficha 004

Tema: Las fases fisiológicas en el estrés de combate

1. OBJETIVOS DIDÁCTICOS

Al finalizar la sesión, los participantes deberán ser capaces de:

a) Identificar y describir las tres fases fisiológicas del estrés de combate: alarma, resistencia y agotamiento (modelo de *Selye*).
b) Reconocer los cambios corporales, tanto inmediatos como progresivos, que se producen en una situación de peligro real.
c) Comprender el impacto directo de estos cambios en el rendimiento táctico y la toma de decisiones.
d) Tomar conciencia de los riesgos asociados a la fase de agotamiento y sus posibles secuelas psicológicas.

Clave conceptual para el instructor: Su objetivo no es enseñar que el estrés es "bueno" o "malo", sino presentarlo como un proceso biológico con etapas definidas. Los alumnos deben comprender que cada fase tiene ventajas adaptativas para la supervivencia, pero también desventajas que suponen un riesgo. El entrenamiento se centra en reconocer y gestionar este proceso.

2. CONTENIDOS A TRABAJAR

Fase 1: Reacción de alarma

1) Activación inmediata del sistema simpático: La respuesta es automática, ancestral y no depende de la voluntad, sino de la biología.
2) Descarga de adrenalina y noradrenalina: El "combustible" para la reacción inicial.
3) Cambios físicos instantáneos: Aumento del ritmo cardíaco y respiratorio, dilatación de pupilas, detención de la digestión.
4) Respuesta programada: Lucha o huida.

Fase 2: Resistencia

1) Activación del eje HHA (Hipotálamo-Hipófisis-Adrenal): El cuerpo busca mantener el estado de alerta.
2) Liberación de cortisol: La hormona que nos proporciona energía sostenida para aguantar un esfuerzo prolongado. Esta fase nos permite continuar el combate.
3) Efectos cognitivos y físicos:
   a) Ventajas: Hiperfocalización en la amenaza, analgesia natural (sentimos menos el dolor) y un aumento temporal de la resistencia física.
   b) Riesgos: A costa de una gran fatiga mental, se producen fallos de memoria, se debilita el sistema inmunológico y, crucialmente, se reduce la conciencia periférica (visión de túnel).

Fase 3: Agotamiento

1) Agotamiento de los recursos energéticos: Las reservas del cuerpo se desploman.
2) Posible fallo suprarrenal y colapso físico: El organismo se rompe.
3) Síntomas críticos: Fatiga extrema, confusión mental severa y una torpeza motriz peligrosa.
4) Secuelas a largo plazo: Es en esta fase donde el riesgo de desarrollar TEPT y otras secuelas psicológicas es más alto. Es la etapa más peligrosa, tanto para el combatiente en acción como para el veterano después de la misión.

3. METODOLOGÍA SUGERIDA

Inicio (Impacto)

1) Arranque con una pregunta directa y provocadora: ¿Creéis que podéis controlar lo que vuestro cuerpo hace bajo fuego real?
2) Deje que respondan y genere un breve debate.

Exposición guiada

Expliquen cada fase utilizando ejemplos narrativos y viscerales. Por ejemplo: "En la fase de alarma, vuestro corazón empezará a latir tan fuerte que lo escucharéis retumbar en los oídos".

3) Aplicación práctica: La clave es que sientan, no solo escuchen.
   a) Simulen la fase 1 con un ejercicio sorpresa.
   b) Induzcan una fatiga controlada para experimentar la fase 2.
   c) Provoquen una reflexión en grupo sobre las señales que anuncian la llegada de la fase 3.

Cierre

Conecten la teoría con la práctica mediante un debate sobre las sensaciones experimentadas o experiencias personales previas.

4. ACTIVIDADES PROPUESTAS

Para la fase 1 (Alarma)

Generen un estímulo sorpresivo (un ruido fuerte, la entrada inesperada de una figura hostil) y, justo después, lanzar una discusión: "¿Qué habéis sentido? ¿Corazón, respiración, manos?". El objetivo es que cada uno identifique en sí mismo la descarga de adrenalina.

Para la fase 2 (Resistencia)

Diseñen un ejercicio táctico repetitivo y exigente que se realice ya con cierto cansancio (ej. series de movimientos y secuencias de tiro portando equipo completo). Durante el ejercicio, evalúen los fallos de atención y memoria para que comprueben cómo el cortisol sostiene el rendimiento físico, pero degrada la función cognitiva.

Para la fase 3 (Agotamiento)

De forma breve y muy controlada, pidan a los participantes que continúen un ejercicio simple tras alcanzar una fatiga extrema.

El objetivo no es llevarlos al límite real, sino que observen la torpeza, la lentitud y la confusión que aparecen, mostrando así los riesgos de esta fase.

A continuación, abran un debate grupal sobre estrategias para evitar llegar a este estado en una operación real.

5. EVALUACIÓN

1) Criterios clave: La evaluación no la centren en la resistencia física, sino en la comprensión y la autoconciencia.
2) El participante debe ser capaz de nombrar e identificar verbalmente las 3 fases del estrés.
3) Debe reconocer en primera persona los síntomas fisiológicos experimentados durante los ejercicios prácticos.
4) Debe poder explicar cómo cada fase puede afectar a una decisión táctica concreta.
5) Se valorará la participación activa en los debates y la capacidad de reflexión crítica sobre uno mismo y el equipo.

6. OBSERVACIONES PARA EL INSTRUCTOR

Lenguaje: Traduzcan siempre los conceptos biológicos a imágenes concretas y potentes: "El cortisol es como una batería de emergencia: te mantiene en marcha, pero tiene una carga limitada".

Vinculación táctica: Cada fase debe estar anclada a un escenario real:

Fase 1: Reacción instintiva en una emboscada.

Fase 2: Rendimiento durante una patrulla prolongada o un asalto sostenido.

Fase 3: Riesgo de colapso en un asedio o tras varios días de operaciones continuas.

Seguridad: Es crucial controlar al grupo. La simulación del agotamiento debe ser una demostración controlada para ilustrar los peligros, nunca para dañar o llevar a un participante a un estado de riesgo real.

Enfoque profesional: Dejen claro que conocer estas fases no es un signo de debilidad, sino de profesionalismo. Un combatiente de élite es aquel que entiende su biología y la gestiona como una herramienta más.

******

Para gestionar el estrés, a menudo olvidamos uno de los métodos más antiguos y eficaces que poseemos: la respiración consciente. Una de sus aplicaciones más interesantes es la que se ha adjetivado como "*respiración táctica*[26]". Que no es más que otra técnica estructurada y que, lejos de ser compleja, nos ayuda a regular las reacciones de nuestro cuerpo en momentos críticos. No se trata de una solución mágica como el "*bálsamo de Fierabrás*[27]", pero su efecto es muy real, ya que se basa en la conexión directa entre los pulmones y el cerebro.

Para entender cómo funciona, podemos imaginar que nuestro sistema nervioso autónomo tiene dos modos de operación, como si fueran un acelerador y un freno. El acelerador, nuestro sistema simpático, es el que nos prepara para la acción, disparando el pulso, acelerando la respiración y llenándonos de energía. Por otro lado, tenemos el freno, el sistema parasimpático, que nos devuelve a un estado de calma. La respiración táctica es, sencillamente, nuestra forma de pisar ese freno a voluntad.

El principal responsable de accionar este freno corporal es el nervio vago[28], el más largo de nuestro cuerpo, que conecta el cerebro con órganos tan importantes como el corazón, los pulmones o el sistema digestivo. Ciertas formas de respirar, sobre todo cuando alargamos la exhalación, lo estimulan directamente. Al hacerlo, iniciamos una respuesta de relajación[29] que consigue reducir nuestro ritmo cardíaco y los niveles de cortisol. En esencia, estamos usando los pulmones para enviarle una señal clara al cerebro de que es momento de recuperar la calma.

---

[26] *Miller, Fernando. Performance Extrema: El arte de desafiar nuestros límites. s.l.: Fernando Miller, s.f.*
[27] *Cervantes, Miguel de. El ingenioso hidalgo don Quijote de la Mancha. Capítulo X, 1605*
[28] *Jerath, Ravinder, T. Edry, Valerie A. Barnes y V. Jerath. "Physiology of long pranayamic breathing: neural respiratory elements may provide a mechanism that explains". Medical hypotheses, 85(6), 2015, pp. 759-766*
[29] *Benson, Herbert. The relaxation response. Nueva York: William Morrow, 1975*

El equilibrio saludable entre el acelerador y el freno de nuestro cuerpo se puede medir con «*la Variabilidad de la frecuencia cardíaca*[30] (VFC)». Una mayor VFC es señal de que nuestro organismo es más resiliente y se adapta mejor al estrés.

Técnicas comunes de respiración

A continuación, les propongo algunas de las técnicas más comunes y de uso universal.

La respiración cuadrada

Conocida también como "*respiración en caja*", este es un método sencillo y muy eficaz para reducir el estrés y mejorar la concentración. Su gran atractivo reside en lo fácil que es de aprender y en la calma casi inmediata que produce.

La técnica nos invita a visualizar un cuadrado, recorriendo sus cuatro lados iguales con nuestra respiración. El ciclo es simple: primero, inhalamos lentamente por la nariz mientras contamos hasta cuatro. A continuación, aguantamos el aire en los pulmones durante otros cuatro segundos. Después, exhalamos todo el aire de forma pausada, contando de nuevo hasta cuatro. Finalmente, nos mantenemos con los pulmones vacíos durante un último conteo de cuatro antes de volver a empezar. La constancia en esa cadencia uniforme es lo que ayuda a equilibrar el sistema nervioso.

Por su simplicidad, esta técnica es un ancla poderosa a la que podemos aferrarnos en cualquier momento y lugar para recuperar la calma y la claridad mental en medio del caos.

Respiración 4-7-8

Esta es otra técnica de respiración rítmica, reconocida por su capacidad para reducir la ansiedad e inducir un estado de calma de forma muy rápida. Su nombre se debe a la cadencia de sus tres fases: cuatro segundos para inhalar, siete para retener el aire y ocho para exhalar.

---

[30] *Shaffer, Fred y J. P. Ginsberg. "An overview of heart rate variability metrics and their physiological origins". Frontiers in public health, 5, 2017, pp. 258.*

Para practicarla, comenzamos sentándonos o tumbándonos en una posición cómoda. Colocamos la punta de la lengua justo detrás de los dientes frontales superiores y la mantenemos ahí durante todo el ejercicio. Primero, exhalamos completamente por la boca, produciendo un ligero silbido. Luego, cerramos la boca e inhalamos silenciosamente por la nariz mientras contamos mentalmente hasta cuatro. Aguantamos la respiración durante un conteo de siete segundos y, finalmente, exhalamos todo el aire por la boca, repitiendo el silbido, a lo largo de ocho segundos. Esto completa un ciclo. Lo ideal es repetir el proceso tres veces más, sumando un total de cuatro respiraciones.

El secreto de su eficacia está en esa exhalación prolongada de ocho segundos, que estimula el nervio vago y activa el sistema nervioso parasimpático: el freno natural de nuestro cuerpo. Al hacerlo, le enviamos una señal directa al cerebro para que disminuya el ritmo cardíaco, reduzca la tensión y promueva una profunda sensación de bienestar. Actúa casi como un interruptor que apaga la respuesta de estrés.

Podemos practicar esta técnica siempre que sintamos ansiedad, y es especialmente útil para calmar la mente antes de dormir. Si estamos empezando, lo mejor es comenzar con cuatro ciclos e ir aumentando gradualmente con la práctica.

Respiración con énfasis en la exhalación

Más que una técnica formal, esta práctica es un principio que consiste en alargar de forma consciente la expulsión del aire. Su objetivo es activar con mayor eficacia la respuesta natural de relajación del cuerpo. Un ejercicio muy sencillo para ponerlo en práctica es inspirar durante cuatro segundos y, después, soltar el aire lentamente durante seis u ocho segundos. La clave es, simplemente, que la exhalación siempre dure más que la inhalación.

El secreto de su eficacia reside en la parte más simple del proceso: la exhalación. Mientras que inhalar activa el cuerpo, exhalar lo calma. La exhalación estimula directamente el sistema nervioso parasimpático, que actúa como el verdadero "*freno*" de nuestro organismo y contrarresta la conocida respuesta de "*lucha o huida*" que dispara el estrés. Al alargar conscientemente la fase de exhalación, le enviamos a nuestro cuerpo una señal potente y clara para que se tranquilice: el ritmo cardíaco desciende, los músculos se aflojan y la sensación de ansiedad disminuye.

******

Aunque el término "*respiración táctica*" provenga de entornos militares, policiales o de emergencia, su eficacia se apoya sobre un sólido respaldo científico. Numerosas investigaciones han explorado los efectos de la respiración controlada en el sistema nervioso autónomo (SNA), esa parte de nosotros que regula las funciones automáticas del cuerpo.

Dentro de este campo, los estudios sobre VFC son fundamentales. La VFC mide las sutiles variaciones de tiempo entre un latido y el siguiente, funcionando como un termómetro de nuestra capacidad para gestionar el estrés. Si los valores son altos nos indica que nuestro sistema nervioso es flexible, se adapta bien a los cambios y posee una mayor resistencia. En cambio, una variabilidad baja se asocia con una peor respuesta ante la presión. Las técnicas de respiración, especialmente aquellas que se centran en alargar la exhalación, han demostrado aumentar la VFC, una señal inequívoca de que estamos activando la rama parasimpática del SNA, la que nos permite relajarnos.

Los trabajos de investigadores como *Herbert Benson y Stephen Porges* nos pueden ayudar a entender por qué este mecanismo es tan poderoso. *Benson*, es un pionero en el estudio de la "*respuesta de relajación*", y demostró que ciertas prácticas como la respiración profunda o la meditación inducen un estado de calma que se opone frontalmente a la reacción de estrés. Esta respuesta natural provoca que el corazón lata más despacio, la respiración se vuelva pausada, la presión arterial baje y los músculos se destensen. En esencia, Benson describió el mismo objetivo que persigue la respiración controlada.

Por su parte, *Stephen Porges*, con su influyente *Teoría Polivagal*[31], estableció una conexión fundamental entre el nervio vago, nuestras emociones y el estrés. Su

[31] *Porges, Stephen W. The polyvagal theory, neurophysiological foundations of emotions, attachment, communication, and self-regulation. Nueva York: W. W. Norton Company, 2011*

teoría explica cómo la respiración controlada, al alargar la exhalación, estimula este nervio, que no solo regula funciones vitales como el ritmo cardíaco, sino que también es clave en nuestra forma de relacionarnos y gestionar las emociones.

Porges nos ofrece un mapa de nuestras respuestas al estrés, identificando tres circuitos neuronales principales. El primero, el circuito vagal ventral, es el que nos conecta socialmente y nos hace sentir seguros. El segundo, el circuito simpático, es el que nos prepara para luchar o huir. Finalmente, un tercer circuito, el vagal dorsal, nos puede llevar a la inmovilización o el colapso.

La respiración controlada activa de forma específica el primer circuito, el de la seguridad y la calma social. Al hacerlo, no solo nos sentimos más tranquilos, sino que además frena la respuesta de lucha o huida, confirmando así su papel decisivo para nuestro bienestar.

******

Ficha 005

Tema: La respiración táctica y la gestión del estrés

1. OBJETIVOS

1) Entender la conexión entre respiración y sistema nervioso. Asegúrense de que entiendan la metáfora: el sistema simpático es el acelerador y el parasimpático es el freno. Usen ejemplos sencillos: un coche subiendo una cuesta a fondo (simpático) frente a aparcar con suavidad (parasimpático).
2) Dominar la respiración táctica como herramienta de control inmediato. Dejen claro que no es magia, pero sí una técnica probada y rapidísima para recuperar el control en un momento crítico.
3) Automatizar tres técnicas de respiración para entrenamiento y combate real. Insistan en que deben interiorizarlas hasta que sean un reflejo, igual que desenfundar o solucionar una interrupción del arma.
4) Desarrollar la conciencia corporal para autogestionar el estrés. Recuérdenles esta máxima: controlar la respiración es controlar la mente. Y ese control marca la diferencia entre el éxito y el fracaso en un enfrentamiento.

2. CONTENIDO CLAVE

Teoría

a) Sistema simpático (acelerador) vs. parasimpático (freno).
b) El papel del nervio vago como interruptor de la calma.
c) La variabilidad de la frecuencia cardíaca (VFC) como un indicador de qué tan bien aguantan la presión.

Técnicas de combate

1) Respiración cuadrada (o de caja).
2) Respiración 4-7-8.
3) Respiración con exhalación prolongada.
4) Evidencia (para que se lo crean):
5) La "respuesta de relajación" de *Herbert Benson.*

6) La Teoría Polivagal de *Stephen Porges* (la conexión directa entre respirar, sentir seguridad y gestionar emociones).

Nota para los instructores: Ojo, esto no es una clase de biología. Sean breves, claros y céntrense en la aplicación al combate. La teoría solo sirve para que confíen en la técnica y la practiquen de verdad.

3. METODOLOGÍA

a) **Charla breve**: Rompan el hielo con un ejemplo que todos conozcan (un susto al volante, un resbalón inesperado) para introducir el tema.

b) **Demostración guiada**: Dirijan ustedes los ejercicios en grupo. Sus voces son las que marcan el ritmo.

c) **Práctica individual**: Denles un momento para que cada uno practique por su cuenta y sienta los efectos. Pida retroalimentación.

d) **Aplicación táctica**: Organicen una simulación corta. Por ejemplo, aplicar una técnica justo antes de una entrada en una habitación o al terminar un ejercicio intenso de FoF.

Consejo de instructor: Su propia respiración es la herramienta principal. Si hablan bajo y pausado, marcando el ritmo, el grupo los seguirán. Su calma se contagia.

4. ACTIVIDADES PRÁCTICAS

Antes de empezar lancen esta pregunta: "¿Quién de vosotros se ha dado cuenta de que aguanta la respiración cuando la cosa se pone tensa?". Y pídanles que se tomen el pulso en la muñeca durante 15 segundos.

Durante la práctica

1) Respiración cuadrada: Guíenlos con palmadas o contando en voz alta: "Inhala, dos, tres, cuatro… Aguanta, dos, tres, cuatro…".
2) Respiración 4-7-8: Recalquen que la clave está en soltar el aire despacio, es lo que activa el "freno".
3) Exhalación prolongada: Déjenlos practicar libremente para que cada uno encuentre su ritmo.

Después de la práctica

1) Simulación con estrés: Métanles "caña" durante 30 segundos (flexiones, sprint, etc.) e inmediatamente pídales que apliquen la respiración táctica.
2) Hará que vean cómo recuperan el pulso y el control mucho más rápido.
3) Puesta en común: Abran un pequeño debate: "¿Qué técnica os ha funcionado mejor y por qué?".

5. EVALUACIÓN

1) Fíjense si son capaces de seguir el conteo sin depender de su voz.
2) Comprueben si aplican la técnica de forma instintiva justo después del ejercicio físico y pregúntenles directamente cómo notan su pulso y su nivel de calma después de practicar.

Nota a los instructores: Olvídense de la rigidez académica. El objetivo es que la técnica les salga sola, casi sin pensar. Evalúen la utilidad práctica, no la perfección teórica.

6. PUNTOS CLAVE

a) Sus actitudes lo son todo: Mantengan un tono sereno y un lenguaje corporal tranquilo. Es el modelo de autocontrol.
b) Sus frases clave: Repítanles esto hasta que se les grabe: "La respiración es el mando a distancia de vuestro sistema nervioso".
c) Aplicación en FoF: Insistan en que la respiración táctica se usa antes (para prepararse), durante (para mantener el control en las pausas) y después (para recuperarse).
d) Aviso sobre mareos: Adviertan que al principio pueden marearse un poco. Que es normal y que, si les pasa, simplemente respiren con naturalidad.
e) Recomendación final: Integren la respiración táctica en cada entrenamiento, sin excepción. Por ejemplo, antes de iniciar cualquier ejercicio, obliguen a todo el grupo a hacer dos o tres ciclos de respiración cuadrada. Conviértanlo en un hábito.

******

Estado de Alerta

Dejamos atrás las bases de la fisiología y la forma en que nuestro organismo responde al miedo y sus consecuencias, y nos adentramos ahora en el siguiente paso: cómo afrontar las situaciones reales de enfrentamiento, siendo ya conscientes de lo que sucederá en nuestro cuerpo y mente. Como punto de partida, los Estados de Alerta de *Jeff Cooper* nos ofrecen una herramienta sencilla, visual y fácil de aplicar.

******

Jeff Cooper fue una de esas personas que con ideas frescas, transformaron por completo el mundo del tiro, la defensa y la seguridad personal. Sirvió como oficial de los marines en la Segunda Guerra Mundial, así que conoció de primera mano la necesidad de una buena preparación para el combate, y tal vez por ello, después, dedicó el resto de su vida a estudiar y perfeccionar el uso de las armas de fuego. Así que, lejos de conformarse con las técnicas existentes, observó, probó y sistematizó, hasta dar forma, a lo que hoy es la base del tiro moderno con pistola: un sistema que integraba el agarre a dos manos, una visión nítida de las miras y un control preciso del disparador. Aunque pensemos que esos conceptos son evidentes, tengamos en cuenta que hace sesenta años supuso toda una revolución. Además, supo cómo divulgar estas ideas, y sus libros, artículos y conferencias llegaron a miles de personas en todo el mundo.

Cooper insistía en que la fortaleza mental era tan importante como la destreza. Por eso, en su escuela, *Gunsite*, no enseñaba solo a disparar: formaba personas capaces de pensar con lucidez en medio del caos y de tomar decisiones correctas bajo una presión extrema. Y no solo marcó un antes y un después en la enseñanza del tiro defensivo; fue también la pieza central en el origen del tiro práctico como deporte. Hacia finales de los sesenta, junto a tiradores de diferentes países decidieron que el tiro con arma corta no podía quedarse anclado en las dianas de papel y las posturas estáticas de una galería. La realidad exigía movimiento, decisiones rápidas y precisión bajo presión. Pues de esa visión nació, en 1976, la *International Practical Shooting Confederation* (IPSC).

Volviendo a su legado, en mitad de tanto trabajo abrió la puerta a un camino que hoy se sigue explorando en eso que autores que ya hemos visto denominan la Ciencia del Combate.

******

Como he dicho en la introducción, una forma sencilla de entender la complejidad de los enfrentamientos armados, es acercarnos a los *Estados de Alerta* que conceptualizó *Jeff Cooper*[32]. Y pocos hay que nieguen que se trata de una guía de gran valor con la que podemos entender, sin los retoques científicos, cómo funciona nuestra mente bajo el estrés de combate. *Cooper* sabía que, por encima de cualquier otra cuestión, en un combate lo que define el resultado es el estado mental.

Nuestra percepción de una amenaza y nuestra capacidad para responder en esas circunstancias no son estáticas, sino que variarán de manera constante según la información que recibimos, las transformaciones del entorno y nuestras propias emociones. Es aquí donde los *Estados de Alerta* demuestran su utilidad, ofreciéndonos una guía con la que interpretar nuestro propio estado mental y anticipar cómo podríamos reaccionar ante un peligro.

Como hemos visto, el miedo puede llegar a paralizarnos, sobre todo en momentos de estrés agudo. *Cooper* nos ofrece un marco de trabajo claro para gestionar ese miedo, permitiéndonos mantener la alerta sin caer en la parálisis ni actuar de forma impulsiva. Me atrevería a decir que nos encamina hacia una respuesta controlada y al mismo tiempo eficaz.

Esto conlleva que no solo prestemos atención activa a lo que nos rodea —observando detalles, identificando posibles peligros y evaluando riesgos—, sino que también nos exige una mirada interior para reconocer nuestras propias emociones, límites y capacidades en tiempo real.

Esta conciencia total, tanto del entorno como de nosotros mismos, es lo que nos permite reconocer las amenazas y tomar la iniciativa, en lugar de limitarnos a reaccionar a lo que nos sucede.

******

32 *Cooper, Jeff. Principles of Personal Defense. Boulder, CO: Paladin Press, 1972*

Los niveles de colores de *Jeff Cooper* nos proporcionan una forma sencilla y eficaz de entender nuestros distintos estados de alerta. Él propuso imaginarlos como un semáforo, donde cada color representa un grado de atención y de preparación mental.

Blanco (despreocupado/inconsciencia situacional)

En el nivel Blanco, nos encontramos en un estado de total despreocupación, ajenos a lo que nos rodea. Nuestra atención está secuestrada por los pensamientos, por una conversación, el móvil o cualquier otra distracción. Estamos, literalmente, desconectados del entorno y de sus posibles peligros.

Cooper describe este estado como «*desorientado*» y lo considera el más vulnerable de todos. Permanecer en Blanco en un lugar o situación que podría volverse hostil es extremadamente peligroso. Al estar desconectados, no seremos capaces de captar las señales de aviso: comportamientos extraños, cambios en el ambiente o cualquier indicio de que algo no va bien. Para cuando la amenaza sea evidente, probablemente ya será tarde. No tendremos la información ni el tiempo necesarios para procesar qué está pasando, evaluar nuestras opciones o tomar una decisión efectiva, lo que nos expone a convertirnos en una víctima fácil.

Amarillo (alerta relajada)

La Condición Amarillo es un estado de alerta relajada, el primer paso para salir de la inconsciencia total del estado Blanco. Aquí somos conscientes del entorno y de lo que sucede a nuestro alrededor, pero sin estar tensos ni recelosos con nada ni nadie. No buscamos activamente un peligro, simplemente mantenemos una atención general por si algo parece fuera de lugar. Es un estado mental sostenible que no genera ansiedad.

Podríamos compararlo con la forma en que conducimos por una calle habitual. No vamos en tensión, pero nos mantenemos atentos a los otros coches, a los peatones y a los semáforos. No esperamos sufrir un accidente, pero estamos preparados para frenar si aparece un niño detrás de una pelota.

Estar en Amarillo es precisamente eso: una vigilancia tranquila, una conciencia activa pero no agobiante que nos permite estar listos sin tensión. La clave de esta condición es la disposición mental, la voluntad de notar algo inusual y preguntarnos si podría suponer una amenaza.

Naranja (alerta específica)

Entramos en la Condición Naranja cuando nuestra alerta relajada (Amarillo) se concentra en una amenaza específica. Ya no se trata de una atención general; ahora nuestro foco está puesto sobre una persona o situación concreta que hemos identificado como un peligro potencial. Este cambio mental es crucial, porque pasamos de la observación pasiva a la preparación activa.

Nuestro cerebro empieza a hacerse la pregunta que define este estado: ¿Qué pasaría si...? A partir de ahí, comenzamos a trazar un plan de acción rápido y preliminar. Evaluamos nuestras opciones: ¿cuál es la mejor ruta de escape?, ¿hay algo que pueda usar para defenderme?, ¿cómo podría pedir ayuda? No se trata de entrar en pánico, sino de ensayar mentalmente los posibles escenarios para estar preparados, convirtiendo la incertidumbre en anticipación.

Imaginemos que vamos por una calle oscura y vemos a un grupo de personas con actitud sospechosa caminando hacia nosotros. En Amarillo, simplemente nos habríamos percatado de su presencia. En Naranja, nuestra atención se clava en ellos y nuestra mente empieza a jugar una partida de anticipación: ¿Qué hago si se acercan demasiado? Podría cruzar la calle. ¿Y si me cortan el paso? Me daría la vuelta para correr. ¿Y si muestran un arma? Soltaría mis pertenencias y obedecería. Esta constante proyección de escenarios es el corazón de la Condición Naranja.

Rojo (combate/acción)

La Condición Rojo es el combate, el último nivel del sistema y el punto de no retorno. La amenaza que identificamos en Naranja se ha vuelto real y nos obliga a actuar para defendernos. En este estado, se acaba la planificación y la duda; como decía *Cooper*, es la hora del combate. La acción debe ser directa, inmediata y decidida, ejecutando el plan que ya teníamos en mente.

La reacción tiene que ser casi automática, confiando plenamente en nuestras habilidades y entrenamiento, porque bajo una presión extrema cada instante cuenta. Sucede cuando la persona sospechosa del ejemplo anterior finalmente nos ataca, y ejecutamos nuestro plan de defensa. Ocurre en el pisotón instintivo al freno para evitar ese choque que vimos venir. Es el instante en que la preparación choca con la cruda realidad del peligro.

******

Aunque los Estados de Alerta de *Jeff Cooper* son una herramienta fundamental, no son la única herramienta para prepararnos mentalmente. Existen otros dos conceptos muy similares que nos ayudarán a gestionar la atención y la respuesta bajo estrés: la Conciencia Situacional y el Ciclo OODA.

Si bien nacieron en campos distintos —la seguridad personal, la ingeniería cognitiva y la estrategia militar—, podemos decir que los tres convergen en una idea clave: una buena preparación mental es decisiva para afrontar con éxito cualquier peligro, especialmente en entornos hostiles como los enfrentamientos armados.

La Conciencia Situacional[33] es un concepto acuñado por la ingeniera *Mica Endsley* —que más adelante vamos a desarrollar—, que consiste en la habilidad para percibir los elementos importantes de nuestro entorno, comprender su significado y, crucialmente, anticipar cómo pueden evolucionar. Es un proceso que podemos resumir en tres fases: percibir, comprender y prever. Este enfoque se solapa claramente con la Condición Amarillo de *Cooper*, ese estado de alerta relajada en el que observamos lo que nos rodea. Sin embargo, la Conciencia Situacional nos exige dar un paso más allá: no basta con darnos cuenta de lo que está pasando, sino que debemos esforzarnos activamente por entender el porqué.

---

33 *Endsley, Mica R. "Toward a theory of situation awareness in dynamic systems" Human factors, 37(1), 1995, pp. 32-64.*

Este mismo proceso de reacción ante una amenaza lo podemos ver reflejado en el Ciclo OODA[34], creado por el coronel *John Boyd* —también lo vamos a desarrollar en las siguientes páginas—, para describir nuestro proceso mental, en este caso en la toma de decisiones. Es un bucle de cuatro pasos que se repite constantemente: Observar, Orientar, Decidir y Actuar.

Vamos a ver que los Estados de Alerta, la Conciencia Situacional y el Ciclo OODA no son conceptos aislados, sino piezas que se complementan y nos proporcionan un marco mental robusto. Si los unimos, nos ofrecen una guía muy clara para gestionar el peligro.

Adoptar este enfoque integral va a transformar nuestra capacidad para identificar un peligro, evaluarlo y que seamos capaces de responder a tiempo. En definitiva, nos enseñan lo mismo: ante la incertidumbre y el riesgo, la ventaja reside en nuestra agilidad mental y nuestra capacidad de adaptación.

La mentalidad de luchar

Después de entender cómo reacciona nuestro cuerpo ante el peligro, nuestra atención debemos dirigirla a los procesos mentales. Tal vez se hayan formulado preguntas de este tipo: ¿de dónde saco las fuerzas para afrontar una situación peligrosa? ¿Cómo puedo usar el miedo a mi favor en lugar de dejar que me paralice? ¿Estoy, de verdad, preparado para lo que pueda venir?

El resumen de las respuestas nos va a llevar al concepto de mentalidad de combate, que no es más que un equilibrio entre tres pilares: un propósito claro, un control emocional sólido y una preparación real —tal y como nos propone Cooper—.

Ya conocemos como actúa el miedo, pero lejos de ser un enemigo, puede convertirse en un buen aliado si aprendemos a reconocerlo, aceptarlo y canalizar su energía para actuar. Esto nos va a exigir dominar nuestras emociones y reenfocar la manera de pensar, de tal modo que la adrenalina y la agudeza mental que provoca el miedo, aunque libres, jueguen a nuestro favor. La confianza que

---

[34] *Boyd, John R. A discourse on winning and losing. Maxwell AFB, AL: Air University Library, 1987*

aporta una buena preparación es, además, el pilar que sostiene todo lo demás. Saber que hemos entrenado y que contamos con las habilidades necesarias nos da la seguridad para tomar decisiones rápidas y correctas bajo presión.

Este ideal del espíritu guerrero no es nuevo; tenemos cientos de ejemplos a lo largo de la historia y no han sido pocas las culturas han intentado definirlo.

A mí me gusta explicarlo con el reflejo de los códigos filosóficos como por ejemplo el *Bushidō*[35], el camino del guerrero de los samuráis japoneses. *Inazo Nitobe* nos explica que el *Bushidō* no es un simple manual de combate, sino una guía de vida forjada sobre valores como el coraje, el honor, el respeto y un férreo autocontrol. El legendario espadachín *Miyamoto Musashi*, autor de *El libro de los cinco anillos*[36], sin duda, encarna a la perfección al guerrero que vivía según este ideal.

Pero esta visión la encontramos también en otras culturas. En la antigua Grecia, Leónidas de Esparta demostró en las Termópilas un valor y una disciplina extraordinarios frente a un enemigo que parecía invencible. Tanto el samurái como el espartano compartían una misma verdad: ser un guerrero no consiste solo en saber manejar un arma, sino en poseer una disciplina mental de acero, una voluntad inquebrantable y un propósito que dé sentido a cada acción.

******

[35] *Nitobe, Inazo. Bushido: El alma de Japón. Traducido por Isobel Richardson. Barcelona: Plutón Ediciones, 2024*

[36] *Musashi, Miyamoto. El libro de los cinco anillos. Traducido por Antonio Carrillo Moya. Barcelona: Dojo Ediciones, 2010*

Ficha 006

Tema: Los Estados de Alerta de *Jeff Cooper*

1. OBJETIVOS DIDÁCTICOS

El propósito de esta sesión es que los alumnos no solo memoricen los colores de *Cooper*, sino que los interioricen como una herramienta práctica para la gestión de su propia mente.

1) **Comprensión de los niveles mentales**: Busquen que los alumnos entiendan que su estado de alerta no es estático, sino que fluctúa constantemente según la información que reciben del entorno y su percepción de la amenaza.
2) **Fomento de la conciencia situacional**: Enséñenles a observar activamente su entorno y a sí mismos. La clave es anticiparse a los peligros en lugar de limitarse a reaccionar de forma impulsiva cuando ya es tarde.
3) **Aplicación táctica en el entrenamiento**: Durante los ejercicios, los alumnos deberán ser capaces de identificar si están en Blanco, Amarillo, Naranja o Rojo, y ajustar su comportamiento y toma de decisiones en consecuencia.
4) **Control bajo presión**: Al conocer estos estados, les dará una herramienta para mantener la calma y actuar de manera deliberada y eficiente, reduciendo el riesgo de parálisis o respuestas erráticas.

2. CONTENIDOS A TRABAJAR

Marco teórico breve

1) Comiencen con el concepto de estado de alerta según *Jeff Cooper*, subrayando la importancia de la anticipación y el control emocional. Para que lo comprendan fácilmente, pueden usar la analogía del semáforo, que es muy visual e intuitiva.
2) Los niveles de alerta: Es fundamental que los alumnos internalicen cada nivel con ejemplos claros. Pueden utilizar el símil de situaciones cotidianas, para que sepan identificar estas sensaciones en ellos mismos y en los demás.

a) **Blanco (Despreocupación / Inconsciencia situacional):** Es el estado más vulnerable. La atención está completamente secuestrada por pensamientos internos o distracciones externas (como el móvil). El principal riesgo es no percibir las señales de peligro hasta que la amenaza es inminente.
b) **Amarillo (Alerta relajada):** Aquí la atención está activa y orientada al exterior, pero sin generar tensión ni ansiedad. El ejemplo clásico es conducir por una calle conocida: estamos atentos a lo que nos rodea, pero de forma relajada. Este es el estado base de la seguridad personal, ya que es sostenible durante largos periodos.
c) **Naranja (Alerta específica):** El foco se centra en una amenaza potencial y concreta. La mente comienza a planificar acciones y a anticipar escenarios. Por ejemplo, al detectar un grupo de personas con actitud sospechosa, empezamos a valorar rutas de escape o posibles acciones de defensa. El objetivo es pasar de la observación pasiva a la preparación activa, sin caer en el pánico.
d) **Rojo (Combate / Acción):** Es el disparador de la acción inmediata. Aquí se ejecuta el plan mental que hemos ensayado en Naranja. Ante un ataque real, la reacción debe ser automática y basada en las habilidades ya entrenadas.

3. METODOLOGÍA SUGERIDA

a) Mantengan siempre una narrativa simple y clara, relacionando cada nivel con sensaciones físicas y mentales que los alumnos puedan reconocer fácilmente.
b) Exposición breve: Introduzcan los estados de alerta usando la analogía del semáforo y ejemplos del día a día.
c) Demostración guiada: Planteen escenarios simulados sencillos y pedimos a los alumnos que identifiquen en qué nivel de alerta se encuentran y por qué.
d) Práctica por parejas:
    1) Un alumno representa diferentes niveles (por ejemplo, camina distraído en Blanco, luego pasa a Amarillo, y finalmente se enfoca en algo en Naranja).

2) Su compañero observa y describe las señales no verbales que delatan cada estado.

e) Aplicación táctica: Realicen una simulación de enfrentamiento controlado donde los alumnos deben reconocer el cambio de estímulos y ajustar su nivel de alerta en tiempo real.

4. ACTIVIDADES PROPUESTAS

Antes de la práctica

1) Para romper el hielo, pueden plantearles preguntas como: "¿Alguna vez os habéis llevado un susto por no ver algo que teníais delante? ¿En qué creéis que estabais pensando en ese momento?".
2) Hagan un breve ejercicio de anclaje al presente: pídanles que describan en silencio tres cosas que ven, tres que escuchan y tres que sienten en ese mismo instante.

Durante la práctica

1) Realicen un ejercicio de transición consciente, guiándolos para pasar de Blanco a Amarillo y pidiéndoles que verbalicen los cambios que notan en su percepción y en sus emociones.
2) Planteen escenarios rápidos para activar el estado Naranja y abran un diálogo breve sobre las posibles respuestas que han visualizado.
3) Culminen con una simulación final donde deben actuar en Rojo, ejecutando un plan sencillo que hayan ensayado previamente en Naranja.

Después de la práctica

1) Abran un debate: "¿Cómo os habéis sentido al pasar de Amarillo a Naranja y luego a Rojo? ¿Qué señales internas habéis notado (pulso, respiración, foco visual)?".
2) Analicen juntos los errores más comunes, como permanecer demasiado tiempo en Blanco o saltar de Amarillo a Rojo de forma impulsiva, sin la planificación previa de Naranja.

5. EVALUACIÓN

La evaluación será cualitativa y continua. Sus objetivos no son puntuar una habilidad física, sino potenciar la conciencia situacional y la capacidad de adaptación mental del alumno. Deben fijarse en:

a) Su capacidad para identificar correctamente su propio nivel de alerta durante los ejercicios.

b) Si realizan una transición adecuada entre los niveles según la amenaza que se les presenta.

c) Cómo verbalizan y reflexionan sobre las señales internas y externas que les indican un cambio de estado.

6. OBSERVACIONES PARA EL INSTRUCTOR

1) **Actitud**: Es clave mantener un tono calmado y observador. Su tranquilidad como instructores refuerza el estado Amarillo en los alumnos y crea un entorno de aprendizaje seguro.
2) **Recomendación**: La transición entre niveles debe automatizarse. Para ello, es importante repetir esta práctica periódicamente, permitiendo que la automaticen mediante la experiencia y la exposición controlada.
3) **Seguridad**: Toda la práctica debe realizarse con simulaciones controladas en escenarios seguros. Eviten cualquier situación que implique un riesgo real.

Consejo Práctico: Esta ficha se complementa perfectamente con el entrenamiento en respiración táctica y el conocimiento de las fases fisiológicas del estrés. Combinar estos elementos les permitirá ofrecer un entrenamiento integral de cuerpo y mente.

******

Ya sabemos que *Jeff Cooper* fue más allá de la simple enseñanza del manejo de armas y que forjó una filosofía completa sobre la defensa personal. Su legado lo fundamentó en cuatro principios clave que componen el conocido *Código Cooper*, y son los cimientos sobre los que, según él, se construye una auténtica mentalidad de combate.

Los Cuatro Principios Cardinales - El *Código Cooper*

Para *Cooper*, la defensa personal eficaz se sostiene sobre cuatro pilares: Mentalidad, Manejo del Arma, Puntería y Táctica. Estos pilares no son intercambiables; la excelencia en uno no puede compensar la deficiencia en otro. Su fuerza reside en su conjunto, por lo que nos dice que debemos dominarlos todos para considerarnos verdaderamente preparados —saber que sabemos, aunque sea poco—.

La mentalidad (el factor decisivo)

Por encima de todo, está la mentalidad. *Cooper* la consideraba el factor decisivo, más importante incluso que la destreza con un arma. Implica haber aceptado una dura realidad: la violencia existe, y puede que un día nos veamos forzados a usarla para defender nuestra vida o la de otros.

No quiere decir que tengamos que ser agresivos, pero sí que estemos preparados y concienciados para actuar, si el peligro se vuelve real e inevitable. *Cooper* bautizó esta condición como "*la voluntad de vencer*".

No se trata solo de pensar "*esto podría pasar*", sino de cultivar la firme convicción de actuar con decisión para sobrevivir. Esa voluntad es el motor que nos arrancará de la parálisis del miedo y nos permitirá aplicar nuestras habilidades cuando cada segundo cuenta.

El manejo seguro del arma

No hay mucho que explicar sobre este asunto, un arma en manos torpes es un peligro para todos. El manejo seguro es el cimiento sobre el que se construye todo lo demás. *Cooper* lo sintetizó en cuatro reglas de oro que no son sugerencias, sino mandatos inquebrantables. Propuso grabarlas en la mente hasta que se convirtieran en un acto reflejo.

- Regla 1: Tratar todas las armas como si estuvieran siempre cargadas. No existen las armas de juguete ni las descargadas. Asumiremos que está lista para disparar cada vez que la toquemos, una mentalidad que nos impone un respeto y un cuidado constantes.
- Regla 2: No apuntar jamás a nada que no estemos dispuestos a destruir. El cañón de nuestra arma solo debe dirigirse hacia una amenaza real. Nunca, ni siquiera en broma, se apunta a una persona. Es nuestra responsabilidad constante controlar hacia dónde apunta.
- Regla 3: Mantener el dedo fuera del disparador hasta el momento de disparar. Nuestro dedo solo entra en el guardamonte cuando las miras están sobre el objetivo y hemos tomado la decisión de abrir fuego. Este simple hábito previene la inmensa mayoría de los disparos accidentales.
- Regla 4: Identificar el blanco y lo que hay detrás. Antes de disparar, debemos tener la certeza absoluta de quién es nuestro blanco. Pero la responsabilidad no termina ahí: los proyectiles pueden atravesarlo. Debemos asegurarnos siempre de que no haya nadie inocente detrás de nuestro objetivo. Cuestión que se agrava, como ya hemos visto, bajo estrés.

La puntería

En una situación de vida o muerte, la puntería no consiste en hacer un agujero perfecto en una diana. Es la habilidad de impactar en nuestra amenaza, con rapidez y bajo una presión en este caso, extrema. No dispondremos de tiempo para alinear las miras con calma. *Cooper* enseñaba a enfocar la mirada en la amenaza, no en las miras del arma —pensemos en distancias cortas y a lo sumo medias—. El agresor es el problema, y es a él a quien no podemos perder de vista. Las miras son una herramienta secundaria que superponemos en nuestra línea de visión para confirmar que el disparo irá donde debe —tiro dirigido—. Con práctica constante, este movimiento se vuelve casi instintivo, permitiéndonos mantener la atención donde realmente importa: en la amenaza.

La táctica: el uso inteligente de la fuerza

La táctica consiste en emplear nuestras habilidades de forma inteligente para sobrevivir. No se trata únicamente de disparar bien, sino de combatir usando la cabeza. Esto lo podemos traducir en una estrategia dinámica que combina tres elementos básicos: el uso de coberturas, el movimiento y la vigilancia.

Jamás nos expondremos al fuego enemigo si podemos evitarlo; un muro, un coche o cualquier objeto que pueda detener un proyectil es nuestro mejor aliado. Al mismo tiempo, debemos recordar que un blanco estático es una invitación al desastre. El movimiento es supervivencia, ya sea para alcanzar una posición ventajosa, para escapar o para crear una oportunidad.

Y algo a tener en cuenta, nuestro problema inicial puede no ser el único. Debemos vigilar el entorno constantemente, buscando otras amenazas, identificando rutas de escape y manteniendo siempre una plena conciencia situacional.

La Tríada del Combate

Siguiendo el legado de *Jeff Cooper*, asumimos que para tener éxito en un enfrentamiento vamos a necesitar mucho más que habilidad con un arma. La preparación moderna se basa en un modelo simple: *la Tríada del Combate*.

Nuestra efectividad depende del equilibrio de tres pilares que se apoyan mutuamente: la mentalidad, la habilidad técnica y la condición física.

Podríamos imaginarlo como un taburete de tres patas: si una de ellas falla, todo el conjunto se derrumba. De la misma manera, en un combate estos tres elementos son inseparables. Una mente fuerte no sirve de nada sin la destreza para actuar, y ninguna de las dos funciona si el cuerpo no es capaz de responder. El éxito —que traducido podría ser sobrevivir— no es cuestión de suerte, sino del resultado de ser competentes en las tres áreas.

La mentalidad de combate

Todo empieza en la cabeza. La forma en que pensamos y sentimos es lo que sostiene nuestra técnica y nuestra fuerza. Al final, la mentalidad es ese filtro que nos hace ver el peligro de una manera u otra, y también lo que marca cómo vamos a reaccionar.

Lo primero es tener una actitud firme ante lo desconocido. Eso se entrena con dosis de coraje, disciplina y con la calma necesaria para no perder el control incluso en los peores momentos. Esa fuerza interior nace de saber por qué estamos ahí: puede ser por deber, por proteger a alguien o, simplemente, porque no nos rendimos. A esto se suma la conciencia del entorno. Hay que aprender a mirar alrededor con atención, a entender qué pasa, quién puede ser una amenaza, quién puede ayudarnos y hacia dónde puede ir la situación. Esa capacidad no es un don, se practica: observando, analizando y pensando siempre un paso por delante. En medio del caos, esa claridad es lo que nos mantiene enfocados en lo importante.

Por encima de todo está el deseo de sobrevivir. Ese instinto es el motor que nos hace seguir cuando todo parece perdido. Nos empuja a resistir, a buscar una salida, a no dejar la pelea aunque las cosas se pongan muy feas. Y para que ese impulso funcione de verdad, hay que prepararse de antemano: aceptar que lo peor puede pasar, y recordar siempre que la vida, la nuestra y la de los que cuidamos, vale más que nada.

Forjar esta mentalidad no es cuestión de un día. Exige compromiso y práctica constante. No basta con reaccionar: hay que adelantarse al peligro. La confianza aparece con el entrenamiento, conociendo bien nuestros límites y ensayando distintas respuestas. Así, si alguna vez toca usar la violencia, podremos hacerlo de manera firme y controlada, sin perder la cabeza. Y cuando caigamos —porque a todos nos toca fallar alguna vez— lo esencial será levantarse, aprender y seguir adelante.

La habilidad técnica

La parte técnica es lo que hace que lo que pensamos se convierta en acción. No es solo disparar bien, sino conocer el equipo, usarlo con seguridad y aplicar la táctica o procedimiento correcto en el momento que toque.

Uno de los puntos clave es juntar velocidad y precisión. No hay que elegir entre una u otra, van de la mano. En una situación real, necesitamos disparar rápido y acertar, porque el tiempo apremia y los errores sabemos que cuestan caros. Eso se logra entrenando, con un buen control del disparador y la costumbre de enfocar el blanco casi al instante. Como igual de importante es aprender a recargar sin pensarlo demasiado, hasta hacerlo automático. En el peor momento, un arma vacía es sinónimo de desastre. Para llegar a ese nivel, hay que conocer el arma como si fuera una extensión del propio cuerpo. No basta con saber disparar: hay que entender cómo funciona, mantenerla en buen estado y, si se traba, arreglarla en segundos para seguir en la pelea.

La técnica va más allá del arma, cuenta y mucho el cómo nos movemos: aprovechar las coberturas, desplazarnos con seguridad, cambiar de posición sin perder estabilidad y aprender a limpiar espacios de forma ordenada, etc. Todo esto tenemos que practicarlo una y otra vez, en escenarios distintos —aquí entra el FoF—, hasta que nos salga de manera natural.

La condición física

Sin un cuerpo preparado, todo lo demás se vendrá abajo. En un combate la exigencia física puede ser brutal, y el cansancio se convierte en un enemigo que confunde la mente y va a frenar las acciones. Por eso, estar en forma no es un extra, más bien es lo mínimo que tenemos que hacer para poder sobrevivir, al margen de cumplir con la misión.

No se trata meramente de fuerza lograda en horas de gimnasio, sino de ser capaces de hacer uso de una fuerza útil: cargar con equipo pesado, saltar obstáculos, arrastrarse o dominar a un adversario en combate cuerpo a cuerpo. Esa capacidad se consigue entrenando con movimientos completos, lo más parecidos posible a los que exige una situación real. A la fuerza se suma la resistencia: la de fondo, que nos permite aguantar largas marchas o patrullas, y la explosiva, la que necesitamos para correr de golpe hacia una cobertura o reaccionar con rapidez ante un ataque. La velocidad y la agilidad también marcan la diferencia: son lo que nos permite movernos con soltura, ganar terreno o escapar del peligro sin perder el equilibrio. Y todo eso tiene que coordinarse, porque en la práctica real hay que hacer varias cosas a la vez —ser proactivos—: moverse, disparar, comunicar… y todo bajo presión.

Un buen entrenamiento físico nos asegurará que, incluso con fatiga extrema y estrés, nuestro cuerpo no nos falle en el peor momento. Cada gota de sudor que invirtamos en la práctica es un seguro de vida y una garantía de que podremos seguir en pie cuando más falta haga.

****

Ficha 007

Tema: Principios de la defensa personal según Jeff Cooper

1. OBJETIVOS DIDÁCTICOS

El propósito de esta sesión es que los alumnos trasciendan la simple habilidad con un arma y comprendan la defensa personal como una preparación integral.

1) Filosofía: Los alumnos deben asimilar la filosofía del Código Cooper, reconociendo que la mentalidad y la táctica son tan cruciales como la técnica.
2) Aplicación: Busquen que apliquen los cuatro principios cardinales (mentalidad, manejo, puntería y táctica) de forma conjunta, entendiendo que solo funcionan si se entrenan como un todo.
3) Integración: Los alumnos tienen que interiorizar la "tríada del combate", demostrando que la mejor preparación física y técnica es inútil sin una mentalidad resiliente que la sostenga.
4) Hábitos: El fin último es desarrollar hábitos de seguridad y control que se manifiesten de forma instintiva bajo el estrés de una situación crítica, evitando accidentes.

2. CONTENIDOS A TRABAJAR

El Código *Cooper*: Los cuatro principios cardinales

a) Mentalidad (El factor decisivo): Todo empieza aquí. Se trata de aceptar que la violencia es una realidad y de cultivar la voluntad interna de actuar. Esta predisposición es la clave para vencer la parálisis del miedo y poder ejecutar cualquier habilidad técnica bajo presión extrema. Sin la voluntad de vencer, no hay victoria posible.
b) Manejo seguro del arma: La seguridad es la base sobre la que se construye todo lo demás. Un arma en manos inexpertas es un riesgo para todos. Por ello, las cuatro reglas de oro no son sugerencias, sino mandatos inquebrantables:
    1. Trataremos siempre todas las armas como si estuvieran cargadas.

2. Nunca apuntaremos a nada que no estemos dispuestos a destruir.
3. Mantendremos el dedo fuera del disparador hasta el momento preciso del disparo.
4. Identificaremos siempre nuestro blanco y lo que hay detrás de él.

c) Puntería: No se trata solo de acertar, sino de hacerlo de forma rápida y eficaz bajo la presión del combate. El foco debe estar en la amenaza, no en las miras del arma. Con la práctica constante, la puntería deja de ser un proceso consciente para convertirse en una habilidad casi instintiva.
d) Táctica (El uso inteligente de la fuerza): La táctica es el puente entre la habilidad y la inteligencia. No basta con disparar bien; hay que saber cuándo, dónde y cómo hacerlo. Esto implica dominar elementos básicos como el uso de coberturas para protegernos, el movimiento constante para no ser un blanco fácil y una vigilancia permanente del entorno.

La Tríada del combate

Este es un concepto más moderno que estructura la preparación en tres pilares interdependientes: mentalidad, habilidad técnica y condición física. Podemos imaginarlo como un taburete de tres patas: si una de ellas falla, toda la estructura se derrumba. El objetivo de entrenar bajo este modelo es garantizar que seamos eficaces de forma integral en cualquier enfrentamiento o situación de alto riesgo.

a) Mentalidad de combate: Es la base de todo, el sistema operativo que determina cómo percibimos el peligro y reaccionamos ante él. Implica cultivar una actitud positiva y coraje, la determinación para superar cualquier obstáculo, una conciencia situacional para anticiparse a las amenazas y la resiliencia para mantener la concentración bajo estrés. Para entrenarla, recurrirá a la visualización de escenarios, ejercicios de concentración y simulaciones de estrés.
b) Habilidad técnica: Es la capacidad de conectar la mente con el cuerpo para ejecutar acciones eficaces. Abarca el dominio del arma, las técnicas de combate y la comunicación. En la práctica, esto se traduce en realizar disparos precisos y rápidos, ejecutar recargas seguras y eficientes, conocer a

fondo la mecánica y el mantenimiento de nuestra arma, y dominar el movimiento táctico (uso de coberturas, desplazamientos, entrada y despeje de habitaciones). Para ello, trabaje con circuitos de tiro bajo estrés, simulaciones y ejercicios de coordinación en equipo.

c) Condición física: Es el motor que permite a nuestro cuerpo resistir y rendir bajo estrés. No se trata de culturismo, sino de fuerza funcional para realizar movimientos de combate (cargar equipo, saltar, controlar a un oponente). Necesitamos resistencia aeróbica para mantenernos alerta durante periodos largos y resistencia anaeróbica para esos estallidos de energía en momentos críticos. La velocidad, la agilidad y la coordinación son igualmente vitales para movernos con eficiencia. El entrenamiento debe ser integral, combinando estas facetas con ejercicios funcionales de combate.

3. METODOLOGÍA SUGERIDA

1) Comiencen con una exposición teórica para presentar el Código Cooper y la Tríada del Combate.
2) Continúen con una demostración práctica del manejo seguro del arma y las tácticas básicas.
3) Pasen a la práctica guiada, con ejercicios de puntería bajo estrés simulado, desplazamiento táctico con uso de coberturas y simulaciones de escenarios que exijan decisiones rápidas.
4) Cierren con una reflexión final en grupo, donde discutiremos la importancia de la mentalidad y analizaremos los errores y fortalezas de cada uno.

4. ACTIVIDADES PROPUESTAS

b) Ejercicio de mentalidad: Realicen una visualización guiada de un escenario de ataque para ensayar la toma de decisiones sin acción física.

c) Práctica de seguridad: Dediquen tiempo a que los alumnos realicen manipulaciones en seco del arma, repasando y aplicando de forma metódica las cuatro reglas de oro.

d) Simulación de combate: En grupos pequeños, planteen un escenario controlado donde deban aplicar la tríada del combate de forma integrada.

e) Sesión de retroalimentación: Al final de la práctica, abran un debate sobre cómo han percibido la interacción entre su mentalidad, su técnica y su estado físico.

5. PUNTOS CLAVE EN LA EVALUACIÓN

1) La capacidad del alumno para aplicar el Código Cooper como un concepto unificado.
2) Si reconoce y verbaliza la importancia de la mentalidad como paso previo a la acción.
3) La correcta ejecución de las técnicas de manejo y seguridad, especialmente bajo presión.
4) Una valoración de cómo su condición física ha afectado positiva o negativamente su rendimiento en los escenarios.

6. OBSERVACIONES PARA EL INSTRUCTOR

a) La seguridad es la prioridad absoluta e innegociable en todo momento.
b) Deben insistir en que la mentalidad es el pilar fundamental. Sin ella, la mejor técnica y la condición física más óptima no son suficientes.
c) La repetición de ejercicios bajo un estrés controlado y creciente es clave para consolidar hábitos correctos y automáticos.
d) Esta ficha se complementa perfectamente con entrenamientos de respiración táctica y los estados de alerta para una formación integral.

****

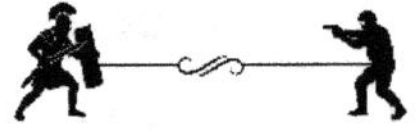

El informe Tueller

Hablar de *Tueller* es poner de relevancia una de las materias que considero imprescindibles en los entrenamientos FoF. Sobre todo cuando los talleres son para policías que trabajan en la calle, en el día a día en sus funciones de seguridad ciudadana, donde se pueden encontrar trabajando en distancias tan cortas con personas que pueden acabar siendo peligrosas, que hablar de distancia crítica, de los famosos 7 metros, o del segundo y medio que tienen para reaccionar, es plantearles con ejemplos prácticos y reales, que su vida puede empezar o acabar en ese fragmento de tiempo tan pequeño. Para mí, eso es *Tueller.*

En las siguientes páginas analizaremos el informe, que no ley ni regla, ni nada parecido. Veremos porque se ha convertido en un elemento muy relevante en algunos de los entrenamientos policiales modernos, especialmente en los referentes a los enfrentamientos con armas.

****

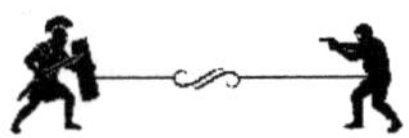

A principios de los años ochenta, en un momento en que la policía de Estados Unidos se encontraba replanteando sus métodos, *Dennis Tueller*, un sargento de la policía de *Salt Lake City*, planteó una cuestión fundamental. Motivado por el alarmante número de agentes heridos y fallecidos en ataques con arma blanca, se preguntó sobre la verdadera eficacia de una pistola frente a un cuchillo a corta distancia. Su investigación no se plasmó en un mero documento administrativo, sino que desembocó en un experimento práctico que transformaría para siempre la percepción de la relación entre tiempo, distancia y amenaza. Así nació *el Informe Tueller.*

La naturaleza revolucionaria de este trabajo no radicaba únicamente en el experimento en sí, sino en cómo sacó a la luz, con gran nitidez, una amenaza hasta entonces muy conocida, pero subestimada: la de un agresor rápido y decidido armado con un cuchillo.

En aquella época, la creencia general era que un agente con una pistola siempre partía con ventaja. *Tueller* demostró que, en un espacio reducido, un atacante podía cubrir la distancia en menos tiempo del que necesitaba un policía para procesar el peligro que se le venía encima, desenfundar su arma y abrir fuego, sin entrar en los matices de la efectividad de los impactos. Esta conclusión reveló la grave carencia en el entrenamiento tradicional —tiro a dianas, posición *Crouch*, etc.— y forzó una revisión urgente de los protocolos de actuación.

El informe vio la luz por primera vez en 1983, a través de un artículo titulado *How Close is Too Close?* (¿Cuánto es demasiado cerca?) en la revista *SWAT*. El texto describía el experimento y reflexionaba sobre la urgencia de aplicar sus hallazgos en la formación policial. El impacto fue inmediato y se extendió globalmente, influyendo en casi todo el mundo. Los instructores comenzaron a integrar esta nueva perspectiva en sus programas, especialmente en simulacros de combate, donde las variables de una agresión real pueden ser analizadas con mayor precisión. Con el paso de los años, las conclusiones del informe han sido estudiadas y validadas en numerosas ocasiones.

Este principio dio origen a la que conocemos como la "*regla de los siete metros*". Que es la distancia de seguridad entre el agresor y la víctima, en la que se relaciona la velocidad del ataque y el tiempo de reacción ante el mismo.

Un punto clave que el informe puso de manifiesto es la naturaleza impredecible de una agresión con arma blanca. Ya que este tipo de ataques suelen ser repentinos, casi instintivos, y de una violencia explosiva. El entrenamiento basado en simulaciones de estas agresiones ha demostrado ser un método muy eficaz para fijar esta lección en la conciencia de los agentes, ya que les permite experimentar, sin un riesgo real, los límites de su propia capacidad de reacción, modificando no solo su técnica, sino su manera de percibir el peligro.

Hago un inciso para proponer un sencillo ejercicio que nos muestra la brutalidad y letalidad de este tipo de ataques. Dos camisetas de color blanco o claro y un par de rotuladores del modelo de los de pizarra de pared. Dos alumnos, vestidos con la camiseta y "*armados*" con los rotuladores van a ser los conejillos de indias. Pídanles que se ataquen como si llevasen un cuchillo…

No hace mucho estuve en un seminario médico en el que trataban las heridas por arma blanca y me pidieron una pequeña formación práctica. Invité a los médicos, enfermeros y personal sanitario "*a rotularse*" recreando consulta del médico de cabecera, en el interior de una ambulancia, en el box de urgencias, es decir, nada fuera de su entorno, pero con un actor agresivo y armado con un arma blanca. Los médicos, in situ, al ver los puntos, las rayas, el grosor de cada línea de los rotuladores en las camisetas, determinaron si eran pinchazos, cortes profundos, leves y la posibilidad de que esas heridas en caso real fueran incluso letales o llevasen al shock hipovolémico en cuestión de segundos. Rápidamente lo relacionaron con las sesiones de trabajo e informativas que habían desarrollado en los días anteriores y les sirvió para ver en primer plano cómo se suceden estas terribles heridas; a la gran mayoría la velocidad y la facilidad los asombró, porque ellos estaban acostumbrados a recibir a los heridos y pocas veces se habían planteado como había podido suceder semejante catástrofe.

Los invito a recrear este ejercicio y a sacar sus propias conclusiones. Y ahora, continuamos.

Más de cuarenta años después, *el Informe Tueller* vemos que permanece como una referencia indispensable en el entrenamiento táctico. No debemos interpretarlo como una regla inmutable, sino como una advertencia fundamentada en los hechos: el espacio es un factor crítico. Y cuando el espacio se reduce, el tiempo se comprime.

El trabajo de *Dennis Tueller* abrió los ojos de toda una generación de profesionales, y su legado pervive cada vez que un instructor desafía a un alumno con la misma pregunta: ¿Cuánto es demasiado cerca?

El experimento de campo: origen y estructura del informe Tueller

La genialidad del sargento *Dennis Tueller* no nació en un laboratorio ni partió de frías estadísticas, sino sobre el terreno, a raíz de una duda simple pero fundamental. En aquella época, el entrenamiento policial en Estados Unidos comenzaba a evolucionar del tiro estático hacia conceptos más dinámicos, creando el entorno perfecto para que su pregunta fuera tomada en serio. Su propuesta consistía en algo aparentemente sencillo: medir en un entorno controlado cuánto tardaba un atacante en cubrir una distancia corta y comparar ese tiempo con el que necesitaba un policía para ser consciente del peligro, desenfundar y efectuar los disparos necesarios para neutralizar la amenaza. El foco no estaba en la puntería perfecta, sino en analizar la cruda carrera contrarreloj que se desata entre el avance del agresor y la respuesta del policía.

Para ello, organizó una serie de ejercicios con compañeros que representaban al agente medio. Nada de operadores especiales ni personal muy adiestrado, sencillamente compañeros que trabajaban en la calle o en las oficinas. Delimitó los espacios en los que se iban a producir los ataques simulados y, cronómetro en mano, midiendo cada interacción —tiempo invertido y espacio recorrido—. Un voluntario, armado con un cuchillo de goma, corría hacia el agente al oír una señal. El policía, por su parte, debía reaccionar a ese mismo estímulo, identificar la amenaza, sacar su arma y ejecutar la acción de abrir fuego.

Repitió el ejercicio una y otra vez, alterando detalles como el tipo de funda, la posición inicial del agente —a veces de espaldas, otras distraído— o tan solo varió la distancia. No buscaba una media matemática impecable, sino comprender el margen real de tiempo del que dispone un agente ante un ataque por sorpresa. Los datos que arrojaron el cronómetro y la cinta métrica conectaron la percepción del peligro con la dura realidad. El resultado fue alarmante: una persona promedio podía recorrer siete metros en aproximadamente 1,5 segundos, un tiempo que, en el mejor de los casos, era el mismo que un policía, medianamente entrenado, necesitaba para reaccionar, desenfundar, apuntar y disparar. Además, el experimento reveló una verdad aún más profunda. *Tueller* observó que la mayoría de los policías no lograban completar la secuencia antes de que el atacante se les echara encima. Incluso si llegaban a disparar, el tiro solía ser apresurado y sin precisión, o tan tardío que el contacto ya era inevitable. Este detalle fue crucial en sus conclusiones, porque demostraba que el problema no era meramente técnico, sino que residía en el bloqueo mental que producen el estrés y la sorpresa de un ataque letal y repentino.

Tueller entendió que no se trataba de encontrar un número mágico, sino de demostrar que a corta distancia el margen de seguridad se reduce drásticamente. Realizó pruebas con situaciones realistas: durante una petición de identificación, en medio de una charla informal o al llamar la atención a un sospechoso. La conclusión era siempre la misma: a menor distancia, menor era la posibilidad de reaccionar a tiempo.

Me gustaría dejar claro que el objetivo de *Tueller* nunca fue medir la efectividad o letalidad de los disparos, sino los tiempos de reacción y movimiento. Bastaba con determinar si el atacante alcanzaba al agente antes de que este pudiera articular su defensa. Esta simplicidad metodológica permitió realizar innumerables repeticiones, otorgando a los resultados una enorme fiabilidad. Tras las pruebas, *Tueller* plasmó sus conclusiones en un lenguaje sencillo, accesible para cualquier instructor o agente de calle sin formación científica. Ahí residió gran parte de su éxito: era fácil de entender. Pero detrás de esa sencillez se ocultaba una advertencia que sacudió los cimientos. El desafío no era solo desenfundar más rápido o practicar más tiro, sino transformar la manera de percibir una amenaza en movimiento, de entender cómo se consumen los escasos segundos disponibles y de aceptar que la distancia define lo posible y lo imposible en un enfrentamiento real.

El experimento, aunque realizado con medios modestos, se ejecutó con una seriedad profesional que le confirió plena validez. No era una simple anécdota, sino un ejercicio práctico diseñado por alguien que conocía los límites de su trabajo y entendía que las decisiones de vida o muerte se toman en segundos, bajo presión y en condiciones que nada tienen que ver con una galería de tiro. Quizás esa fue su lección más profunda: la distancia no es solo un número, es el factor táctico que determina si tienes la oportunidad de responder. Y cuando un atacante la anula por sorpresa, la defensa ya no depende solo del arma, sino del entrenamiento, la preparación mental y la capacidad para anticiparse al peligro antes de que sea demasiado tarde.

Con los años, entes en todo el mundo han replicado y adoptado las pruebas de *Tueller*, introduciendo variables como obstáculos, fatiga o distracciones, pero la base del ejercicio permanece intacta Su lógica es tan simple como reveladora: colocar al policía en una situación donde debe decidir en segundos si puede detener una amenaza antes de que el tiempo se agote. Este principio, aplicado al FoF, ha demostrado ser una herramienta potentísima para entrenar no solo la técnica, sino también la toma de decisiones bajo estrés. Por eso, considero que el verdadero legado del experimento no reside en una distancia ni una regla fija, más bien es una llamada de atención. La demostración práctica de que la seguridad no se puede improvisar y que el tiempo de reacción es inútil si no va acompañado de un entrenamiento realista. *Tueller* no inventó un protocolo ni una nueva técnica. Lo que hizo, con la humildad de quien observa en lugar de imponer, fue demostrar que la amenaza no siempre avisa y que, cuando llega, lo hace con una velocidad que no perdona los errores.

Ficha 008

Tema: El Informe *Tueller* y su impacto en el entrenamiento táctico

1. OBJETIVOS DIDÁCTICOS (GUÍA PARA EL INSTRUCTOR)

El propósito con esta ficha es que los alumnos interioricen la relación crítica que existe entre tiempo, distancia y amenaza.

1) Deben asimilar que la proximidad de un agresor es el factor que define sus verdaderas posibilidades de defensa y reacción.
2) Descubrirán cómo un experimento aparentemente simple, el Informe *Tueller*, transformó por completo la percepción de los ataques a corta distancia y por qué sigue siendo una pieza clave en la formación policial y de seguridad.
3) A través de simulacros, entrenarán la anticipación y la respuesta bajo estrés, para que cada alumno comprenda en la práctica que, en táctica, espacio es sinónimo de tiempo, un principio que condiciona cada decisión defensiva.

2. CONTENIDOS A TRABAJAR

El origen: una pregunta que lo cambió todo

Nos situamos en los años 80, en *Salt Lake City*. El sargento *Dennis Tueller*, del departamento de policía local, planteó una pregunta que parecía sencilla pero resultó ser crucial: ¿de qué sirve realmente una pistola si nos enfrentamos a un agresor con un cuchillo a corta distancia? Su objetivo era medir la capacidad real de un agente para reaccionar ante un ataque sorpresivo con arma blanca. Los resultados de su estudio rompieron con la vieja creencia de que un arma de fuego siempre otorga la ventaja e impulsaron un cambio global en los fundamentos del entrenamiento táctico.

Los principios del Informe Tueller

El informe se sostiene sobre ideas fundamentales que debemos dominar. La primera es la relación inseparable entre tiempo y distancia. El experimento demostró que un atacante promedio puede cubrir una distancia de 7 metros en aproximadamente 1,5 segundos. Críticamente, ese es el mismo tiempo que suele necesitar un agente para percibir la amenaza, procesar la información, desenfundar su arma, apuntar y disparar. La clave, por tanto, es que la cercanía reduce de forma dramática las probabilidades de una defensa exitosa.

A esto se suma la imprevisibilidad del ataque. Las agresiones con arma blanca rara vez son anunciadas; suelen ser acciones repentinas, explosivas y violentas. El factor sorpresa, combinado con el estrés agudo del momento, puede llegar a bloquear nuestra reacción instintiva o a generar una respuesta tardía y desorganizada.

Por todo ello, la simulación realista se vuelve indispensable. Entrenar con escenarios controlados y armas de práctica nos permite experimentar nuestros propios límites sin un riesgo real. Con estos ejercicios no solo entrenamos la técnica, sino también la percepción de la amenaza, la velocidad de reacción y, muy importante, el control emocional bajo presión.

Impacto y legado

La lección central del informe es que la clave de la supervivencia no es ser más rápido apuntando, sino comprender y gestionar los segundos críticos antes de que un atacante pueda cerrar la distancia. Este principio ha dejado un legado duradero:

a) **En el entrenamiento**: Impulsó la incorporación de simulaciones dinámicas, el trabajo bajo estrés y las técnicas de gestión de la adrenalina.
b) **En la táctica**: Influyó directamente en los protocolos de actuación, estableciendo nuevas pautas sobre distancias de seguridad y posicionamiento.
c) **En el ámbito legal**: Sus conclusiones sirven a menudo como referencia para justificar la proporcionalidad en el uso de la fuerza, explicando por qué una amenaza con arma blanca a corta distancia puede ser considerada letal.

3. METODOLOGÍA SUGERIDA

Fase teórica

1) Comiencen con una exposición del contexto histórico y los principios del informe para establecer una base sólida.

2) Demostración práctica: Realicen una simulación controlada de un ataque a corta distancia (utilizando siempre armas de entrenamiento) para ilustrar visualmente el desafío.

Práctica guiada

Los alumnos participarán en escenarios a distancias de 5 a 7 metros, entrenando la percepción, la reacción y el control del estrés. Introduzcan variaciones, como distintas posiciones de partida, obstáculos o elementos de distracción.

Reflexión final

Cierren con una puesta en común, discutiendo cómo el tiempo y la distancia han afectado a sus decisiones y a su percepción de la seguridad.

4. ACTIVIDADES PROPUESTAS

1) Ejercicio de percepción y escape para detectar a un potencial agresor a distintas distancias.
2) Ejercicio con camisetas blancas y rotuladores, el agresor ataca e intenta cortar y pinchar a la víctima sobre la camiseta. Analicen posteriormente el estado de las líneas y puntos sin quitarla del cuerpo.
3) Simulacro de ataque controlado con cuchillos de goma o marcadores de proximidad para experimentar la presión.
4) Análisis grupal de escenarios para evaluar distintas opciones: defensa, uso de coberturas, desplazamiento o verbalización.
5) Sesión de retroalimentación final, analizando el margen de reacción de cada uno y cómo se conecta con los niveles de alerta del Código *Cooper* y los principios de la tríada del combate.

5. PUNTOS DE EVALUACIÓN

1) ¿Comprende el alumno la importancia crítica del tiempo y la distancia en un enfrentamiento?
2) ¿Reconoce la naturaleza imprevisible y explosiva de un ataque con arma blanca?

3) ¿Aplica correctamente las técnicas y protocolos defensivos bajo la presión de un simulacro?
4) ¿Es capaz de reflexionar sobre cómo el entrenamiento mejora la percepción y la toma de decisiones?

6. OBSERVACIONES PARA EL INSTRUCTOR

a) Deben priorizar en todo momento la seguridad durante las simulaciones. El equipo de protección y las normas son innegociables.
b) Es clave que refuercen que el "límite" de los 7 metros no es una regla matemática, sino una advertencia fundamental sobre la importancia de mantener la distancia y anticiparse.
c) Usen este tema como un puente para conectar con la mentalidad de combate, la conciencia situacional (estar "alerta y relajado") y la gestión de la adrenalina.
d) La repetición de ejercicios dinámicos con variaciones es lo que consolidará una percepción del riesgo más afinada y una reacción más efectiva.

******

En una pelea a muerte, el tiempo y la distancia deciden quién vive. Pero es el espacio que nos separa de la agresión lo que nos concede tiempo para tomar decisiones. En un ataque por sorpresa, la cercanía no es un simple dato, sino una cuenta atrás. Y si el arma es un cuchillo, esa cuenta puede llegar a cero antes de que hayamos tenido la oportunidad de empezar a defendernos.

Llevar una pistola, aunque parezca una ventaja definitiva, no nos la da de forma automática. De hecho, en un espacio concurrido, puede ser una desventaja si no hemos entrenado el enfrentamiento cuerpo a cuerpo. Manipular un arma de fuego va a requerir, como mínimo, entre uno y dos segundos para desenfundar, apuntar y disparar, suponiendo que ya portemos un cartucho en la recámara. Si el agresor está más cerca de lo que tardaremos en completar esa secuencia, él lleva la iniciativa y nosotros solo podremos intentar recuperar, a la desesperada, un tiempo que ya no tenemos.

Sabemos por experiencia que las peleas reales no siguen reglas. Un atacante con cuchillo suele ser repentino, violento y decidido, sin darnos margen para pensar. Puede surgir de un punto ciego, aparecer entre dos coches o en medio de una conversación aparentemente normal. En esos casos, el único factor que nos concede un pequeño margen de supervivencia es el espacio que tengamos para poder reaccionar antes de que nos alcance.

La distancia traza una línea clara entre poder ejecutar una defensa y limitarnos a una reacción instintiva. Con una mayor separación, se abren mejores opciones: buscamos cobertura, usamos los elementos de puntería del arma o simplemente ganamos más terreno retrocediendo. Cuando ese intervalo es mínimo, todas esas posibilidades se esfuman y solo nos queda el choque directo, un escenario donde el margen de error es cero.

Las cifras son claras y no perdonan: una persona tarda, de media, 0,2 segundos solo en empezar a moverse tras detectar un peligro. A eso debemos sumarle el tiempo para reconocer la amenaza, decidir un curso de acción y ejecutarlo. En total, necesitaremos más de un segundo y medio para una respuesta completa. En ese mismo lapso, un atacante decidido puede recorrer la distancia que lo separa de nosotros y apuñalarnos.

Además, en una situación de alta tensión, el cerebro no funciona con la misma lógica. El estrés agudo deforma nuestra percepción, reduce el campo de visión y nos lleva a calcular mal las distancias. Es muy fácil creer que el peligro está más lejos de lo que realmente se encuentra o que seremos capaces de reaccionar más rápido de lo que podemos, sobre todo si nunca hemos sentido esa presión en un entrenamiento simulado.

Uno de los peores errores es pensar que basta con ser muy rápido desenfundando. Si no tenemos espacio, esa velocidad no sirve de nada. A menos de tres metros, un atacante puede infligir varios cortes antes de que el arma siquiera haya salido de la funda. En esas circunstancias, lo que nos salva la vida es saber gestionar la distancia, no únicamente el arma. Y esa gestión comienza mucho antes del ataque, aprendiendo a leer las señales de peligro y a posicionarnos de forma inteligente.

Debemos insistir en los entrenamientos en que la distancia no es un lujo, sino una necesidad imperiosa. No se trata de vivir con miedo, sino de entender que ciertas situaciones y personas exigen que establezcamos barreras físicas. Esto es vital en intervenciones policiales, discusiones en la calle o cualquier escenario donde nos veamos obligados a acercarnos a otros. En esos momentos, saber mantener —o crear— una separación de seguridad es tan importante como llevar el arma alimentada.

Incluso con el mejor equipo a nuestra disposición —linternas tácticas, defensas extensibles o chalecos antibalas—, el espacio sigue siendo el factor dominante. Ningún objeto nos protegerá si el agresor ya está encima. En ese instante, la táctica desaparece y solo queda una lucha por la supervivencia, pura y dura. Por eso, más que entrenar la reacción, debemos entrenar la anticipación, y eso solo se consigue asimilando el papel vital de la distancia.

Por este motivo, muchas doctrinas de defensa, tanto policiales como civiles, enseñan que el primer objetivo no es contraatacar, sino ganar espacio. Moverse a un lado, retroceder o interponer un obstáculo, son acciones que persiguen un único fin: crear una mayor separación entre nosotros y el agresor. Porque donde hay espacio, hay opciones. Donde no lo hay, solo queda la certeza de recibir el golpe.

Como instructores, nuestra verdadera función no es solo enseñar técnicas, sino grabar una idea a fuego en la mente del alumno: el combate no se gana con valentía, se gana con ventaja. Y la mayor ventaja que podemos tener contra un cuchillo, en este caso, es y siempre será, la distancia.

Tiempo, reacción y eficacia: variables reales en un enfrentamiento armado

Hemos hablado de que en un enfrentamiento a corta distancia contra un arma blanca, la diferencia entre vivir y morir no depende de si llevamos o no una pistola, la cuestión es si dispondremos del tiempo necesario para usarla. Por eso, es fundamental analizar los tiempos reales de cada acción para comprender por qué tantas defensas fracasan, incluso cuando el policía parecía tener todo a su favor.

El primer obstáculo es nuestra propia biología: tardamos unos 0,25 segundos solo en procesar el peligro y decidir una respuesta. A esa deuda inicial de tiempo se le suma cada acción posterior. Por ejemplo, para alguien "*con poca instrucción*" —los animo a plantearse su propio nivel de instrucción, o el de sus compañeros de fatigas—, desenfundar una pistola de una funda de nivel II (con un seguro) consume entre 1,3 y 1,8 segundos. Si la funda es de nivel III, ese tiempo aumenta fácilmente a 2 segundos o más. Hablamos de segundos vitales durante los cuales un atacante ya ha cubierto, con toda seguridad, la distancia que nos separa.

Si partimos de que un agresor puede recorrer sobre los siete metros en unos 1,5 segundos, cualquier defensa que supere ese umbral es una carrera perdida antes de empezar. Desenfundar no es un simple movimiento, es un gasto crítico de tiempo. Por eso, la apertura de los seguros de la funda debe entrenarse hasta convertirse en un acto reflejo; bajo los efectos de la adrenalina, esos pequeños mecanismos pueden transformarse en una trampa mortal, porque ya sabemos que les sucede las habilidades motoras finas.

Otras herramientas ofrecen tiempos distintos. Un bastón extensible puede sacarse y ponerse en guardia en 1 o 1,2 segundos, más rápido que un arma en una funda de alta seguridad, pero su eficacia es limitada ante un ataque con cuchillo —cuidado con la idea de que palo gana a acero—. Un espray de defensa, con entrenamiento, se despliega aún más rápido, entre 0,8 y 1 segundo, pero puede resultar inútil contra un atacante bajo los efectos de las drogas o con una determinación extrema, en la que ya está lanzado y no se va a detener.

Una variable crítica es si llevamos o no cartucho en la recámara. Con el arma lista para disparar, solo necesitamos desenfundar y accionar el disparador. Sin embargo, si debemos alimentarla tras el desenfunde, añadimos entre 0,6 y 1 segundo al proceso. Ese simple gesto, en la práctica, puede duplicar el tiempo total para efectuar un disparo. Ahora volvamos a pensar en las habilidades motoras y en cómo, por ejemplo, en los reciclajes muchos compañeros suyos montan el arma…

A corta distancia, no llevar cartucho en la recámara, aludiendo a la seguridad, es una diferencia que no se mide en segundos, sino en vidas. Es un factor que cualquier política sobre el porte de armas debería considerar desde esta perspectiva táctica y de supervivencia de los policías.

Ahora bien, si el espacio lo permite, podemos comprar tiempo. Al iniciar un retroceso en cuanto percibimos la amenaza, podemos ganar entre 1 y 2 metros por segundo. Si el atacante necesita 1,5 segundos para cubrir los 7 metros, nuestro movimiento hacia atrás le roba medio segundo o más. Puede no parecer mucho, pero es el tiempo que puede marcar la diferencia entre ser alcanzado o lograr desenfundar y disparar. No obstante, este retroceso debe ser una técnica entrenada. Moverse hacia atrás sin tropezar, perder el equilibrio o dejar de apuntar es una habilidad en sí misma. Improvisarla suele terminar en una caída o en la pérdida de control, lo que solo empeora la situación.

Uno de los ejercicios que suelo implementar en los talleres, es enseñar a la gente a caminar… A subir escaleras… A bajarlas, pero sin mirar al suelo, siempre focalizados en la amenaza. Y las sorpresas iniciales suelen ser mayúsculas, desde apneas forzadas, agotamiento a los veinte metros, tropiezos, etc. A andar aprendimos de pequeños, pero a caminar con armas de fuego, bajo estrés o en situación de combate, hay que trabajarlo.

Otro factor que a menudo se subestima es la biología del agresor. No todos los cuerpos reaccionan igual a un disparo o a cinco. Si el atacante está bajo el efecto de drogas potentes o sufre un brote psicótico, su cuerpo, inundado de químicos o adrenalina, puede simplemente no registrar el dolor por los impactos. Por lo que es muy probable que pueda seguir avanzando durante varios segundos y culminar su ataque, incluso con heridas que finalmente serán mortales.

En estos casos, uno o dos disparos no garantizan detener la agresión al instante. Tal vez unos cuantos más, sí, aun con munición de gran poder de parada. Para que el cuerpo se detenga de un solo y magnifico disparo, va a requerir de un impacto milagroso, por ejemplo que seccione la conexión del cerebelo con el sistema nervioso central, algo que un doble tap en el pecho o disparar a las piernas —como recomiendan ciertos protocolos—, no siempre va a lograr detener el ataque ni librarnos del contacto con el agresor.

Los estudios forenses demuestran que, desde que un proyectil hiere a alguien hasta que esa persona pierde la capacidad física para atacar por pérdida de tensión arterial —shock hipovolémico— pueden pasar entre 3 y 12 segundos. En una ataque a corta distancia, eso es una eternidad. Por ello, el entrenamiento debe insistir en seguir controlando al agresor después de disparar, mantener la distancia y nunca dar por hecho que está neutralizado.

Este último punto nos obliga a confrontar la pregunta más difícil, una que va más allá de la técnica y el cronómetro: ¿estamos preparados para matar? Acostumbramos a usar la palabra "*neutralizar*", un eufemismo técnico que suaviza una realidad brutal. Pero en el momento en que se abre fuego, cada herida puede ser mortal, ya sea de inmediato o si la atención sanitaria no llega a tiempo.

Disparar siempre conllevará la posibilidad real de matar.

¿Reflexionamos sobre ello? ¿Nos adiestramos siendo conscientes de que esa puede ser la única salida? El debate es profundo, pero en estas circunstancias, mentalizarse se convierte en la última arma defensiva.

Implementar el informe Tueller en el entrenamiento FoF

Una de las grandes virtudes del Informe *Tueller* es su aplicación directa en el entrenamiento. Sus lecciones no son solo teoría, sino principios que podemos experimentar y poner a prueba. Sin embargo, para hacerlo bien, no basta con replicar el experimento original. Tenemos que integrar sus fundamentos en la propia estructura del adiestramiento, de modo que el alumno no solo entienda la amenaza, sino que sea capaz de desarrollar respuestas automáticas y realistas, para afrontarla.

La relación entre distancia y tiempo debe estar presente en todas las fases del entrenamiento. La amenaza de un ataque rápido a corta distancia tiene que ser una variable constante, incluso en ejercicios que no se centren específicamente en ella. Esto obliga al alumno a mantener una alerta situacional permanente, lo que poco a poco reducirá su tiempo de reacción.

El trabajo más importante comienza cuando la información no se convierte en un reflejo condicionado. Esto lo logramos, por ejemplo, con repeticiones donde el alumno desconoce desde dónde o cómo atacará el agresor: si usará un cuchillo, un objeto contundente o las manos vacías. Así evitamos que el entrenamiento se convierta en un baile ensayado. El objetivo es que el alumno aprenda a leer las señales previas a un ataque: un cambio sutil en el movimiento corporal, una alteración en el tono de voz, un acercamiento que disimula una mala intención. Al practicar esto, el alumno desarrolla una sensibilidad y su estado de alerta mejora.

El Informe *Tueller* es también una herramienta excelente para diseñar ejercicios donde el alumno va a fallar deliberadamente, para después poder analizar esos errores. Un alumno que no reacciona a tiempo en un simulacro no ha fracasado: ha descubierto sus límites reales. Este aprendizaje solo es efectivo si el ejercicio está bien planteado y va seguido de un análisis objetivo, no de una reprimenda. El propósito no es castigar el error, sino estudiarlo para que no se repita. En las fases más avanzadas, sus principios se integran mejor en escenarios complejos, donde la amenaza no es evidente desde el principio. Aquí es donde el entrenamiento FoF demuestra su verdadero valor, porque no simula una pelea, sino la incertidumbre. El alumno podría estar gestionando una intervención de rutina cuando una de las personas, que parecía tranquila, acorta la distancia y saca un cuchillo de improviso. En estos ejercicios, la lógica de *Tueller* actúa como una regla invisible que condiciona toda la situación. Por eso, en escenarios complejos, el éxito no se mide solo por los disparos acertados, sino por las decisiones previas a la agresión: cómo nos posicionamos, cómo controlamos el espacio y si hemos identificado las rutas de escape.

En este nivel, es fundamental que los instructores interpretemos diferentes roles, no solo el de agresor. Algunos podemos colaborar, otros distraer, otros simular estar bajo los efectos del alcohol o las drogas. Esta complejidad obligará al alumno a repartir su atención y a percibir señales muy sutiles. El instante en que uno de los actores rompemos la distancia de seguridad, es cuando el alumno debe demostrar que ha interiorizado el principio clave: la defensa no empieza con el disparo, empieza con la gestión del espacio.

Asimismo, tenemos que evitar repetir siempre el mismo ejercicio, como el clásico atacante frontal a siete metros, ya que eso crea una respuesta mecánica en lugar de adaptable. Debemos usar la idea de *Tueller* para variar la dirección del ataque, la velocidad del agresor y las características del entorno. Un ataque lateral en un pasillo estrecho plantea un problema completamente distinto y exige soluciones diferentes, desarrollando así una verdadera flexibilidad táctica.

Un buen entrenamiento FoF también debe incluir lo que sucede después del enfrentamiento. Muchos agentes, tras repeler un ataque simulado, cometen errores graves por bajar la guardia: dejan de escanear el entorno, abandonan su cobertura o no se fijan en los testigos. Entrenar esta fase final cierra el ciclo del combate y enseña al alumno a pensar como un profesional de principio a fin.

Ficha 009

Tema: La distancia como factor decisivo en la defensa armada

1. OBJETIVOS DIDÁCTICOS

La meta con esta sesión es inculcar en los alumnos una comprensión profunda de que la distancia es la variable más crítica para la supervivencia en un enfrentamiento armado.

1) Deben asimilar que el tiempo útil para reaccionar depende directamente del espacio disponible.
2) Analice los tiempos de acción y reacción asociados a diferentes armas, evaluando factores como el tipo de funda o el estado del arma impactan en una defensa eficaz.
3) Finalmente, céntrese en entrenar la anticipación para que la percepción de una amenaza se traduzca en un reflejo condicionado que permita ganar tiempo, gestionar el espacio y ampliar las opciones tácticas.

2. CONTENIDOS A TRABAJAR

La distancia como ventaja vital

El concepto clave es simple: el espacio entre el agresor y el defensor determina las opciones reales de reacción. Por ejemplo, en distancias inferiores a tres metros, un atacante decidido con un arma blanca a menudo tiene ventaja sobre alguien que intenta desenfundar un arma de fuego o un bastón extensible. Un solo paso hacia atrás, un metro ganado, puede concedernos el margen crítico que necesitamos para desenfundar y actuar. Deben entender que la distancia no es un lujo, sino un colchón de seguridad activo que transforma preciosas décimas de segundo de reacción en una acción defensiva efectiva.

Tiempos de reacción y acción

Las cifras no mienten. Desde que percibimos una amenaza, nuestro cerebro necesita unos 0,25 segundos solo para iniciar un movimiento. A partir de ahí, los tiempos de la acción defensiva se suman:

a) Pistola en funda de nivel II: Desenfundar y efectuar un primer disparo requiere entre 1,3 y 1,8 segundos.
b) Pistola en funda de nivel III: Los seguros adicionales elevan ese tiempo por encima de los 2 segundos.
c) Bastón extensible: Desplegarlo y colocarlo en posición de defensa nos llevará entre 1 y 1,2 segundos.
d) Spray de defensa: Es la opción más rápida, con un tiempo de 0,8 a 1 segundo, aunque su eficacia depende de la situación.

Ahora pongan esto en contexto: un atacante promedio puede cubrir siete metros en apenas 1,5 segundos. Esto significa que puede alcanzarnos y golpearnos antes de que hayamos completado nuestra acción defensiva. Además, debemos tener en cuenta que el estado fisiológico del agresor (drogas, adrenalina) puede permitirle continuar su ataque incluso después de haber recibido un impacto.

Estrategias para la gestión de la distancia

La defensa no es estática. Debemos utilizar el movimiento y el posicionamiento para mantener el control: retroceder, moverse lateralmente o buscar cobertura son acciones fundamentales. La clave es la anticipación, aprendiendo a leer las señales previas a un ataque: un cambio brusco de postura, un acercamiento no justificado o una mirada que denota intención agresiva. A partir de ahí, nuestras opciones tácticas incluyen el uso de la voz para marcar un límite, la interposición de obstáculos, el empleo de herramientas intermedias o, la más importante, el uso de una ruta de escape. El objetivo final es que la comprensión de la distancia se convierta en una serie de reflejos condicionados que nos permitan tomar decisiones automáticas bajo estrés.

Aplicación práctica: El Informe *Tueller* en escenarios FoF

1) La teoría debe llevarse al terreno. Integre los principios del Informe *Tueller* en ejercicios de FoF con una progresión lógica:
2) Comiencen con ejercicios básicos de reacción a distancias conocidas y controladas.

3) Poco a poco, introduzcan incertidumbre: ataques desde ángulos ciegos, cambios de velocidad del agresor y la presencia de obstáculos.
4) Permitan que se cometan errores de forma planificada, ya que del análisis de estos fallos se extraen las mejores lecciones sobre los límites personales y la toma de decisiones.
5) Diseñen escenarios complejos con actores que creen distracciones o simulen la presencia de terceros, replicando la imprevisibilidad de un entorno real.

Debe quedar claro que la defensa no comienza con el disparo, sino con la gestión del espacio y el posicionamiento previo a la agresión. Tras cada ejercicio, insistiremos en mantener la atención y el control del entorno, incluso después de haber neutralizado la amenaza.

3. METODOLOGÍA SUGERIDA

La sesión la estructurará en cuatro fases.

1) Comiencen con una exposición teórica concisa sobre los conceptos de distancia y tiempos de reacción.
2) A continuación, realicen una demostración práctica de movimientos de retroceso, búsqueda de cobertura y posicionamiento con armas de entrenamiento.
3) La parte central será la práctica guiada, donde los alumnos se enfrentarán a escenarios graduales con un atacante que se acerca a diferentes velocidades, forzándoles a integrar la lectura de señales.
4) Cierren con una sesión de retroalimentación grupal para analizar las decisiones tomadas, los errores comunes y, sobre todo, el tiempo ganado gracias a una correcta gestión de la distancia.

4. EVALUACIÓN

Evalúen si el alumno ha desarrollado la capacidad de medir y utilizar la distancia como una ventaja táctica. Observen la correcta aplicación de los movimientos defensivos bajo estrés y, fundamentalmente, valoraremos su capacidad para tomar decisiones antes de que se produzca el contacto físico, no solo durante el enfrentamiento.

5. OBSERVACIONES PARA EL INSTRUCTOR

a) Refuercen constantemente que la distancia es una variable viva, un elemento dinámico que cambia las reglas del juego antes incluso del primer movimiento.

b) Integren los principios de *Tueller* en cada ejercicio, no únicamente en las simulaciones de tiro.

c) Eviten la repetición mecánica. Prioricen la flexibilidad táctica y la capacidad de adaptación del alumno a través de la lectura de señales.

d) No olviden entrenar la fase posterior al enfrentamiento: mantener la atención, buscar cobertura y controlar el entorno son habilidades críticas.

******

Ciclo OODA y la Conciencia Situacional

Cuando hablamos de enfrentarnos a una agresión o de manejar un arma en una situación real, entramos en un terreno complejo. Y ahí aparecen dos ideas clave que ya hemos mencionado: el ciclo OODA y la conciencia situacional.

El ciclo OODA explica, en pocas palabras, cómo tomamos decisiones bajo presión: observar, orientar, decidir y actuar. Pero para que ese proceso funcione, primero necesitamos algo básico: darnos cuenta de lo que pasa alrededor. Eso es la conciencia situacional. Ver, entender y anticipar. Sin esa atención al entorno, el ciclo no nos sirve de nada

******

Aunque la fama de *John Boyd* empezó en la cabina de un caza, su verdadero campo de batalla estaba en la mente del combatiente. Para muchos, este piloto de la Fuerza Aérea de Estados Unidos se convirtió en uno de los pensadores militares más importantes del siglo XX. No solo revolucionó las tácticas y el diseño de aviones, sino que cambió por completo cómo se toman decisiones en situaciones de presión.

No llegó a combatir en la Guerra de Corea, pero las horas que pasó volando su F-86 le dieron la base de todo. En la Escuela de Armas de Caza de *Nellis* se ganó fama de instructor que no se conformaba con lo establecido. No aceptaba las reglas de siempre y enseñaba a pensar rápido y adaptarse. Esa manera de ver las cosas lo llevó hasta el Pentágono, donde ayudó a diseñar nuevos cazas y a replantear la estrategia militar del país.

Boyd siempre buscó innovar. A principios de los años 60, esa búsqueda se materializó en su *Estudio de Ataque Aéreo*[37], analizando cómo se peleaba en el aire y sacando reglas que se podían aplicar en cualquier combate. Ese trabajo cambió la forma en que muchas fuerzas aéreas pensaban y sigue siendo una referencia hoy.

Más tarde, junto al matemático *Thomas Christie*, llevó estas ideas un paso más allá con *la Teoría de la Energía-Maniobrabilidad (E-M)*[38]. Básicamente, descubrieron que un avión gana o pierde ventaja según cómo maneja su energía durante una maniobra. Así se podía medir cómo el diseño del avión —motor, peso, alas— afectaba su capacidad para ganar a otro. Gracias a eso nacieron cazas como el F-15 y el F-16, que dominaron el cielo por años.

Pero *Boyd* no se quedó solo en los aviones. También aplicó sus ideas a la estrategia global, como en los estudios sobre disuasión nuclear durante la Guerra Fría.

---

[37] *Boyd, John R. . Aerial Attack Study . USAF title code 17, 1964*

[38] *Boyd, John R. Christie, Thomas. Energy-Maneuverability, USAF 1966*

Y si hay algo por lo que realmente se le recuerda es por su gran aportación a la ciencia del combate: el Ciclo OODA.

Observar, Orientarse, Decidir y Actuar. Su gran idea fue que no gana quien dispara primero, sino quien completa todo ese ciclo antes que el contrario. Si lo haces rápido, te adelantas, tomas la iniciativa y controlas lo que pasa.

El ciclo OODA

El acrónimo OODA resume cuatro pasos que se repiten una y otra vez: Observar, Orientar, Decidir y Actuar. La idea es sencilla: adaptarnos rápido y con eficacia a situaciones que cambian constantemente. La meta no es complicada: ser más rápidos que quien tenemos enfrente, procesando lo que pasa y actuando antes que él. Y ojo, no es un proceso que vaya de A a B; es un círculo continuo que nos mantiene conectados con todo lo que ocurre alrededor.

Todo empieza por Observar. Esta fase es la base de todo lo demás. Aquí nuestro objetivo es captar toda la información posible del entorno para tener la imagen más clara de lo que está pasando en tiempo real. Para lograrlo usamos nuestros sentidos: la vista para notar cualquier movimiento, el oído para percibir sonidos importantes, y a veces incluso el tacto o el olfato para detectar algo fuera de lo común. Lo importante es fijarse en los pequeños detalles, porque muchas veces son los que nos dan las pistas más valiosas.

Pero no basta con lo que vemos; también es fundamental usar información externa: informes, datos de la zona, análisis de expertos o lo que nos cuenten los compañeros. Hay que reunir esos datos, filtrarlos y entenderlos para completar el panorama. A veces eso implica moverse un poco para conseguir un mejor ángulo, hacer un reconocimiento rápido o usar herramientas como prismáticos o drones. Esta exploración activa nos da información que nunca obtendríamos si nos quedáramos quietos.

Para entender por qué esto es tan importante, basta mirar la experiencia de *John Boyd*. Él sabía que, en un combate aéreo, la conciencia situacional lo era todo. Un piloto tenía que observar rapidísimo, identificar amenazas y oportunidades, y saber dónde estaba el enemigo y qué planeaba hacer. En su *Estudio de Ataque Aéreo* dejó claro que observar lento o de forma incompleta podía costarle la vida[39].

Después de observar, llegamos a la Orientación. Esto no es solo recibir información; es tomarla y organizarla. Se trata de armar un mapa mental de la situación, combinando lo que vemos con nuestra experiencia y conocimientos. Esa base nos ayuda a decidir y actuar de manera efectiva. Además, cada acción que hagamos nos dará nueva información, creando un ciclo de aprendizaje constante.

Boyd decía que orientarse no es solo un análisis lógico. En su informe *Patterns of Conflict*[40] explicó el ciclo de destrucción-creación: primero rompemos mapas mentales viejos y creencias que ya no sirven ("*destrucción*"), para abrir espacio a nuevas formas de ver la realidad. Luego, construimos nuevos mapas que nos permitan adaptarnos a un escenario cambiante ("*creación*").

También señaló que nuestra cultura —valores, creencias y normas— influye mucho en cómo interpretamos lo que pasa y qué acciones consideramos posibles. A eso se suma el análisis: descomponer un problema para entenderlo, y la síntesis: juntar las piezas para ver el panorama completo y poder actuar. Boyd advertía del peligro de aferrarse demasiado a la experiencia pasada; esta debe servir como trampolín, no como ancla. En su presentación *La esencia de ganar y perder*[41], explicó que orientarse más rápido que el adversario es clave para ganar.

Con ese mapa mental listo, pasamos a Decidir. Se trata de elegir la mejor opción, evaluando ventajas, riesgos y capacidades propias frente a las del oponente. No es un impulso, sino un cálculo honesto para escoger la estrategia con más probabilidades de éxito.

---

[39] *Coram, Robert. Boyd: The Fighter Pilot Who Changed the Art of War. Boston: Back Bay Books, 2004*
[40] *Boyd, John. Patterns of Conflict. Maxwell AFB, AL: USAF, 1976*
[41] *Boyd, John. The Essence of Winning and Losing. Maxwell AFB, AL: USAF, 1995*

Pero decidir no vale nada sin pasar a la acción. Actuar significa ejecutar el plan con rapidez y determinación, sin dejar de observar lo que ocurre alrededor para aprovechar errores del adversario o ajustar el plan sobre la marcha.

Para verlo claro, imaginemos esta escena: un policía llega a la entrada de un banco y escucha disparos adentro. La adrenalina sube, pero su entrenamiento toma el control. Primero absorbe toda la información posible: escucha los tiros, trata de distinguir voces y gritos, observa por los cristales rehenes y atracadores, busca posibles salidas. Los civiles que huyen le dan datos fragmentados, que son oro puro.

En segundos, su mente cruza esa información con su experiencia y protocolos. Evalúa amenazas (más atracadores, riesgo para los rehenes) y oportunidades (asegurar la zona, evitar que entren más civiles), analiza su equipo y capacidades, y construye un mapa mental de la situación. Luego valora opciones: ¿esperar refuerzos y crear un perímetro? ¿entrar de forma táctica? ¿intentar contacto verbal? Cada segundo cuenta, así que decide la mejor acción: establecer contacto verbal para ganar tiempo hasta que lleguen más unidades.

Después actúa: se mueve a una posición segura para hablar o usar la radio, con decisión pero con cuidado, consciente de que un error puede costar vidas. Y mientras lo hace, sigue observando cómo reaccionan los demás. Si disparan o alguien intenta escapar, vuelve a empezar el ciclo: observa, orienta, decide y actúa.

En situaciones así, este bucle no para. El policía está continuamente ajustando su estrategia, adaptándose a cada cambio, para resolver la crisis de la forma más segura posible.

Boyd siempre decía que la parte más importante del ciclo era la fase de Orientación. La explicación es sencilla: la forma en que vemos y entendemos lo que pasa a nuestro alrededor condiciona todas nuestras decisiones y acciones. Si empezamos con una idea equivocada de la situación, por muy buena información que tengamos o por muy hábiles que seamos, nuestras decisiones van a fallar.

Y lo bueno del ciclo OODA es que nunca se detiene. Después de actuar, volvemos otra vez a Observar, y todo empieza de nuevo. Ese vaivén constante nos permite ajustarnos, aprender del entorno y reaccionar mejor la próxima vez. Es un proceso que no tiene fin, y ahí está su fuerza: es lo que nos ayuda a movernos con seguridad y a salir adelante incluso en situaciones complicadas o peligrosas.

Aplicaciones del ciclo OODA

John Boyd desarrolló el Ciclo OODA para explicar algo sorprendente de la Guerra de Corea: la gran superioridad de los pilotos estadounidenses, aunque muchas veces se enfrentaban a más enemigos. Su análisis mostró que no era solo la tecnología de los F-86 *Sabre* lo que les daba ventaja, sino que estos pilotos procesaban la información y tomaban decisiones mucho más rápido que los que volaban los MiG-15 soviéticos.

Al completar el ciclo OODA más rápido, los pilotos se adelantaban a los movimientos del enemigo, tomaban la iniciativa y lo ponían siempre en desventaja. Básicamente, mientras el piloto contrario todavía estaba observando o tratando de orientarse, el estadounidense ya había completado su ciclo y comenzado uno nuevo, basándose en lo que hacía o no hacía el adversario. Esa diferencia de ritmo hacía que el piloto más lento reaccionara siempre tarde, y esa velocidad de pensamiento era lo que marcaba la diferencia entre ganar o perder. Si trasladamos esto al ejemplo anterior del atraco, el agente de policía puede usar la misma idea para romper el ciclo OODA de los criminales. La idea es obligarlos a dudar y cambiar de planes constantemente, impidiéndoles completar su estrategia.

Primero, se puede atacar la fase de Observación de los atracadores. En lugar de acercarse de frente, el policía puede usar callejones o edificios cercanos para moverse sin ser visto. Así, los criminales no saben dónde está ni qué hace y tienen que vigilar varios puntos a la vez, confundidos.

Después, para afectar su Orientación, hay que descolocarlos. Por ejemplo, en lugar de disparar de inmediato, el agente podría gritar una orden firme pero inesperada. Eso rompe su plan mental y los hace dudar. También podría darles información que no tienen —como la cantidad de refuerzos que se acercan— para sembrar desconfianza y obligarlos a replantearse la situación.

En la fase de Decidir, el objetivo es que tomen malas decisiones bajo presión. Esto se consigue creando varios problemas al mismo tiempo. El policía, desde buena cobertura, puede moverse rápido, asomarse y desaparecer para hacerles creer que un equipo de asalto está entrando, aunque no sea cierto. Esa incertidumbre puede forzarlos a huir o cometer errores por miedo.

Finalmente, para afectar la fase de Actuar, la clave es la velocidad. Si los atracadores intentan escapar usando un rehén como escudo, el agente debe responder con rapidez y precisión, usando cobertura para acercarse y neutralizar la amenaza sin poner al rehén en peligro. La idea es moverse más rápido que ellos y obligarlos a ponerse a la defensiva.

Al actuar de manera impredecible y rápida, el policía rompe constantemente el ciclo OODA de los criminales. Mientras ellos todavía intentan entender lo que pasa, él ya ha decidido y está actuando otra vez. Esto los mantiene siempre un paso atrás, reaccionando en lugar de ejecutar su propio plan, y le da al agente una enorme ventaja táctica, aumentando muchísimo las posibilidades de resolver la situación con éxito.

Limitaciones del ciclo OODA

Aunque el ciclo OODA es una herramienta muy útil, hay que conocer también sus límites para saber cuándo y cómo usarlo de la mejor manera.

Uno de sus principales problemas es que lo presenta como una secuencia ordenada, cuando en realidad tomar decisiones suele ser un caos. Casi nunca seguimos estrictamente Observar, Orientar, Decidir y Actuar. Lo normal es que todo se mezcle: la acción que hacemos puede cambiar de inmediato lo que vemos o cómo interpretamos la situación. A veces varias fases ocurren al mismo tiempo. El modelo lineal sirve para entender la idea, pero no refleja lo complicado que es decidir bajo presión.

La fase de Orientación depende de cómo cada persona filtra la información, según su experiencia, valores y cultura. Ante los mismos hechos, dos personas pueden interpretar cosas totalmente distintas y, por tanto, tomar decisiones muy diferentes. Además, todos estamos sujetos a sesgos cognitivos, esos errores de percepción que nos juegan malas pasadas y nos pueden llevar a equivocarnos gravemente.

Por último, está la cuestión práctica: medir la velocidad del ciclo es casi imposible. No hay una forma estándar de cronometrar cada fase, y cada persona tiene su propio entrenamiento, recursos y experiencia. La idea de ser más rápido que el adversario es potente, pero convertirla en una métrica exacta es complicado. Por eso, el verdadero valor del ciclo OODA está más en entender el concepto y aplicarlo con sentido común que en usarlo como un número para comparar rendimientos.

******

Ficha 010

Tema: John Boyd y el ciclo OODA

1. OBJETIVOS PEDAGÓGICOS

El propósito de esta sesión es doble.

Primero, familiaricen a los alumnos con la figura de John Boyd, entendiendo cómo su experiencia directa como piloto de combate fue el crisol de su revolucionario pensamiento táctico.

Segundo, profundicen en su legado más conocido, el Ciclo OODA, desglosando sus fases (Observar, Orientar, Decidir y Actuar) para que los alumnos puedan usarlo como una herramienta mental con la que procesar información y tomar decisiones más rápidas que el adversario.

Busquen la manera de que puedan aplicar estos principios en entornos complicados, mejorando su capacidad de anticipación y adaptación. Por último, analicen junto a los alumnos las limitaciones del ciclo, reconociendo que factores como la experiencia personal o los sesgos cognitivos siempre influirán en su eficacia.

2. CONCEPTOS CLAVE A DESARROLLAR

John Boyd

La genialidad de Boyd no surgió en un despacho, sino en la cabina de su caza F-86 Sabre y como instructor en la prestigiosa Escuela de Armas de Caza de Nellis. Fue su experiencia práctica la que le permitió observar patrones de combate reales y desarrollar tácticas más ágiles y adaptativas.

Sus ideas tomaron forma en el Estudio de Ataque Aéreo (1960), donde estableció los principios de la superioridad aérea basándose en la energía y la maniobrabilidad. Junto al analista Thomas Christie, desarrolló la Teoría de Energía-Maniobrabilidad (E-M), una fórmula que relacionaba directamente el diseño de un avión con su rendimiento táctico. Esta teoría fue tan influyente que sentó las bases para el diseño de cazas tan icónicos como el F-15 y el F-16.

Sin embargo, su pensamiento trascendió la aviación. Aplicó sus ideas a la disuasión nuclear y al análisis de conflictos a gran escala, demostrando que su verdadero interés eran los sistemas complejos y la adaptación constante como clave para la supervivencia y la victoria.

El Ciclo OODA

El ciclo OODA es la herramienta fundamental que Boyd destiló de sus años de experiencia.

1) **Observar**: La primera fase consiste en recopilar una imagen lo más completa posible del entorno. Esto implica usar tanto nuestros sentidos como fuentes externas (informes, drones, prismáticos) a través de una exploración activa. Boyd entendió, en el fragor del combate aéreo, que toda acción eficaz nace de un conocimiento preciso de lo que está ocurriendo.
2) **Orientar**: Esta es la fase más importante y compleja del ciclo, donde interpretamos la información recopilada para generar un mapa mental de la situación. Aquí integramos nuestra experiencia previa, herencia cultural y sesgos cognitivos, mientras analizamos y sintetizamos los datos. Boyd insistía en que debemos estar dispuestos a "destruir y crear" nuestros modelos mentales para adaptarnos. Una mala orientación compromete todo lo que sigue.
3) **Decidir**: Basándonos en nuestro mapa mental, seleccionamos la opción que consideramos más adecuada. Este proceso implica una rápida evaluación de riesgos, ventajas y limitaciones, tanto propias como del adversario. Una decisión tomada aquí no es un impulso, sino una hipótesis fundamentada en la orientación previa.
4) **Actuar**: En la fase final, ejecutamos la decisión con la mayor rapidez y precisión posibles. Sin embargo, la acción no es el final del ciclo. Mientras actuamos, debemos seguir observando y adaptándonos a los cambios que nuestra propia acción provoca en el entorno, iniciando así un nuevo ciclo.

El Ciclo OODA en la práctica y sus limitaciones

La aplicación más evidente del ciclo OODA es el combate aéreo, donde un piloto gana ventaja al completar su ciclo más rápido que el oponente. Pero su utilidad va mucho más allá: en los negocios, en emergencias o en cualquier ámbito de la vida, nos permite tomar mejores decisiones bajo presión, anticiparnos a los cambios y mantener la iniciativa. El objetivo es operar a un ritmo tan rápido que logremos "entrar" en el ciclo de decisión del adversario, forzándolo a reaccionar constantemente a nuestras acciones y perdiendo así el control de la situación.

Aun así, es crucial entender que el OODA es un modelo, no una ley infalible. La realidad es un proceso mucho más fluido y caótico, no siempre lineal. La fase de Orientación es profundamente subjetiva, influenciada por nuestra cultura, valores y sesgos. Además, medir quién tiene el "ciclo más rápido" es algo muy complejo. Conocer estas limitaciones nos permite usar el OODA de manera realista y ajustar nuestras expectativas.

4. METODOLOGÍA DE LA SESIÓN

1) Conecten la biografía con la teoría: Inicie con una exposición que muestre cómo la vida de Boyd y sus estudios dieron lugar al Ciclo OODA.
2) Análisis de un caso práctico: Usen un escenario simulado o un análisis de vídeo para desglosar un ciclo OODA en acción.
3) Ejercicios guiados de decisión rápida: Planteen escenarios prácticos (entrada en una habitación, reacción a un movimiento inesperado) donde los participantes deban aplicar el ciclo, enfatizando la importancia de una buen
4) Observación y Orientación antes de actuar.
5) Retroalimentación constructiva: Tras cada ejercicio, analicen las decisiones tomadas, los posibles errores de interpretación y la capacidad de adaptación de los participantes.

5. ACTIVIDADES SUGERIDAS

a) Ejercicio de percepción activa: Desafíen a los participantes a detectar y registrar cambios en el entorno en un tiempo limitado para agilizar la fase de Observación.

b) Simulaciones bajo presión: Realicen varias iteraciones del ciclo OODA en escenarios que aumenten progresivamente la presión, ofreciendo retroalimentación inmediata.

c) Debate sobre casos históricos: Analicen algunas batallas, operaciones policiales o decisiones empresariales desde la óptica del ciclo OODA.

d) Juegos de roles con cambio de escenario: Fuercen a los participantes a adaptar sus decisiones ante cambios súbitos para reforzar la flexibilidad mental en la fase de Orientación.

6. EVALUACIÓN DE HABILIDADES

Evalúen la capacidad de los participantes para identificar rápidamente la información relevante del entorno. Aplicar de forma coherente las cuatro fases del ciclo en un ejercicio práctico, adaptar y actualizar sus decisiones cuando el escenario cambia inesperadamente. Y articular verbalmente cómo sus propios sesgos podrían haber afectado su ciclo de decisión.

7. CLAVES PARA EL INSTRUCTOR

La orientación es el centro de gravedad: Resalten constantemente que una observación perfecta no sirve de nada sin una interpretación correcta. Es la fase donde realmente se gana o se pierde. Es un bucle, no una línea recta: Enfaticen que el ciclo OODA es un proceso continuo y retroalimentado. La acción genera nuevas observaciones que inician el ciclo de nuevo. Velocidad es claridad y flexibilidad: Recuerden a los participantes que la rapidez del ciclo no solo depende de la habilidad física, sino de la claridad mental y la agilidad cognitiva para descartar ideas obsoletas.

Fomente el "error seguro": Diseñen ejercicios donde los participantes puedan equivocarse sin consecuencias graves. El aprendizaje más profundo sobre los propios sesgos y la adaptabilidad nace del error.

Para cerrar esta tríada de figuras influyentes en la preparación y seguridad, hay que hablar de *Mica Endsley*, cuya investigación sobre la conciencia situacional cambió por completo cómo entendemos los enfrentamientos y cómo se planifican los entrenamientos de combate simulado.

Mica R. Endsley es ingeniera y experta en factores humanos. Empezó su carrera estudiando Ingeniería Industrial en la Universidad del Sur de California (USC). Después hizo un máster en *Purdue* y regresó a USC para doctorarse en 1990. Fue allí donde sentó las bases de lo que hoy se considera un trabajo fundamental: cómo las personas perciben lo que ocurre a su alrededor, procesan esa información para entenderla y luego la usan para anticipar lo que puede pasar. Este proceso es crucial cuando se actúa en situaciones de alto riesgo.

Entre 1990 y 1997 continuó como profesora de ingeniería industrial, y su prestigio la llevó a ocupar el cargo de científica jefe en la Fuerza Aérea de Estados Unidos. Desde allí, sus estudios se aplicaron directamente para mejorar la seguridad en operaciones aéreas. Hoy dirige *SA Technologies*, una consultora que desarrolla soluciones tecnológicas para ayudar a la gente a tomar mejores decisiones en situaciones críticas. Además, es miembro de la *Human Factors and Ergonomics Society (HFES)* y fundadora de la revista *Journal of Cognitive Engineering and Decision Making*. Uno de sus mayores logros es el modelo de Conciencia Situacional, estructurado en tres niveles. Primero, percibir los elementos clave del entorno (nivel 1); después, comprender lo que esos elementos significan dentro del contexto global (nivel 2); y finalmente, proyectar o anticipar cómo evolucionará la situación (nivel 3). Este modelo, simple pero poderoso, ha marcado la forma en que se diseñan sistemas, se entrena a profesionales y se desarrollan tecnologías más intuitivas.

El legado de *Endsley* es enorme: más de doscientos artículos científicos y técnicos, además de varios libros que se han convertido en referencia obligada para quienes estudian o trabajan en áreas donde la toma de decisiones rápida y efectiva es vital.

En cualquier entorno dinámico y complejo, la Conciencia Situacional (CS) es la clave del éxito, pero su importancia se vuelve una cuestión de vida o muerte en los enfrentamientos armados. La capacidad de percibir, comprender y proyectar lo que ocurre a nuestro alrededor —el núcleo del modelo de *Mica Endsley*— va a resultar fundamental para nuestra supervivencia y el cumplimiento de la misión.

Pongamos el ejemplo de un campo de batalla. El combate general nos sumerge en un torrente de información incompleta, confusa y, a menudo, contradictoria, provocando una inevitable saturación. Nos vemos rodeados por el estruendo de disparos y explosiones, las sacudidas de las granadas, el movimiento veloz de vehículos y personas, y el ruido de comunicaciones de radio que se solapan. En medio de este caos, la Conciencia Situacional actúa , más o menos, como nuestro procesador mental, permitiéndonos discernir la información vital del ruido de fondo, para tomar decisiones rápidas y actuar con eficacia. Además nos sirve para agudizar nuestra capacidad de reacción ante situaciones críticas y sobre todo cambiantes.

Carecer de ella, por el contrario, puede tener consecuencias catastróficas. Un combatiente sin CS no logrará percibir las amenazas que se aproximan, va a malinterpretar las intenciones del enemigo y será incapaz de anticiparse a sus movimientos. Esto lo deja en un estado de extrema vulnerabilidad, aumentando drásticamente el riesgo de ser baja o de que la misión fracase.

Para entender cómo funciona, el modelo clásico de *Endsley* la descompone en tres niveles interconectados. Todo comienza con el primer nivel: la percepción. Aquí, la tarea consiste en captar información precisa y actualizada sobre todos los elementos que influyen en la situación táctica. Esto nos implica identificar amenazas claras como por ejemplo los soldados enemigos, vehículos hostiles o artefactos explosivos, pero también que ubiquemos en el espacio a nuestras propias fuerzas y al adversario. También analizar las características del terreno —coberturas, zonas de ocultamiento, obstáculos— y tener en cuenta las condiciones meteorológicas que puedan afectarnos. Una percepción detallada va a ser siempre el cimiento sobre el que se construya todo lo demás.

Pero percibir no es suficiente. El segundo nivel, la comprensión, exige que vayamos más allá de la simple detección de elementos para analizar y asimilar esa información, entendiendo qué significa y de qué forma afectará a nuestra misión. En pleno combate, esto se traduce en evaluar las intenciones del enemigo a partir de sus movimientos, comprender el estado real de nuestras fuerzas (ubicación, moral y bajas) y, sobre todo, discernir las relaciones entre todas esas piezas del puzle. La comprensión transforma los datos brutos de la percepción en un conocimiento táctico que podemos utilizar.

Es en este punto donde nace el tercer y último nivel: la proyección. Se trata de la capacidad de adelantarnos a los hechos, a la maniobra del enemigo, previendo cómo va a evolucionar la situación a partir de lo que ya hemos percibido y comprendido. Proyectar implica anticipar el impacto de nuestras acciones y las del enemigo, calcular posibles escenarios —como la probabilidad de una emboscada o la aparición de una ventana de oportunidad— y planificar de forma proactiva para mantener siempre la iniciativa. La proyección es lo que convierte el conocimiento en una verdadera anticipación táctica, permitiéndonos estar un paso por delante del enemigo.

Es crucial que entendamos que estos tres niveles —percepción, comprensión y proyección— no son fases separadas, sino los eslabones de una misma cadena dinámica. Nuestra percepción del entorno es el punto de partida que alimenta la comprensión de lo que sucede. A su vez, una comprensión profunda de la realidad nos permite proyectar y anticiparnos al futuro. Una debilidad en cualquiera de estos eslabones puede quebrar la conciencia situacional del combatiente y mermar su capacidad para tomar decisiones rápidas y efectivas en pleno combate.

Para ilustrar su funcionamiento, pongamos el ejemplo de un policía que se enfrenta a un atraco bancario. Al llegar a la escena, entra en el Nivel 1 (la percepción). Sus sentidos se agudizan para captar los detalles cruciales. Intenta distinguir el tipo de arma y la dirección de los disparos que escucha, mientras los gritos le dan pistas sobre la posible presencia de rehenes. Al mismo tiempo, sus ojos barren la fachada del banco en busca de cualquier movimiento, personas que huyen o se esconden, o cualquier indicio sobre dónde se encuentran los atracadores. En una situación así, el agente podría sufrir una sobrecarga sensorial, y el estrés podría provocar una visión de túnel que lo lleve a centrarse en una única amenaza, pasando por alto otras señales vitales.

A partir de esos datos brutos, el agente construye el Nivel 2 (la comprensión). Ya no basta con oír disparos; ahora debe conectar las piezas. Integrando todas las señales con su experiencia, evalúa el conjunto para formarse una imagen mental de lo que está ocurriendo. Su análisis le lleva a una conclusión: se enfrenta probablemente a dos atracadores armados que retienen rehenes y buscan una vía de escape. Busca patrones, como la frecuencia de los disparos, para discernir si los atracadores solo intentan intimidar o si están hiriendo a alguien.

Con esta imagen mental clara, el policía puede proyectar, alcanzando el Nivel 3(la proyección). Utiliza su entendimiento de la situación para anticipar los siguientes movimientos del enemigo. Empieza a plantearse escenarios, sopesando las posibles rutas de escape y evaluando las consecuencias de sus propias acciones. Se pregunta: si entro en el banco, ¿a qué peligros me expongo? Si espero, ¿cuánto tiempo tengo antes de que intenten huir? Basándose en esta anticipación, comienza a trazar un plan, desarrollando cursos de acción para interceptar a los atracadores, proteger a los rehenes y neutralizar la amenaza de la forma más segura posible.

Factores que afectan a la Conciencia Situacional

La Conciencia Situacional en combate ya hemos dicho que no es un estado fijo, sino un proceso dinámico que depende de múltiples factores que son capaces de fortalecerla o, por el contrario, de degradarla con graves consecuencias.

El pilar fundamental para construir una sólida conciencia situacional es, sin duda, un entrenamiento adecuado. A través de escenarios bien diseñados, donde el juego de fuerzas simula condiciones realistas, los combatientes perfeccionan su habilidad para reconocer patrones en el comportamiento enemigo, anticipar movimientos hostiles y gestionar enormes volúmenes de información bajo estrés. Sin embargo, si el entrenamiento sienta las bases, es la experiencia operativa real la que forja una Conciencia Situacional verdaderamente instintiva. Quienes han operado en situaciones reales desarrollan un control superior del estrés y una lucidez que les permite confiar en sus instintos, tomando decisiones rápidas a partir de un análisis casi intuitivo del entorno para anticipar el curso de los eventos con una precisión que la teoría rara vez alcanza.

No obstante, esta capacidad puede verse seriamente comprometida por factores como el estrés y el miedo intenso. Como señalan expertos como *Wickens*[42], bajo una presión extrema nuestro foco de atención se estrecha, limitando peligrosamente el procesamiento de información periférica que podría ser crucial. Al mismo tiempo se deteriora la capacidad de decisión, lo que multiplica la probabilidad de cometer errores tácticos. La fatiga, tanto física como mental, inevitable en operaciones prolongadas, nos agrava este cuadro: reduce nuestro estado de alerta, ralentiza el tiempo de reacción ante amenazas y nos nubla el juicio, abriendo la puerta a que podamos tomar decisiones erróneas con consecuencias letales.

En este contexto, la comunicación se convierte en el sistema nervioso de la unidad. Un intercambio de información claro y constante sobre posiciones enemigas, alertas tempranas o cambios tácticos es lo que permite a todos sus miembros mantener un entendimiento común del campo de batalla. Esta base compartida es esencial para coordinar acciones y ejecutar planes con eficacia. Por el contrario, como han destacado *Salas y Burke*, los fallos en la comunicación [43] —una transmisión ineficaz, tardía o confusa— generan

---

[42] *Wickens, Christopher D. "Multiple resources and mental workload". Human factors, 44(1), 2002, pp. 103-119*

[43] *Salas, Eduardo y C. S. Burke. "Teamwork: Emerging frameworks". En: N. Johnston, N. McDonald y R. Fuller (Eds.), Aviation psychology. Aldershot, UK: Ashgate, 2000, pp. 245-260*

malentendidos que pueden provocar la pérdida total de la conciencia situacional y poner en riesgo la misión.

No obstante la tecnología moderna, por su parte, nos ofrece herramientas poderosas para mejorar esta percepción, dándonos acceso, en tiempo real, a mapas digitales e información crítica sobre el enemigo y el terreno. Sin embargo, presenta sus propios desafíos: una sobrecarga de datos puede llevar a la parálisis por análisis, mientras que una dependencia excesiva de los sistemas puede anular la autonomía individual si estos fallan —guerra electrónica, inhibidores, etc.—.

Finalmente, el propio entorno juega un papel decisivo. Los escenarios urbanos complejos[44], como apuntan *Bryant y Malone*, con su laberinto de edificios y calles estrechas, reducen drásticamente la percepción y complican la identificación de amenazas. De manera similar, cualquier condición que limite la visibilidad —la oscuridad de la noche, una niebla densa o una lluvia intensa— merma la capacidad de orientarse y percibir el peligro, aumentando el riesgo de desorientación y de encuentros inesperados con fuerzas hostiles.

Técnicas para mejorar la Conciencia Situacional

Para optimizar nuestra Conciencia Situacional en combate, necesitamos un enfoque que combine entrenamiento práctico, procedimientos claros y hoy en día, el apoyo de sistemas inteligentes.

Dentro de este enfoque, el entrenamiento en escenarios es la piedra angular. Los ejercicios, como el FoF, están diseñados para imitar las condiciones reales del combate, incorporando elementos cruciales como el estrés y la presión del tiempo[45]. Como bien señalan *Driskell y Salas*, exponernos de forma controlada a estos factores es esencial para habituarnos a trabajar bajo presión. Esto nos entrena para mantener la calma, saber priorizar tareas y tomar decisiones acertadas incluso cuando la tensión es máxima.

---

[44] *Bryant, S. M. y T. B. Malone. "Human factors in multi-national operations". En: N. Johnston, N. McDonald y R. Fuller (Eds.), Aviation psychology. Aldershot, UK: Ashgate Publishing, 2004, pp. 245-260*

[45] *Driskell, James E. y Eduardo Salas (Eds.). Stress and human performance. Mahwah, NJ: Lawrence Erlbaum Associates Publishers, 1996*

Pensemos en una patrulla de dos agentes durante un ejercicio FoF que simula una disputa doméstica violenta. Al llegar, oyen gritos y golpes desde el interior. Los instructores, en el papel de vecinos, los presionan para que intervengan de inmediato. Esta presión los obliga a coordinarse, comunicarse y decidir rápidamente, tal y como sucedería en la realidad.

Además, estos escenarios no serían realistas sin introducir una dosis de incertidumbre y ambigüedad, lo que nos prepara para actuar cuando la información es incompleta o contradictoria. Nos vemos forzados a analizar los datos disponibles, evaluar los riesgos y decidir basándonos en la información, por fragmentaria que sea. Al entrar en la vivienda simulada, nada es evidente. Se oyen más gritos, pero no se ve a nadie. Hay objetos esparcidos por el suelo, pero no está claro quién es la víctima. Si los instructores proporcionan datos contradictorios, los agentes tienen que agudizar su capacidad de observación, hacer preguntas y reevaluar constantemente la situación, preparados para adaptar su plan sobre la marcha.

No basta con estar en el escenario; debemos interactuar con él activamente para interpretar las señales de un entorno violento. Esto implica leer el terreno, identificar posibles amenazas ocultas, anticipar los movimientos tanto de aliados como de adversarios y comprender cómo los factores ambientales influyen en todo lo demás. En la simulación, los agentes analizan la distribución de las habitaciones, buscan vías de escape o escondites, y detectan objetos que podrían usarse como armas. Deben tener en cuenta factores como la poca luz de un cuarto o el ruido de un televisor, evaluando continuamente cómo estos elementos afectan a su percepción y, en última instancia, a sus decisiones.

******

Ficha 011

Tema: *Mica Endsley* y Conciencia Situacional

1. OBJETIVOS DIDÁCTICOS

1) Profundizar en la vida y las aportaciones de *Mica Endsley*, comprendiendo cómo su trabajo en factores humanos y Conciencia Situacional (CS) transformó la formación y la seguridad en entornos de alto riesgo.
2) Asimilar el modelo de Conciencia Situacional de tres niveles, entendiendo la Percepción, la Comprensión y la Proyección como herramientas clave para anticiparse a eventos críticos.
3) Desarrollar la capacidad de aplicar la CS en simulaciones y escenarios dinámicos para mejorar la reacción, la anticipación y la toma de decisiones efectivas bajo presión.
4) Aprender a analizar los factores que afectan a la CS, reconociendo la influencia del estrés, la fatiga, la comunicación, la tecnología y el entorno en nuestra capacidad de decidir.

2. CONTENIDOS A TRABAJAR

Mica Endsley: Vida y trayectoria

La figura de *Mica Endsley* es fundamental para entender la toma de decisiones moderna. Su formación académica como Ingeniera Industrial, culminada con un doctorado en la USC en 1990, le proporcionó una base única para unir la ciencia del diseño con la psicología cognitiva. A lo largo de su carrera, ocupó cargos de gran relevancia, desde profesora universitaria hasta científica jefe de la Fuerza Aérea de EE. UU. (USAF) y presidenta de su propia empresa, *SA Technologies*. Su trabajo impactó directamente en la seguridad y eficiencia de operaciones críticas, y su labor como fundadora de revistas especializadas consolidó su campo de estudio. Su investigación se centró en desarrollar el modelo de Conciencia Situacional y en diseñar sistemas de soporte que nos ayudan a percibir, interpretar y anticipar eventos en entornos complejos.

La Conciencia Situacional en combate

La CS se define como nuestra capacidad de percibir los elementos clave del entorno, comprender su verdadero significado y proyectar cómo evolucionarán en el futuro cercano. En escenarios dinámicos y peligrosos, dominarla es vital para la supervivencia y el éxito de la misión.

Los tres niveles del modelo de *Endsley*

El modelo de *Endsley* descompone la CS en un proceso de tres niveles interconectados:

a) Nivel 1 – Percepción: Es el fundamento de todo. Consiste en identificar los estímulos relevantes del entorno a través de todos los sentidos (vista, oído, tacto, olfato). En un escenario saturado de información, la habilidad para distinguir la señal útil del "ruido" de fondo es absolutamente crítica.
b) Nivel 2 – Comprensión: Una vez percibida la información, debemos analizarla y darle sentido, integrándola con nuestro conocimiento previo y el contexto táctico. Este nivel nos permite interpretar las intenciones del enemigo, evaluar nuestras propias fuerzas y entender las relaciones de causa y efecto entre los distintos elementos del campo de batalla.
c) Nivel 3 – Proyección: Es el nivel más avanzado. Aquí, convertimos la información ya comprendida en una herramienta para anticipar la evolución de la situación. Nos permite prever las consecuencias de nuestras acciones y las del adversario, lo que resulta esencial para una toma de decisiones proactiva y una planificación táctica eficaz.

Factores que afectan a la Conciencia Situacional

Nuestra CS no es estática; puede verse potenciada o degradada por múltiples factores:

1) Entrenamiento y experiencia: La repetición de escenarios simulados mejora la percepción y la anticipación, mientras que la experiencia operativa real nos enseña a manejar el estrés, confiar en el instinto y tomar decisiones rápidas.

2) Estrés y fatiga: Ambos son enemigos directos de la CS. Reducen nuestra capacidad de enfoque, limitan la memoria de trabajo y ralentizan la reacción, lo que inevitablemente aumenta el riesgo de cometer errores.
3) Comunicación: Un flujo de información claro y constante es esencial para construir y mantener una comprensión común de la situación en todo el equipo.
4) Tecnología: Las herramientas modernas mejoran el acceso a mapas e información, pero un exceso de datos puede saturar al operador, generar una falsa sensación de seguridad y limitar la autonomía.
5) Entorno: Condiciones como la baja visibilidad, los obstáculos urbanos o una meteorología adversa dificultan enormemente la percepción y la orientación.

Aplicaciones del modelo de CS

El modelo de *Endsley* trasciende el ámbito militar y es aplicable en cualquier entorno donde las decisiones rápidas son cruciales: aviación y control de tráfico aéreo, medicina de emergencias y cuidados intensivos, o ciberseguridad para la detección de amenazas en sistemas críticos.

3. METODOLOGÍA SUGERIDA

Les recomiendo una combinación de teoría y práctica. Inicien con una exposición teórica sobre la vida de *Endsley* y su modelo, seguida de una demostración práctica con una simulación sencilla. Posteriormente, un ejercicio guiado (combate simulado, juego de roles) permitirá a los alumnos enfocarse en la percepción, comprensión y proyección. Concluyan la jornada con una sesión de retroalimentación para reflexionar sobre errores, aciertos y los factores que influyeron en su rendimiento.

4. ACTIVIDADES PROPUESTAS

a) Ejercicio de percepción sensorial en un entorno simulado y saturado de estímulos.
b) Análisis de un escenario táctico para evaluar información y proyectar posibles desarrollos.
c) Simulación con estrés controlado para entrenar la capacidad de reacción.

d) Discusión grupal sobre cómo la comunicación y la tecnología afectan a la CS colectiva.

5. EVALUACIÓN

Se evaluará la capacidad del alumno para:

a) Percibir información relevante y filtrar el ruido.

b) Comprender el contexto táctico y anticipar escenarios.

c) Tomar decisiones eficientes bajo presión.

d) Reconocer los factores que potencian o degradan su propia CS.

6. OBSERVACIONES PARA EL INSTRUCTOR

1) Resalten que los tres niveles de la CS interactúan constantemente; ninguno funciona de manera aislada.

2) Destaquen la importancia de entrenar en escenarios que simulen saturación sensorial y estrés real.

3) Promuevan la reflexión sobre las limitaciones, tanto individuales como colectivas, que todos tenemos en la percepción, la comprensión y la proyección.

******

Parte II

Entrenar

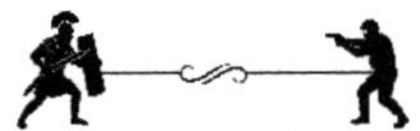

La distancia

En un enfrentamiento armado, la distancia es mucho más que un simple espacio físico: es la variable que dicta el tiempo del que disponemos y, con ello, nuestras opciones tácticas y posibilidades de supervivencia.

Cuando la distancia es amplia, el tiempo juega a nuestro favor. Ese margen nos da la calma necesaria para evaluar la situación y considerar un espectro completo de respuestas, desde emitir órdenes verbales hasta recurrir a opciones menos letales. Si la fuerza es inevitable, ese mismo tiempo nos permite prepararnos para un enfrentamiento en mejores condiciones. Sin embargo, a medida que esa distancia se acorta, ya hemos visto que el tiempo de reacción se comprime de forma crítica.

En la proximidad, todo se acelera, y la velocidad y la precisión se vuelven cruciales para sobrevivir. El espacio para maniobrar o buscar cobertura casi desaparece, nuestras opciones defensivas se desvanecen y la situación exige una respuesta inmediata y contundente.

******

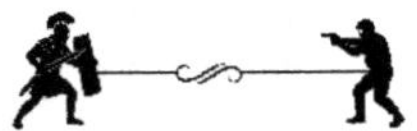

La gestión de la distancia

Saber gestionar la distancia es una habilidad esencial, y no hay mejor forma de ponerla a prueba que en los ejercicios FoF. Es en estos escenarios donde podemos analizar a fondo los resultados de nuestras decisiones y aprender de cada experiencia, especialmente de los errores.

Ya hemos visto que el espacio dicta nuestras opciones. Sabemos que fuera del rango de la "*distancia crítica de Tueller*", un policía tiene más tiempo para poder identificar una amenaza, comunicarse, valorar opciones menos letales como un *Taser*, o preparar su posición de tiro si la situación lo exige. Sin embargo, por debajo de ese umbral, el abanico de respuestas se reduce drásticamente.

Precisamente por eso los ejercicios FoF son tan valiosos. Nos permiten experimentar en tiempo real la velocidad con la que un oponente puede anular la separación, y cómo unos pocos metros influyen de forma dramática en nuestra capacidad de reaccionar. Este entrenamiento nos ayuda a interiorizar la importancia de mantener un espacio seguro y a reconocer el instante en que este se ve comprometido, permitiéndonos adaptar la respuesta de forma proactiva.

Distancia y cobertura

En un enfrentamiento, la gestión de la distancia y el uso de la cobertura son dos caras de la misma moneda, conceptos interconectados que determinan la supervivencia, sobre todo en entornos urbanos.

A mayor distancia, el tiempo se va a convertir en nuestro mejor aliado. Nos dará un margen valioso para maniobrar y alcanzar una buena cobertura, ya sea un muro, un vehículo o incluso un árbol. La cobertura no solo es protección física; también nos dará segundos cruciales para pensar, evaluar la situación y planificar una respuesta.

En el combate a muy corta distancia, las estrategias de cobertura tradicionales van a perder casi toda su eficacia. El enfrentamiento se vuelve más dinámico, impredecible y visceral. El tiempo para buscar refugio será mínimo o, directamente, no existirá. En ese momento, la prioridad absoluta será la protección inmediata y la neutralización de la amenaza.

La lógica del informe *Tueller* nos ilustra a la perfección: la velocidad del atacante a corta distancia exige una reacción instantánea, donde la respuesta directa prima sobre la búsqueda de un parapeto.

La distancia, por tanto, determina el tipo de cobertura que podemos usar. Lejos del adversario, podemos buscar una protección sólida. Cerca, cualquier obstáculo, por pequeño que sea, puede servir como cobertura improvisada para ganar una fracción de segundo. Lo fundamental es que mantengamos en todo momento una conciencia situacional constante, evaluando sin cesar la distancia que nos separa del adversario e identificando cualquier elemento del entorno que pueda ofrecernos una ventaja.

La velocidad de reacción

La velocidad de reacción es el tiempo que transcurre desde que percibimos una amenaza hasta que ejecutamos una acción, ya sea defensiva u ofensiva. Ese breve lapso, medido en fracciones de segundo, es a menudo la diferencia entre sobrevivir o no. Este lapso, por breve que sea, no es un acto único, sino una secuencia de fases que se suceden a una velocidad vertiginosa y que podemos entender mejor con herramientas como el ciclo OODA o el concepto de Conciencia Situacional.

Todo comienza con la percepción: a través de los sentidos, captamos un estímulo del entorno. La rapidez con la que lo detectemos dependerá de su intensidad, de nuestro nivel de atención y de las condiciones del ambiente.

Una vez percibido, nuestro cerebro lo analiza para decidir si es una amenaza. Lo compara con experiencias y conocimientos previos, valorando qué significa y qué podría pasar si no actuamos. Aquí, el entrenamiento y nuestro estado mental —reflejado en el Código de colores de *Cooper*— son decisivos. Un agente entrenado para leer posturas corporales como indicadores de agresión, reconocerá el peligro mucho antes que otro menos instruido.

Tras la interpretación, llega la toma de decisiones, que se alinea con la fase de *Decidir* del ciclo OODA. En este instante, nuestro cerebro elige la respuesta que considera más adecuada, basándose en la amenaza, el contexto y nuestras propias capacidades. La complejidad del escenario (múltiples agresores, presencia de civiles, un espacio cerrado) y el estrés pueden ralentizar o degradar esta decisión, llevándonos a dudar o a elegir una opción subóptima. La claridad mental bajo presión es, por tanto, un factor clave.

Finalmente, llega la ejecución, que se corresponde con la fase de *Actuar* del ciclo OODA. Esta etapa implica activar el sistema motor y coordinar los movimientos para llevar a cabo nuestra respuesta. Nuestra habilidad técnica (para desenfundar, usar técnicas de defensa o correr hacia una cobertura), nuestra condición física y el nivel de estrés determinarán la velocidad y eficacia de esa acción final.

******

Ficha 012

Tema: Gestión de la distancia en enfrentamientos

1. OBJETIVOS DIDÁCTICOS

Al finalizar este tema, el alumno será capaz de:

1) Comprender cómo la distancia condiciona cada decisión táctica, analizando la manera en que la separación física dicta las opciones de acción y defensa.
2) Aplicar estos principios en escenarios controlados, reconociendo la Distancia Crítica y ejecutando respuestas adecuadas y proporcionadas.
3) Relacionar el tipo de amenaza (arma de fuego, arma blanca, etc.) con la distancia para determinar la táctica más efectiva en cada momento.
4) Integrar el uso de la distancia y la cobertura como herramientas fundamentales para la supervivencia, optimizando el entorno para protegerse y ganar tiempo de reacción.

2. CONTENIDOS FUNDAMENTALES

La distancia como factor decisivo

La distancia es el espacio físico que nos separa de un agresor y es el factor que dicta nuestras opciones. Su correcta gestión es la base de la supervivencia. Dentro de este concepto, la Distancia Crítica de Tueller (establecida en aproximadamente 7 metros) es fundamental. Fuera de este umbral, disponemos de valiosos segundos para evaluar, comunicar o emplear opciones de fuerza menos letales. Sin embargo, una vez que un agresor cruza esa barrera, el tiempo de reacción se reduce drásticamente y la prioridad absoluta es una respuesta instintiva y eficaz. Para entrenar esta toma de decisiones bajo presión, los ejercicios FoF son una herramienta insustituible. Permiten experimentar la presión de un acercamiento real, evaluar nuestras decisiones en tiempo real y, sobre todo, desarrollar la capacidad de anticipación.

Adaptación táctica: Distancia y tipo de arma

La elección de nuestra respuesta táctica está intrínsecamente ligada al arma del agresor y a la distancia que nos separa:

a) Armas de fuego: Son eficaces en casi cualquier distancia. Un mayor alcance nos proporciona una ventaja táctica y de seguridad evidente. No obstante, a muy corta distancia, su manipulación se complica y aumenta el riesgo de que nos la arrebaten, aunque su letalidad permanece intacta.
b) Armas blancas y defensa personal: Su efectividad se limita a la distancia de contacto. En estos escenarios, la velocidad y la maniobrabilidad del agresor se convierten en factores críticos que debemos neutralizar.

El principio de entrenamiento es claro: debemos aprender a evaluar la amenaza (arma + distancia) para elegir la táctica que maximice nuestras ventajas y minimice los riesgos.

La sinergia entre distancia y cobertura

La distancia y la cobertura no son elementos aislados; su combinación multiplica nuestras probabilidades de supervivencia.

1) A mayor distancia, tenemos más tiempo para buscar y alcanzar una cobertura sólida (muros, vehículos, elementos estructurales).
2) A corta distancia, la cobertura disponible suele ser limitada o improvisada. Aquí, la prioridad se desplaza de buscar refugio a dar una respuesta inmediata, usando cualquier obstáculo para ganar una fracción de segundo.

Una conciencia situacional activa nos permite evaluar continuamente la distancia y los elementos del entorno, identificando oportunidades de protección sobre la marcha. La clave es mantener la movilidad, observar constantemente y elegir la cobertura más adecuada según la proximidad del adversario.

3. PRINCIPIOS CLAVE DE ACTUACIÓN

1) **Evaluación continua**: Monitorear constantemente la posición del adversario y sus posibles vías de acercamiento. La distancia no es estática.
2) **Decisión basada en proximidad**: La respuesta debe ser proporcional y ajustada al arma del agresor y al espacio disponible. No se reacciona igual a 5 que a 15 metros.

3) **Cobertura como multiplicador de tiempo**: Utilizar el entorno de forma inteligente para ganar los segundos que marcan la diferencia entre reaccionar y ser alcanzado.
4) **Aprendizaje experiencial**: Analizar los errores y aciertos de cada entrenamiento para que la toma de decisiones bajo estrés sea cada vez más rápida y eficaz.

4. METODOLOGÍA DE ENTRENAMIENTO SUGERIDA

La sesión debe seguir una progresión lógica que combine teoría y práctica:

a) Fase teórica: Realicen una demostración práctica, mostrando cómo reaccionar. Expongan de forma clara los conceptos de distancia crítica, la relación arma-distancia y el uso táctico de la cobertura.
b) Fase demostrativa ante un acercamiento y cómo varía la respuesta según la distancia.
c) Fase práctica (Ejercicios FoF): Los participantes se enfrentarán a escenarios simulados donde deberán gestionar la distancia frente a agresores con distintos tipos de armas, aplicando el uso de coberturas y ajustando su respuesta a la proximidad.
d) Fase de retroalimentación (Juicio crítico): Al finalizar los ejercicios, abran una sesión de análisis grupal para reflexionar sobre las decisiones tomadas, los errores cometidos y las lecciones aprendidas.

5. CRITERIOS DE EVALUACIÓN

Centren la evaluación en la capacidad del alumno para:

1) Mantener una distancia segura y anticiparse a los movimientos del adversario.
2) Elegir la respuesta táctica correcta en función del arma y la proximidad.
3) Utilizar de manera eficaz la cobertura y los elementos del entorno para protegerse.
4) Demostrar una reflexión crítica sobre sus acciones y aplicar las lecciones aprendidas.

6. OBSERVACIONES PARA EL INSTRUCTOR

a) Refuercen constantemente la interdependencia entre distancia, tipo de arma y cobertura. Son las tres patas de la misma mesa táctica.

b) Subrayen que dentro de la distancia crítica, la velocidad de decisión es tan importante como la ejecución técnica. La reacción debe ser casi instintiva.

c) Diseñen ejercicios que obliguen al alumno a procesar múltiples variables simultáneamente (distancia, percepción, entorno), preparándolo para la complejidad de un escenario real.

d) Enfaticen que en los ejercicios FoF, el objetivo no es "ganar", sino aprender. La toma de decisiones bajo estrés es la habilidad principal a evaluar, y el análisis de los errores es la herramienta de mejora más potente.

******

Entrenamiento y los Reflejos Condicionados

El entrenamiento constante mejora nuestro tiempo de reacción en situaciones de peligro. La práctica de acciones críticas —como el desenfunde rápido del arma, el encare preciso hacia el blanco y la ejecución del disparo— automatiza los movimientos hasta convertirlos en reflejos.

******

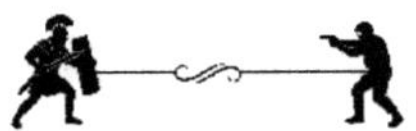

Los reflejos condicionados nos permiten reaccionar de forma casi instintiva ante estímulos específicos, sin detenernos a pensar. Esta capacidad de automatizar respuestas es fundamental en entornos donde cada fracción de segundo cuenta. Aunque parezca algo moderno, esta idea ya fue explorada por el psicólogo *William E. Hick*[46] en 1952. Su trabajo dio lugar a la conocida *Ley de Hick*, que, en esencia, nos dice algo muy simple: cuantas más opciones tenemos, más tardamos en decidir cuál tomar.

Aquí es donde entra en juego el entrenamiento. Al prepararnos adecuadamente, lo que hacemos es reducir drásticamente las opciones que nuestro cerebro considera ante una amenaza. Cuando automatizamos una respuesta concreta frente a un peligro común —como la visión de un arma o un movimiento agresivo—, creamos verdaderos atajos neuronales. Estos atajos nos permiten actuar de una forma mucho más rápida y eficiente, una capacidad crucial en momentos de estrés y peligro inminente, donde la velocidad de reacción puede marcar la diferencia entre la seguridad y la fatalidad.

Por ejemplo, la práctica constante de identificar una amenaza y responder desenfundando el arma genera un reflejo condicionado. Ante ese estímulo, el cuerpo reacciona por sí solo, sin necesidad de un análisis consciente. Del mismo modo, el entrenamiento en defensa personal puede condicionar una respuesta automática de bloqueo o evasión ante un ataque físico. Por eso, el entrenamiento basado en escenarios es clave: al exponernos a simulaciones de encuentros reales, forzamos y fortalecemos las conexiones neuronales que sustentan estas respuestas, haciéndolas más rápidas, precisas y fiables incluso bajo la inmensa presión del combate.

El proceso de automatización

Este proceso de automatización se fundamenta en la increíble capacidad de nuestro cerebro para crear y reforzar vías neuronales que conectan un estímulo

---

[46] *Hick, William E. "On the rate of gain of information". Quarterly Journal of Experimental Psychology, 4(1), 1952, pp. 11-26,*

con una acción. A través de la práctica constante, el cerebro, gracias a su plasticidad, aprende a asociar un disparador concreto —como la aparición de una amenaza o algo tan cotidiano como tener que cambiar de marcha en un coche— con una respuesta motora apropiada.

Con cada repetición, esta asociación se hace más fuerte, hasta que la acción se vuelve prácticamente automática, ejecutada sin deliberación. Esto tiene un beneficio añadido: libera nuestra mente para que pueda centrarse en otras tareas, como evaluar el entorno o prestar atención a otros aspectos críticos de la situación.

En un enfrentamiento armado, por ejemplo, estos reflejos se manifiestan en acciones que fluyen sin pensar: desenfundar y encarar el arma se vuelve un solo movimiento; recargarla es un acto instintivo al sentir que no queda munición, y solucionar un atasco o cualquier otra interrupción se hace de forma mecánica. Lo mismo ocurre con movimientos básicos como buscar cobertura al escuchar disparos o ejecutar una técnica de defensa personal. El desarrollo de estos reflejos mediante un entrenamiento constante es, por tanto, un pilar en la preparación para el combate, ya que nos proporciona una ventaja decisiva en velocidad, precisión y capacidad de respuesta bajo presión.

Tiempo de reacción y toma de decisiones

Nuestra capacidad para tomar decisiones es inseparable del tiempo de reacción. En un enfrentamiento, las decisiones deben ejecutarse en fracciones de segundo, a menudo con información muy limitada y bajo un estrés que nos puede nublar el juicio. Por esta razón, el entrenamiento debe enfocarse en desarrollar una identificación de amenazas casi instantánea. Para lograrlo, no basta con agudizar los sentidos; debemos aprender a reconocer patrones de comportamiento que delaten una intención hostil.

Es igualmente fundamental entrenar la habilidad de evaluar el verdadero calibre de una amenaza. Esto nos exige sopesar al mismo tiempo la inmediatez del riesgo —el tiempo real del que disponemos— y su potencial destructivo, permitiéndonos anticipar los movimientos del oponente. Un aspecto crucial en este proceso es nuestra capacidad para distinguir entre amenazas reales y falsas alarmas, evitando así reacciones que podrían ser innecesarias o incluso perjudiciales. La clave para ello reside en desarrollar la confianza en el propio juicio y en mantener la calma bajo presión.

El objetivo final del entrenamiento es que seamos capaces de seleccionar la respuesta más adecuada al contexto. Esto implica aprender a procesar de forma casi automática variables como la distancia que nos separa del agresor, la disponibilidad de una cobertura, el tipo de arma que utiliza y, muy importante, la presencia de terceros que podrían verse afectados por nuestras acciones.

Factores que influyen en nuestra toma de decisiones

En un enfrentamiento a corta distancia, como el que plantea el informe de *Tueller*, el tiempo para analizar la situación es mínimo. Esto nos exige una enorme velocidad mental y la capacidad de tomar decisiones rápidas y sólidas, casi siempre con un panorama incompleto. Sin una preparación adecuada, la presión del tiempo puede empujarnos a actuar de forma impulsiva o a pasar por alto detalles que eran cruciales.

La información que tenemos sobre la amenaza suele ser escasa, ambigua o incluso contradictoria, lo que complica cualquier decisión racional. La incertidumbre sobre las verdaderas intenciones del agresor, la presencia de otras personas o las propias características del entorno pueden sembrar la duda en el momento más crítico.

Además, el estrés inherente a un enfrentamiento puede secuestrar nuestras funciones cognitivas. Bajo una presión extrema, la atención se contrae hasta convertirse en una "*visión de túnel*", la memoria puede fallar y el juicio se ve seriamente comprometido. Esta sobrecarga dificulta la toma de decisiones fundamentadas y puede activar respuestas automáticas que no siempre son las más adecuadas. Es aquí donde el entrenamiento y la experiencia marcan la diferencia. Un adiestramiento realista nos prepara mental y físicamente, ayudando a automatizar ciertas respuestas y proporcionándonos un marco para evaluar amenazas. La experiencia, por su parte, nos aporta un conocimiento práctico y una intuición que resultan invaluables en situaciones de vida o muerte.

Finalmente, incluso nuestra propia mente puede convertirse en un obstáculo. Los sesgos cognitivos, esos atajos mentales que nos llevan a juicios irracionales, actúan de forma inconsciente. El sesgo de confirmación, por ejemplo, puede hacer que ignoremos información vital simplemente porque contradice lo que ya creemos. Del mismo modo, una sobrestimación de nuestras propias capacidades —el conocido efecto *Dunning-Kruger*[47]— puede conducirnos a asumir riesgos innecesarios. Ser conscientes de estos sesgos es el primer paso para mitigar su impacto y afinar nuestro juicio cuando más lo necesitamos.

¿Cómo interactúan la distancia y la reacción?

En un enfrentamiento armado, la distancia y el tiempo de reacción están íntimamente ligados. Un mayor espacio entre nosotros y un oponente nos concede un valioso margen para percibir la amenaza, procesar lo que ocurre y ejecutar una respuesta más meditada y eficaz. Sin embargo, esa misma distancia también le da tiempo al adversario para acortarla, buscando un enfrentamiento cuerpo a cuerpo o situarse en el alcance efectivo de su arma, lo que podría anular nuestra ventaja inicial.

Por el contrario, la proximidad acorta drásticamente el tiempo del que disponemos para reaccionar. En estas circunstancias, la velocidad y la precisión de nuestras acciones, ya sean ofensivas o defensivas, se vuelven críticas. La contundencia y la inmediatez de la respuesta son la clave para evitar ser alcanzados. Cuanto más cerca está la amenaza, más vital se vuelve cada fracción de segundo.

Esta interacción se entiende mejor a través de dos supuestos claros:

[47] *Jiménez, Javier F. Sesgos Cognitivos: Aprende a Pensar Mejor (Ensayo Psicología) Publicación independiente 2024*

Escenario 1: Un asaltante con un cuchillo a corta distancia

En una situación de tanta proximidad, nuestra velocidad de reacción es fundamental. Si la respuesta es lenta o indecisa, el atacante puede herirnos gravemente antes de que tengamos la oportunidad de usar un arma de fuego o de aplicar una técnica de defensa personal. Este escenario es un claro ejemplo de lo que describe el análisis de *Tueller*, que explica cómo la velocidad de un asaltante a corta distancia puede superar nuestra capacidad de respuesta, incluso estando armados.

Escenario 2: Creando distancia ante un agresor con un cuchillo

Ahora, partiendo de la misma situación, imaginemos que realizamos un movimiento rápido de retroceso. El objetivo es claro: ganar o mantener una distancia que nos permita usar el arma de fuego de forma segura y efectiva. Con esta acción, evitamos que el agresor vuelva a acercarse y nos sitúe en una posición de desventaja crítica, donde su arma blanca sería mucho más letal. Este movimiento de repliegue busca, precisamente, ganar el tiempo necesario para poder emplear un recurso que nos da ventaja a mayor distancia.

Trabajando el movimiento

La frase «*El movimiento es vida*» cobra todo su sentido en un combate. La capacidad de desplazarse con eficacia para dejar de ser un blanco estático puede darnos esos segundos que marcan la diferencia. Pero el éxito no depende de una sola habilidad; es la suma de varias capacidades que nos permiten movernos de forma inteligente en un entorno hostil.

Todo empieza por estar alerta a lo que nos rodea para decidir cuándo y hacia dónde movernos. Ser conscientes de la posición del adversario, las coberturas disponibles, las vías de escape o la presencia de otras personas nos da la clave para elegir el momento y la dirección de la maniobra. Esto exige evaluar la situación en un abrir y cerrar de ojos para elegir la táctica correcta: ¿basta un paso lateral para salir de la línea de fuego?, ¿necesitamos un esprint para alcanzar una cobertura sólida?, ¿o es mejor arrastrarse para mantener un perfil bajo?

Para que esos movimientos sean explosivos y sostenidos, la condición física es innegociable. La resistencia nos permitirá aguantar en enfrentamientos largos, mientras que la agilidad y la potencia nos darán la chispa para reaccionar ante una amenaza o ganar una posición ventajosa. En la práctica, estas habilidades se entrelazan sin cesar. Imaginemos a un agente que detecta una amenaza por un flanco: su juicio táctico le hará elegir la mejor ruta hacia una cobertura, y su condición física le permitirá ejecutar ese movimiento con la rapidez necesaria para negar al agresor un blanco fácil y ganar tiempo para contraatacar. Por eso, entrenar el movimiento es mucho más que practicar desplazamientos; es integrar conciencia situacional, decisión bajo estrés y capacidad física en ejercicios dinámicos y simulaciones complejas.

Salir de la X

El principio clave de nuestra filosofía es romper la posición en la que el adversario nos tiene fijados. La analogía de los patos de feria es perfecta: si un pato no se mueve, cualquier tirador con una mínima habilidad acabará por acertar. Del mismo modo, si nos quedamos quietos en un enfrentamiento, nos convertimos en ese mismo blanco estático y predecible.

Al abandonar nuestra ubicación y movernos en direcciones inesperadas, saboteamos por completo los procesos del adversario. Le obligamos a recalcular nuestra nueva posición, a reajustar su puntería y a replantear su ataque, negándole la comodidad de un blanco fijo. Con ello, ganamos instantes valiosísimos para reposicionarnos, evaluar la situación o lanzar nuestra propia acción decisiva. Quedarse parado en la "*X*", justo donde el enemigo nos tiene en el punto de mira, es una sentencia. La clave es y será siempre el movimiento. Por eso, el entrenamiento debe enseñarnos a desplazarnos con propósito, eficiencia y control, y a ser letales mientras lo hacemos.

******

Ficha 013

Tema: Reflejos condicionados, tiempo de reacción y movimiento en enfrentamientos

1. OBJETIVOS DE LA SESIÓN

1) Crear reflejos condicionados para una respuesta automática ante amenazas.
2) Acortar el tiempo de reacción en momentos críticos aplicando la simplicidad (Ley de *Hick*).
3) Dominar la distancia y el movimiento como herramientas de supervivencia. Unificar percepción, decisión y acción bajo el estrés del enfrentamiento.

2. CONTENIDOS A ENTRENAR

El reflejo condicionado: Actuar sin pensar

a) **Concepto**: Desarrollar reacciones que se disparan automáticamente ante un estímulo (una agresión, un sonido), sin necesidad de un análisis consciente.
b) **Principio clave (Ley de *Hick*)**: A menos opciones, más rápida es la reacción. El entrenamiento busca reducir las dudas a una única respuesta correcta y automatizada.
c) **Aplicaciones prácticas**:
    1) Desenfundar y encarar de forma instintiva.
    2) Realizar bloqueos o evasiones sin dudar.
    3) Buscar cobertura inmediatamente al oír disparos.
d) El proceso: La repetición constante "graba" el movimiento en el sistema nervioso. Esto libera la mente para que pueda centrarse en la táctica de la situación, en lugar de en la mecánica de la acción.

Tiempo de reacción: Ganar fracciones de segundo

El papel del entrenamiento: La práctica constante convierte decisiones que serían lentas y complejas en respuestas casi instantáneas.

Factores que juegan en nuestra contra:

a) La distancia: Un adversario cercano nos roba tiempo (Principio de *Tueller*).

b) La incertidumbre: Información ambigua o incompleta sobre la amenaza paraliza.
c) El estrés: Causa visión de túnel, afecta a la memoria y anula el juicio.
d) Malos hábitos mentales: Prejuicios o exceso de confianza que nos llevan a cometer errores.
e) Nuestra meta: Simplificar las decisiones bajo presión para que la reacción sea rápida, decidida y eficaz.

La danza de la distancia y la reacción

1) **A larga distancia**: Tenemos más tiempo para evaluar, decidir y emplear armas con precisión.
2) **A corta distancia**: La supervivencia depende de movimientos instintivos y reacciones inmediatas. No hay tiempo para pensar, solo para actuar.
   Ejemplos en acción:
   a) Agresor con cuchillo muy cerca: La velocidad y la contundencia de nuestra respuesta lo son todo.
   b) Crear espacio: Retroceder no es huir, es ganar el tiempo y la distancia necesarios para usar nuestras herramientas con ventaja táctica.

Adiestramiento: La base de la eficacia

Beneficios directos:

1) Movimientos esenciales (desenfundar, recargar, cubrirse) que fluyen sin pensar.
2) Una lectura del entorno mucho más rápida y acertada.
3) Capacidad de usar el espacio para controlar el enfrentamiento.
4) Método: Entrenar con escenarios realistas que incluyan presión, cambios de distancia, distintos tipos de amenaza y uso obligado de coberturas.

Movimiento táctico: Dejar de ser un blanco

a) Principio básico: Moverse es sobrevivir. Un blanco estático es un blanco fácil.
b) Habilidades a desarrollar: Conciencia constante del entorno (360º).
c) Decisión instantánea: saber hacia dónde y cuándo moverse.

d) Buena condición física: agilidad para arrancar, velocidad y resistencia para mantener el movimiento.
e) Entrenamiento práctico: Transiciones fluidas: moverse, parapetarse y disparar como una sola acción.
f) Rutas impredecibles para obligar al adversario a reajustar su puntería.
g) Avanzar o retroceder siempre de cobertura en cobertura.

"Salir de la X": El movimiento que salva vidas

1) **Concepto**: Abandonar de inmediato el punto donde el adversario espera que estemos o donde nos está apuntando.
2) **Objetivo**: Forzar al oponente a recalcular, dándonos una ventana de tiempo para reposicionarnos, cubrirnos o contraatacar.
3) **Aplicación**: Movimiento explosivo, corto y con un propósito claro, incluso bajo fuego.

3. DESARROLLO DE LA SESIÓN

1) Charla técnica (Breve): Expliquen los conceptos de reflejo, Ley de Hick y la relación distancia-reacción.
2) Demostración práctica: Ejecuten los movimientos clave a velocidad real.
3) Ejercicios en seco y dinámicos:
    a) Reacciones a estímulos auditivos y visuales.
    b) Escenarios FoF variando distancias y amenazas.
    c) Circuitos de movimiento táctico y uso de coberturas bajo estrés.
    d) Repetición intensiva de gestos clave hasta que sean automáticos.
4) Análisis y puesta en común (Juicio crítico): Analicen las decisiones, reacciones y movimientos de los participantes para corregir errores y reforzar aciertos.

4. ACTIVIDADES CLAVE

1) Reacción estímulo-respuesta: Identificar una amenaza y ejecutar una acción pre-entrenada (ej. desenfunde, paso lateral).
2) Gestión de la distancia crítica: Ejercicios donde la proximidad del adversario dicta la respuesta a emplear.

3) Mover y actuar: Entrenar desplazamientos rápidos hacia coberturas mientras se realizan otras acciones (ej. encarar el arma).
4) Simulaciones integradas: Escenarios que obliguen a combinar percepción, decisión, reacción y movimiento en tiempo real.

5. CRITERIOS DE EVALUACIÓN

¿La reacción ante un estímulo es instintiva, rápida y precisa?

¿Se toman decisiones de forma rápida y acertada bajo presión?

¿Se gestiona la distancia de forma inteligente para obtener una ventaja?

¿Se utilizan correctamente las coberturas y los desplazamientos tácticos?

6. NOTAS PARA EL INSTRUCTOR

a) Insistan en la automatización. El objetivo es que no piensen en el "cómo", sino en el "qué" y el "cuándo".
b) Introduzcan estrés en los ejercicios. La mente y el cuerpo deben acostumbrarse a funcionar en condiciones adversas.
c) Integren los tres pilares: Conciencia situacional, reacción rápida y movimiento táctico deben funcionar como un todo.
d) Fomenten el autoanálisis. El aprendizaje se consolida cuando el propio participante entiende sus fallos y aciertos.

****

Enfrentamientos armados

Desde el inicio de la civilización, las armas han sido una herramienta constante en los conflictos, un medio para la confrontación y la destrucción. Hoy en día, y a pesar del innegable poder letal de las armas de fuego, no debemos subestimar la amenaza que siguen representando las armas blancas.

Su facilidad de acceso, la enorme variedad que existe (cuchillos, machetes, navajas) y lo difícil que es detectarlas las convierten en instrumentos de una peligrosidad extrema. Las heridas que provocan, ya sean punzantes o cortantes, pueden tener consecuencias fatales.

******

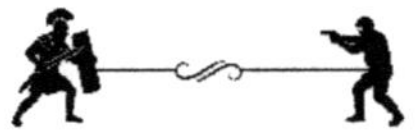

El informe *Tueller* nos obliga a mirar de frente la dinámica de un ataque con arma blanca. Nos enseña lo rápido que puede ser un agresor con un cuchillo y lo difícil que es reaccionar a tiempo, incluso con un arma de fuego.

Recordemos que un agresor decidido no se detiene fácilmente. La adrenalina y su propia determinación pueden empujarle a seguir avanzando incluso después de recibir varios disparos, hasta que el daño acumulado lo colapse. En esos segundos vitales, el atacante puede cubrir una distancia enorme y alcanzarnos si no nos hemos movido para romper el contacto. Su mano no dejará de apuñalar o cortar, y las lesiones pueden volverse gravísimas en un instante. Por eso, la verdadera clave es el movimiento, la gestión de la distancia. Quedarse quieto, confiando únicamente en la capacidad de detención de los disparos, es una estrategia que puede resultar fatal.

Factores que influyen en la gravedad de las lesiones

Más allá del tipo de arma, la gravedad de una herida depende de una combinación de factores críticos. La fuerza del ataque determina el daño inicial; no es lo mismo un golpe débil que una puñalada propinada con toda la intención de penetrar los tejidos.

El lugar de las heridas es, quizás, el factor más decisivo. Aunque en las manos y brazos son dolorosas, rara vez son mortales por sí solas. Sin embargo, nuestro cuerpo tiene zonas de altísima vulnerabilidad, las llamadas zonas rojas: el tórax, que protege el corazón y los pulmones; el abdomen y sus órganos vitales; el cuello, con la tráquea y las grandes arterias; y la cabeza. Una herida en cualquiera de estas áreas tiene muchas más probabilidades de ser grave o fatal.

El ángulo con el que el arma entra en el cuerpo define su trayectoria, su profundidad y los órganos que puede alcanzar. No es lo mismo un corte superficial que una puñalada profunda que atraviesa varias capas de tejido y que incluso puede ser desviada por un hueso. Cuanto más profunda sea la herida, mayor es el riesgo de dañar órganos o vasos sanguíneos importantes. Aunque estas lesiones no maten al instante, a menudo son difíciles de tratar y exigen cirugías complejas. Por supuesto, el tamaño y la forma del arma también influyen, ya que una hoja grande y afilada causa daños más extensos, sin olvidar el tremendo impacto psicológico que sus dimensiones pueden provocar en la víctima.

Finalmente, cada segundo cuenta. El tiempo que se tarda en recibir atención médica es decisivo para el pronóstico. Un retraso aumenta el riesgo de infecciones o de un shock por la pérdida de sangre, mientras que una asistencia rápida multiplica las posibilidades de sobrevivir y evitar secuelas.

Dificultad de evitar sus consecuencias

La propia naturaleza de estos ataques hace que el desafío de defenderse sea formidable. Por lo general, incluso si logramos repeler la agresión, es casi inevitable que salgamos con algún corte.

Intentar defenderse de un cuchillo es una tarea de una complejidad extrema, donde las posibilidades de salir intacto son mínimas. Las técnicas de bloqueo y desarme son muy difíciles de ejecutar para alguien sin un entrenamiento constante y especializado, sobre todo bajo el estrés de una agresión real. Incluso para un experto, tratar de desarmar a un atacante decidido implica un riesgo altísimo de resultar herido, ya que un simple desvío fallido puede terminar en un corte profundo.

Y es que no podemos obviar el profundo impacto psicológico. La simple visión de un cuchillo y la violencia inminente del ataque pueden provocar pánico, un miedo que nos paraliza o un estado de shock. Estas reacciones anulan nuestra capacidad para pensar con claridad y actuar. La posibilidad de ser herido y la visión de la propia sangre intensifican este estrés hasta el punto de mermar nuestro rendimiento físico y mental. A veces, este factor psicológico puede ser tan debilitante como la propia amenaza física.

Los objetos contundentes en los enfrentamientos armados

A menudo subestimamos objetos como mangos de pico, barras de hierro o bates de béisbol, pues no parecen tan letales como un arma de fuego o un cuchillo. Sin embargo, en un enfrentamiento representan una amenaza muy real. Su peligro es innegable, sobre todo cuando el objetivo es la cabeza, dada la extrema vulnerabilidad del cráneo. La facilidad con que cualquier objeto cotidiano puede convertirse en un arma improvisada nos obliga a no subestimar nunca su potencial para herir.

El legendario samurái *Miyamoto Musashi*, famoso por ganar más de sesenta duelos a muerte, es el mejor ejemplo de ello: a menudo usaba un *bokken*, una simple espada de madera. Su historia demuestra cómo la habilidad y la determinación pueden convertir un objeto sencillo en un arma formidable en las manos adecuadas. El daño que provocan estos objetos proviene de la fuerza bruta del impacto, que se traduce en contusiones, fracturas óseas, lesiones en órganos internos y traumatismos craneoencefálicos que pueden ser graves o fatales. La gravedad dependerá siempre del peso del objeto, la fuerza del golpe y, por supuesto, la zona del cuerpo impactada. Además de la cabeza, puntos como el torso, las articulaciones y las extremidades son especialmente vulnerables a fracturas o lesiones nerviosas incapacitantes.

Defenderse de un ataque así exige combinar la alerta para identificar posibles amenazas, un buen manejo de la distancia para esquivar el alcance del arma, y la habilidad para bloquear o desviar los golpes mientras se busca una oportunidad de contraatacar. Al igual que con un arma blanca, subestimar el peligro de un objeto contundente puede tener consecuencias críticas.

El desafío es inmenso, sobre todo porque nos enfrentamos a objetos que no percibimos como armas hasta que es demasiado tarde. Su mayor ventaja es su disponibilidad: palos, piedras, herramientas o botellas pueden improvisarse como armas en cualquier entorno, lo que los hace impredecibles. Un atacante puede ocultar el objeto hasta el último instante o usar una distracción para golpear por sorpresa. Defenderse requiere reflejos, coordinación y una gran capacidad de anticipación; incluso un bloqueo puede causar lesiones en brazos y manos por la pura fuerza del impacto.

En espacios cerrados, como un pasillo o un ascensor, nuestra movilidad queda restringida, lo que nos hace más vulnerables y reduce al mínimo el tiempo de reacción. En esas situaciones, la prioridad absoluta es escapar. Si huir no es una opción, debemos crear distancia usando cualquier objeto como barrera.

Frente a un ataque en grupo, la presencia de múltiples objetos contundentes multiplica la fuerza de forma devastadora. La defensa ante una agresión de esta magnitud es extremadamente difícil, incluso para alguien con entrenamiento avanzado. En un escenario así, la única estrategia viable es proteger las zonas vitales —cabeza, cuello y torso— y buscar la más mínima oportunidad para huir, evitando siempre el enfrentamiento directo.

Sobre las armas de fuego

Los ataques con armas de fuego representan una de las mayores amenazas contemporáneas. Su peligrosidad reside en una característica fundamental que las distingue de todas las demás: la capacidad de causar un daño letal a cualquier distancia. Al eliminar la necesidad del contacto físico, un agresor puede atacar sin previo aviso, anulando casi por completo la posibilidad de defensa o reacción. La velocidad de un proyectil es inmensamente superior a la de cualquier reflejo humano; una vez efectuado el disparo, el tiempo para protegerse es inexistente.

Esta ventaja letal se materializa en proyectiles impulsados a alta velocidad, diseñados para causar daños masivos en órganos vitales. El alcance efectivo amplifica el riesgo: mientras que las armas cortas son mortales a más de cincuenta metros, los rifles y escopetas pueden serlo a cientos. Aunque su manejo preciso requiere entrenamiento, su funcionamiento básico es tan sencillo que las hace accesibles para cualquiera, un factor clave en su uso indebido. Además, la capacidad de efectuar múltiples disparos en segundos no solo aumenta la probabilidad de acertar, sino que permite infligir heridas múltiples, provocando una pérdida masiva de sangre y daños sistémicos que reducen drásticamente las opciones de supervivencia. A todo esto se suma un poderoso impacto psicológico: la mera visión de un arma de fuego desata el pánico y anula la capacidad de respuesta racional. En un tiroteo, esa sensación de vulnerabilidad absoluta es un arma en sí misma.

El poder de detención de un proyectil puede incapacitar a una víctima al instante. Un impacto en una zona vital suele ser mortal de inmediato, pero incluso un disparo en una extremidad puede provocar fracturas y daños musculares que anulan la movilidad. El dolor, el shock y la hemorragia pueden dejar a una persona fuera de combate en segundos.

Limitaciones de la defensa

Por todo lo anterior, defenderse de un ataque con arma de fuego es extremadamente difícil. La efectividad de cualquier acción depende por completo de la distancia. A más de uno o dos metros, las técnicas de combate cuerpo a cuerpo son inútiles. Intentar desarmar a un agresor es una acción de un riesgo extremo, que solo debería considerarse como el último recurso desesperado cuando no existe ninguna otra opción de supervivencia.

¿Por qué entrenar los enfrentamientos armados?

Entrenar para un enfrentamiento armado es, ante todo, entrenar para sobrevivir. En un escenario de vida o muerte, el éxito no depende de la suerte, sino de una preparación meticulosa que nos permita responder con eficacia bajo una presión extrema. La práctica constante es la que consigue automatizar nuestras reacciones, permitiendo que cuerpo y mente actúen de forma precisa cuando más lo necesitamos.

Cualquier enfrentamiento nos exige tanto destreza física como fortaleza mental. El miedo, la adrenalina y la fatiga son factores que pueden nublar el juicio y mermar por completo nuestro rendimiento. Por eso, la simulación de escenarios complejos y la repetición de ejercicios bajo estrés son herramientas fundamentales: nos preparan para desarrollar una respuesta casi instintiva. En esos momentos de máxima tensión, el cerebro delega las acciones ya automatizadas en la memoria muscular, liberando así nuestra capacidad mental para centrarnos en tareas más complejas, como evaluar la táctica o tomar la siguiente decisión estratégica.

Esta automatización se refleja en acciones concretas. Quien ha practicado intensamente el giro de combate reaccionará al sonido de un disparo buscando cobertura sin apenas pensarlo. De la misma forma, la práctica constante nos permite cambiar un cargador con velocidad bajo presión o reaccionar con contundencia ante una agresión física. Se trata de interiorizar habilidades para que, cuando todo se vuelve caótico, nuestras decisiones tácticas sigan siendo claras. Sin embargo, nunca debemos olvidar que un enfrentamiento armado es una experiencia potencialmente traumática. Precisamente por ello, la calidad y la efectividad de los programas de entrenamiento no son solo importantes, sino absolutamente esenciales.

****

Ficha 014

Tema: Armas usadas en enfrentamientos armados.

1. OBJETIVOS DE LA FORMACIÓN

1) Identificar las características, capacidades y riesgos inherentes a cada tipo de arma.
2) Evaluar cómo factores clave —**fuerza, distancia y trayectoria**— determinan la gravedad de las lesiones.
3) Dominar tácticas fundamentales de defensa y gestión del espacio frente a armas blancas, contundentes y de fuego.
4) Forjar una conciencia situacional aguda para la toma de decisiones rápidas y efectivas en escenarios de confrontación.

2. CONTENIDOS FUNDAMENTALES

Armas blancas

Definición: Cuchillos, machetes y cualquier hoja afilada que exige contacto físico cercano para ser letal.

Riesgo principal: No subestimar nunca a un agresor motivado. La adrenalina y la determinación pueden llevarle a seguir atacando incluso después de recibir impactos de fuego.

Factores que multiplican el daño:

1) La fuerza del ataque.
2) La zona de impacto (zonas rojas de alto riesgo: tórax, cuello, abdomen, cabeza).
3) El ángulo y la profundidad de la herida.
4) El diseño del arma (tamaño y forma de la hoja).
5) El tiempo de respuesta hasta recibir atención médica es crítico.

Dificultades en la defensa:

1) Los ataques son explosivos, impredecibles y a distancia cero.
2) Las técnicas de bloqueo o desarme son de alta complejidad y conllevan un riesgo extremo.

3) El impacto psicológico (pánico y estrés agudo) anula la capacidad de pensar con claridad.

Objetos contundentes

Definición: Mangos de pico, barras de hierro, bates, herramientas pesadas o cualquier objeto cotidiano empuñado como arma.

Mecanismo lesivo: Generan daño por contusión, provocando fracturas, traumatismos craneoencefálicos y lesiones internas graves.

Factores críticos: El peso y tamaño del objeto, la contundencia del golpe y la zona anatómica impactada (cabeza, torso y articulaciones son objetivos primarios).

Tácticas de defensa:

1) Conciencia del entorno para detectar amenazas improvisadas.
2) Gestión activa de la distancia y movilidad constante.
3) Uso de bloqueos y desvíos para protegerse.
4) Prioridad a la protección de áreas vitales y a la creación de una vía de escape.

Desafíos tácticos:

1) Cualquier objeto puede convertirse en un arma.
2) Los ataques suelen ser caóticos y pueden involucrar a múltiples agresores.
3) Un espacio reducido limita drásticamente nuestros movimientos defensivos.

Armas de fuego

Definición: Pistolas, revólveres, rifles y escopetas.

Riesgo Principal: Capacidad de infligir daño letal a distancia. La velocidad de sus proyectiles supera cualquier tiempo de reacción humana.

Características clave:

Alcance variable: desde unos pocos metros (armas cortas) hasta cientos (armas largas).

Capacidad para realizar múltiples disparos en segundos. Generan un impacto psicológico paralizante en la víctima.

Limitaciones defensivas:

1) Sin cobertura, neutralizar un ataque es prácticamente imposible.
2) Las técnicas de cuerpo a cuerpo solo son una opción viable a distancias de 1 a 2 metros como máximo.
3) El desarme debe considerarse únicamente como un último recurso en una situación desesperada.

Factores de riesgo y gravedad de las lesiones (Comunes a todas las armas)

a) Zona del cuerpo: No todas las áreas son igual de vulnerables; conocerlas es vital.
b) Tipo y tamaño del arma: Determina la profundidad, extensión y severidad del daño.
c) Fuerza aplicada: A mayor fuerza, mayor penetración y destrozo de tejidos.
d) Ángulo de ataque: Define la trayectoria interna y los órganos que puede alcanzar.
e) Asistencia médica: Cada segundo cuenta. Una respuesta médica rápida define el pronóstico.
f) Impacto psicológico: El shock y el pánico merman la capacidad de reaccionar y tomar decisiones correctas.

La importancia crítica del entrenamiento

Objetivo final: Automatizar las respuestas correctas para que la reacción sea instintiva y no deliberada.

Beneficios directos:

1) Giro de combate y búsqueda de cobertura como un acto reflejo.
2) Manejo y recarga del arma bajo condiciones de estrés extremo.
3) Control de la distancia y defensa personal efectiva contra ataques cercanos.
4) Métodos de entrenamiento:
5) Simulación de escenarios realistas y de alto estrés con réplicas de armas.

6) Repetición sistemática de técnicas y movimientos hasta alcanzar la memoria muscular.
7) Integración de las habilidades físicas y mentales para actuar como una unidad cohesionada.

3. METODOLOGÍA DE LA SESIÓN

1) Reunión informativa: Exposición concisa de los tipos de armas, sus riesgos y los factores lesivos.
2) Demostración práctica: Identificación de amenazas, evaluación de distancias de seguridad y uso correcto de coberturas.
3) Ejercicios de alta intensidad:
4) Escenarios de reacción frente a armas blancas y contundentes simuladas.
5) Ejercicios de gestión del espacio, uso de cobertura y movimientos evasivos.
6) Simulaciones bajo estrés para forzar la automatización de las respuestas.
7) Análisis y Juicio crítico: Promuevan una discusión en grupo sobre las reacciones, las decisiones tomadas y la adaptación a imprevistos.

4. ACTIVIDADES PRÁCTICAS

1) Reacción a armas blancas: Ejecución de movimientos defensivos instintivos y evasión.
2) Defensa ante objetos contundentes: Práctica de bloqueos, desvíos y creación de distancia de seguridad.
3) Tácticas ante armas de fuego: Evaluación y uso del entorno para minimizar la exposición al fuego.
4) Escenarios integrados: Combinación de amenazas para entrenar la gestión de distancia, cobertura, movimiento y reacción rápida en un entorno dinámico.

5. CRITERIOS DE EVALUACIÓN

1) Eficacia defensiva demostrada ante los diferentes tipos de armas simuladas.
2) Velocidad y corrección de la reacción instintiva bajo estrés simulado.

3) Capacidad para gestionar estratégicamente la distancia, el espacio y la cobertura.
4) Habilidad para mantener el control mental y la lucidez táctica frente a las amenazas.

6. OBSERVACIONES PARA EL INSTRUCTOR

a) Recalquen siempre la brutalidad real de los ataques con armas blancas y contundentes, así como el efecto paralizante de las armas de fuego.
b) Diseñen escenarios de estrés que lleven al límite al personal para solidificar los reflejos condicionados.
c) Asegúrense de que cada participante interiorice que la distancia, el movimiento y la cobertura son sus mejores aliados.
d) Insistan en que la defensa efectiva no es una sola técnica, sino la integración de capacidades físicas, mentales y tácticas.

******

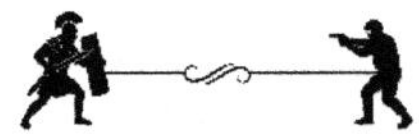

¿Con quién entrenar?

El entrenamiento *Force on Force* es lo más cercano a la realidad que vamos a encontrar en la preparación táctica. Es una experiencia exigente, y que realmente funcione depende por completo de todos, alumnos e instructores.

No se trata solo de simular un enfrentamiento, sino de perseguir un aprendizaje real: queremos pulir nuestras habilidades individuales, aprender a funcionar como un equipo y, sobre todo, ser capaces de tomar buenas decisiones cuando el estrés nos domina.

Precisamente por eso, la elección de los compañeros se convierte en una de las decisiones más importantes que podemos tomar para aprovecharlo al máximo.

******

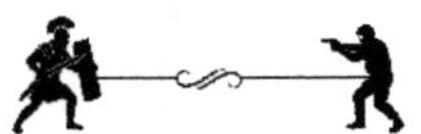

Los instructores: la piedra angular del entrenamiento FoF

Más allá de los compañeros, el instructor en un entrenamiento FoF es la figura central, un mentor que va a guiar a través de una experiencia inmersiva y desafiante, no se trata de un mero supervisor. La calidad de todo el proceso depende directamente de su cualificación y de su capacidad pedagógica. No basta con que posea un conocimiento teórico del combate; es vital que entienda su aplicación práctica y sepa transmitir esa experiencia de forma eficaz y constructiva. Saber enseñar no es lo mismo que saber disparar. Para formar hay que ser buen comunicador, sino, tan solo estaremos ante un repetidor de mantras sin que sea capaz de motivar la reflexión e introspección necesarias para el crecimiento y aprendizaje.

Un instructor cualificado debería de contar con una sólida formación metodológica. Debe tener la capacidad de adaptar la enseñanza a cada alumno, comunicarse con claridad y analizar el rendimiento para ofrecer una retroalimentación que realmente ayude a mejorar.

También es importante conocer en profundidad, tanto las operaciones reales como las reacciones humanas bajo estrés, las propias y las del adversario. Este bagaje práctico es lo que da un sentido real a las tácticas, pues permite explicar el porqué de cada acción, recordando que, como señalan expertos como *Dave Grossman*, el combate es una experiencia que transforma al individuo.

El FoF es una metodología compleja que exige una formación específica. El instructor debe dominar el funcionamiento de los sistemas de simulación (láser, FX, airsoft) y, sobre todo, saber diseñar escenarios realistas, cuidando la ambientación, el terreno y la introducción de elementos de estrés. Dado que el análisis posterior a la acción es esencial, debe ser capaz de guiar a los alumnos para que examinen sus propias decisiones, identifiquen errores y extraigan lecciones valiosas. Su papel es centrarse en los hechos, evitar las críticas personales y fomentar un ambiente donde el aprendizaje sea la prioridad.

Los compañeros de entrenamiento

En la metodología FoF, la calidad y el compromiso de las personas con las que entrenamos son tan cruciales como la experiencia y bagaje de los instructores. El FoF es una actividad intensamente colaborativa, donde la interacción constante crea un entorno de aprendizaje único. La elección de compañeros influye directamente en la eficacia, la seguridad y el ambiente general. Por eso, no se trata solo de con quién entrenamos, sino de junto a quién crecemos.

Un buen entorno de entrenamiento se construye sobre una actitud positiva y un compromiso compartido con el aprendizaje. El FoF no es un juego; es una simulación que exige seriedad, disciplina y respeto por las normas. Esta mentalidad compartida se refleja en la concentración durante los ejercicios y en la participación activa en las fases de análisis crítico. Entrenar con personas de diferentes niveles de experiencia nos enriquece a todos: los más veteranos pueden guiar a los novatos, mientras que los recién llegados aportan nuevas perspectivas que estimulan el debate. Esta diversidad genera un espacio dinámico donde el progreso es colectivo.

Para que todo esto funcione, la comunicación debe ser abierta y honesta. Es fundamental que nos sintamos cómodos para expresar ideas, dar y recibir críticas constructivas y debatir sin temor a ser juzgados. Esta confianza es clave para la coordinación del equipo y la toma de decisiones. Asumir diferentes roles en los ejercicios también nos ayuda a desarrollar empatía y a anticipar las acciones de los demás. En un ambiente así, los egos y las actitudes prepotentes no tienen cabida, pues el aprendizaje colectivo siempre está por encima del lucimiento individual.

Entidades con programas de FoF estructurados

El entrenamiento FoF no es una actividad que se pueda improvisar. Su efectividad y seguridad dependen de una infraestructura adecuada, con instalaciones, equipo especializado y una metodología de enseñanza bien definida. Por eso, para aprovechar al máximo sus beneficios, es esencial elegir una institución con un plan de formación de calidad. No buscamos simplemente un lugar donde usar réplicas de armas, sino un entorno de formación integral que impulse nuestras habilidades tácticas, mejore nuestra toma de decisiones bajo estrés y nos ofrezca una preparación mental sólida para el peligro real.

Un buen plan de formación debe seguir siempre una progresión lógica. Se empieza con ejercicios fundamentales que introducen los conceptos básicos de la simulación y, poco a poco, se avanza hacia escenarios más complejos. Este desarrollo gradual permite adquirir habilidades de forma sistemática, consolidando cada etapa antes de pasar a la siguiente. Como señala *Benjamin Bloom* (1956) en su *Taxonomía de objetivos educativos*[48], el aprendizaje efectivo se construye sobre el conocimiento previo.

Esta progresión debe abarcar desde una familiarización exhaustiva con el equipo y un cumplimiento estricto de las normas de seguridad, hasta el aprendizaje de movimientos tácticos fundamentales, como el uso de coberturas y protecciones. Una vez dominada esta base, se avanza hacia habilidades más complejas, como la comunicación efectiva en entornos caóticos, el tiro reactivo en distintas situaciones y las tácticas de equipo, ya sea en el asalto a una habitación, la defensa de una posición o el movimiento en patrulla, culminando en operaciones simuladas que coordinan a varios equipos y roles.

Los escenarios deben ser lo más realistas posible, replicando situaciones que podríamos encontrar en la realidad. Esto implica trabajar tanto en entornos urbanos, con edificios y callejones, como en terrenos rurales con vegetación irregular. Esta variedad nos obliga a adaptarnos y a tomar decisiones efectivas bajo presión. No basta con tener unas paredes para simular un edificio; se trata de recrear la complejidad del entorno real, con obstáculos, poca visibilidad, vehículos e incluso la presencia de civiles (interpretados por instructores) que añadan autenticidad. Como propone *Gary Klein* en su trabajo sobre *La toma de*

---

[48] *Bloom, B. S., M. D. Engelhart, E. J. Furst, W. H. Hill y D. R. Krathwohl. Taxonomy of educational objectives: The classification of educational goals. Handbook 1: Cognitive domain. Nueva York: David McKay Company, 1956*

decisiones en entornos complejos[49], la experiencia en distintos ambientes es clave para desarrollar esa intuición que permite reaccionar con rapidez en momentos críticos.

Finalmente, el equipo y los dispositivos utilizados —desde los sistemas de simulación hasta la protección personal— deben ser de alta calidad y estar en perfecto estado. Un material deficiente no solo arruina la experiencia de aprendizaje, sino que pone en grave riesgo la seguridad de todos. Los sistemas de simulación deben ser fiables, con una retroalimentación clara sobre los impactos, y la protección personal debe ser la adecuada para permitirnos ejecutar las tácticas con la necesaria libertad de movimiento. Evaluar estos aspectos es crucial para asegurar que nuestra inversión de tiempo y recursos se traduzca en una mejora tangible de nuestras habilidades.

¿Qué entrenar?

El método FoF es superior a las prácticas estáticas porque nos permite sumergirnos en el estrés, la incertidumbre y la dinámica de un enfrentamiento real. Sin embargo, su eficacia se pierde si no nos enfocamos en lo que realmente necesitamos como profesionales. Un error común es intentar replicar escenarios o tácticas de élite que se alejan de nuestro contexto operativo diario y de los recursos que de verdad tenemos. Por eso, un buen entrenamiento no debe prepararnos para una versión idealizada y espectacular de un combate improbable, sino para la acción cotidiana y los desafíos concretos de nuestro trabajo.

Esta fantasía en la formación se manifiesta de muchas formas, y todas son perjudiciales. A menudo se imitan tácticas complejas que exigen un nivel de adiestramiento, unos recursos y un marco legal que sencillamente no se corresponden con nuestra realidad. Entrenar asaltos a edificios con unidades sin instrucción especializada ni medios técnicos como visión nocturna o granadas

[49] *Klein, Gary. Sources of Power: How People Make Decisions. Cambridge, MA: MIT Press, 1998.*

de aturdimiento no solo es ineficiente, sino que también crea falsas expectativas y conlleva riesgos innecesarios.

Otra forma que adopta esta fantasía es centrarse de manera desproporcionada en escenarios de alto impacto mediático pero de baja probabilidad. Aunque es importante estar listos para situaciones extremas, dedicar la mayor parte del tiempo a combates urbanos intensos o rescates de rehenes —tareas propias de fuerzas especiales— es una pérdida de tiempo.

Deberíamos enfocarnos en lo común y relevante para la mayoría: patrullas, controles de tráfico, intervenciones en incidentes domésticos o altercados menores. Este tipo de formación irreal prioriza el espectáculo sobre el aprendizaje significativo, dándole a veces más importancia a la estética de un ejercicio que al análisis riguroso del rendimiento. Al final, este enfoque superficial no genera mejoras reales para los desafíos que enfrentamos día a día.

Entrenar para la propia misión

La clave de cualquier plan de formación FoF es que esté alineado con la misión, las tareas y las capacidades reales de la unidad o del individuo. Este enfoque pragmático asegura que el entrenamiento sea relevante y efectivo, optimizando tiempo, esfuerzo y dinero. Por tanto, la formación debe ser un reflejo de nuestras misiones y de los retos diarios.

Para lograrlo, el primer paso es analizar nuestra misión, entendiendo a fondo el propósito de nuestras tareas, tanto a nivel colectivo como individual. Debemos examinar las acciones que ejecutamos habitualmente y las situaciones más comunes que enfrentamos, basándonos en datos y experiencia, no en idealizaciones. La misión de una patrulla de policía local en un barrio residencial, por ejemplo, es muy distinta a la de una unidad de intervención que resuelve situaciones de alto riesgo.

Una vez entendida la misión, es vital ser honestos con los recursos de los que disponemos: preparación física y mental, habilidades técnicas, armamento, equipo y vehículos. También debemos considerar el número de efectivos, sus funciones y nuestras limitaciones, ya sean legales, geográficas o logísticas. Sería un desperdicio entrenar tácticas que, en la práctica, la unidad no puede ejecutar.

Con un análisis claro de la misión y los recursos, el siguiente paso es identificar las habilidades más críticas para el éxito. Aquí es útil aplicar el principio de *Pareto*[50], o la «*regla del 80/20*», que sugiere que aproximadamente el 80% de los resultados provienen del 20% del esfuerzo. Llevado a la formación, esto significa que es más eficiente concentrar los esfuerzos en dominar por completo un pequeño grupo de habilidades fundamentales. En lugar de dispersarnos en un abanico de tácticas poco relevantes, nos centramos en lo esencial. Al priorizar estas capacidades, maximizamos el impacto del entrenamiento y nos aseguramos de estar preparados para los desafíos más probables de nuestro trabajo.

El entrenamiento FoF enfocado

Cuando un entrenamiento se diseña pensando en la misión real y en los medios de los que dispondremos, su efectividad se dispara. Su mayor ventaja es que todo lo que se practica tiene una aplicación directa en las situaciones que viviremos. Si ensayamos las tácticas que de verdad forman parte de nuestro día a día, es mucho más probable que tengamos éxito cuando la situación sea real. Esa conexión entre lo entrenado y lo vivido es lo que consolida el aprendizaje y construye una autoconfianza sólida.

******

[50] *Koch, Richard. El principio 80/20: El secreto de lograr más con menos. Barcelona: Ediciones Paidós, 2009*

Parte III

Preparando el entrenamiento

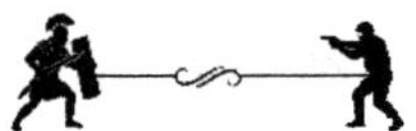

Preparando un guion de entrenamiento

Dejemos atrás la teoría para entrar de lleno en la práctica. A partir de ahora, nos centraremos en cómo preparar entrenamientos FoF efectivos, apoyándonos en ejemplos, guiones y explicaciones detalladas.

Para facilitar este paso de la idea a la acción, cada apartado incluirá ejercicios concretos. Aprenderemos a integrar estas prácticas en una gran variedad de escenarios, asegurando que siempre estén en línea con los objetivos que nos hayamos marcado. La meta es que, al terminar, contemos con las herramientas necesarias para diseñar e implementar nuestros propios entrenamientos de una manera relevante y eficaz.

******

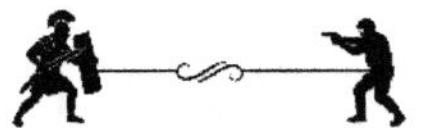

La fase de planificación y preparación

El éxito de un ejercicio FoF arranca mucho antes del primer disparo: en la planificación. Nuestra tarea como instructores es montar un entorno de aprendizaje que no solo sea seguro, sino también útil. Esto no es solo una cuestión de organizar el tiempo; se trata de dar a los alumnos la oportunidad real de pulir sus habilidades, poner a prueba sus tácticas y procedimientos operativos (POs) y afinar su toma de decisiones bajo estrés.

El primer paso es tener claro el propósito. Tenemos que definir qué buscamos con el ejercicio y qué habilidades concretas queremos entrenar o reforzar. A partir de ahí, creamos un escenario detallado y relevante. El guion debe incluir:

- Objetivos claros tanto para nuestras fuerzas como para la OPFOR (fuerzas oponentes).
- Una descripción de los participantes: número de alumnos, sus roles y el equipo simulado que usarán.
- Reglas de enfrentamiento (ROE) directas y sin rodeos.
- Una descripción del entorno: cómo es el terreno, las estructuras y si habrá posibles civiles (interpretados por personal de apoyo o los propios alumnos).

Finalmente, es imprescindible una Reunión informativa inicial completa. Debemos asegurarnos de que todo el mundo entiende el contexto, su papel, los objetivos, las reglas, los protocolos de seguridad y lo que se espera de ellos. Invertir tiempo en la planificación es vital, porque es ahí donde se construye la base de un buen entrenamiento.

El análisis del propósito

Analizar el propósito es un paso crítico en la planificación. No vale con decir "*vamos a preparar un FoF*". Necesitamos saber con exactitud qué vamos a simular, por qué lo hacemos y cómo vamos a alcanzar los objetivos que nos hemos marcado. Este análisis es el que marcará el rumbo de todo el ejercicio, desde cómo diseñamos el escenario hasta la forma en que evaluamos el rendimiento al final.

En pocas palabras, este análisis debe responder a preguntas básicas:

- **Necesidad:** ¿Qué problema o tipo de situación queremos trabajar?
- **Objetivos:** ¿Qué habilidades o protocolos queremos entrenar, poner a prueba o consolidar?
- **Metas:** ¿Qué resultados concretos y medibles deben alcanzar los alumnos?
- **Contexto:** ¿Qué clase de entorno vamos a recrear (urbano, rural, interior, etc.)?
- **Participación:** ¿Quiénes son los alumnos y qué roles tendrán? ¿Quién hará de fuerza azul y quién de fuerza roja?
- **Límites:** ¿Qué reglas de enfrentamiento claras van a gobernar las acciones de todos?

Este análisis a fondo nos obliga a pensar en las tareas y responsabilidades reales que tienen los alumnos en su trabajo. Por ejemplo, si entrenamos a una unidad de policía local, el foco podría estar en incidentes comunes como una disputa doméstica o una persecución a pie. Si es para una unidad militar, podría centrarse en una patrulla de reconocimiento o una emboscada. En cualquier caso, lo importante es que el escenario sea relevante.

El ejercicio debe parecerse a la realidad operativa de los alumnos. Además, al analizar el propósito, debemos tener en cuenta las capacidades, los puntos débiles y los recursos (materiales y personal) con los que cuentan en sus operaciones reales. No tiene sentido diseñar un escenario que exija habilidades o equipos que los alumnos no poseen. Por eso, este análisis tiene que ser, por encima de todo, práctico y realista. Se trata de sacar el máximo provecho formativo con los medios que tenemos para preparar a los profesionales para los desafíos de su día a día.

******

Definir claramente los objetivos del entrenamiento

Tener unos objetivos claros es fundamental. Dejarlos bien atados en la fase de planificación es el primer paso para que un ejercicio FoF funcione. No se trata de practicar tácticas en general, sino de identificar qué habilidades queremos perfeccionar, qué conocimientos afianzar o qué procedimientos operativos necesitan mejorar. Esta definición tiene que ser lo más concreta y detallada posible; los objetivos difusos hacen que el entrenamiento pierda el norte y sea menos efectivo.

Un ejemplo de un objetivo bien definido sería:

«Mejorar la capacidad del grupo o binomio para realizar entradas dinámicas en habitaciones. Esto incluye aplicar correctamente las técnicas de limpieza de ángulos de fuego y mantener una comunicación efectiva bajo condiciones de estrés simulado».

Para ayudarnos en esta tarea, una herramienta muy útil es la metodología SMART[51], , un acrónimo que nos recuerda las cinco características que deben tener nuestros objetivos:

- **Específicos** (*specific*): Deben estar definidos con precisión. ¿Qué quiero lograr exactamente? ¿Quién participa? ¿Dónde se hará? ¿Por qué es importante?
- **Medibles** (*measurable*): Tienen que poder evaluarse objetivamente. ¿Cómo sabré si se ha conseguido? ¿Qué indicadores usaré para medirlo?
- **Alcanzables** (*achievable*): Deben ser realistas con los recursos y el tiempo que tenemos. ¿Podemos conseguirlo con lo que hay disponible?
- **Relevantes** (*relevant*): Tienen que estar ligados a las necesidades del entrenamiento y al trabajo real de los participantes. ¿Es esto importante para las tareas que desempeñan?
- **Temporales** (timely): Deben tener un plazo definido. ¿Para cuándo esperamos haberlo alcanzado?

[51] *Steffens, Guillaume y Anne-Christine Cadiat. Los criterios SMART: El método para fijar objetivos con éxito. Barcelona: 50Minutos.es, 2016*

Unos objetivos claros enfocan el diseño del escenario, la elección de las tácticas y la evaluación del rendimiento. Esta claridad hace que el entrenamiento sea mucho más eficaz, porque nos centramos en las áreas que de verdad importan. En resumen, unos objetivos claros son el mapa que nos asegura que el entrenamiento llegará a buen puerto y producirá mejoras reales.

Determinar las fuerzas involucradas y sus roles

Para cualquier ejercicio FoF, el primer paso es definir las fuerzas y sus roles. Debemos identificar con claridad a los participantes y qué papel jugará cada grupo en el escenario. Esta distinción inicial nos permite crear una simulación creíble y asegura que todos entiendan desde el principio sus objetivos y responsabilidades. Por convención, usamos los términos fuerza azul para las fuerzas propias o aliadas y fuerza roja para el enemigo; el azul evoca cooperación y el rojo hostilidad, una codificación visual sencilla pero muy efectiva.

Es fundamental concretar quién integra cada equipo, pudiendo incluir personal de diferentes unidades, especialidades o incluso agencias que entrenan juntas para reflejar la complejidad de un entorno operativo real. Una vez formados los equipos, asignamos roles específicos a cada persona. Cada individuo se convierte así en una pieza clave de su unidad, con responsabilidades concretas que contribuyen al éxito o fracaso de la misión. Estos roles pueden variar enormemente según el escenario: desde un líder de equipo o un tirador designado, hasta un sanitario de combate o un miembro de escuadra.

A partir de ahí, establecemos la jerarquía de los equipos, detallando la cadena de mando y la posible formación de grupos más pequeños. Esta estructura debe replicar la que utilizan las unidades militares o de seguridad en operaciones reales. Finalmente, definimos las capacidades específicas de cada equipo: el armamento simulado que portarán, su equipo táctico, su nivel de adiestramiento y la doctrina que aplicarán. Este paso es clave para diseñar un escenario equilibrado y pedagógicamente valioso, donde ambos bandos tengan posibilidades realistas de éxito.

Al diferenciar claramente entre fuerza azul y roja y asignar roles específicos, creamos un escenario convincente que simula de forma efectiva las tácticas de un enfrentamiento real. Esta distinción también aclara los objetivos de cada bando y, sobre todo, nos facilita una evaluación objetiva del rendimiento de los alumnos, ya que podemos medir su éxito en función del cumplimiento de los objetivos y de la correcta ejecución de los roles asignados.

Establecer las reglas de enfrentamiento

Las reglas de enfrentamiento (ROE) y las medidas de seguridad son la columna vertebral que garantiza tanto la integridad de los participantes como el control del ejercicio FoF. Como organizadores, nuestra responsabilidad es establecer con absoluta claridad los límites del uso de la fuerza simulada. Estas reglas deben basarse siempre en principios éticos y legales, buscando el equilibrio justo entre el realismo del entrenamiento y la seguridad de todos.

Las ROE determinarán toda la escala del uso de la fuerza simulada, desde las órdenes verbales hasta el empleo de armas no letales. Definiremos con precisión cuándo se autoriza la fuerza letal o no letal, siempre dentro del marco de la legítima defensa. Del mismo modo, prohibiremos acciones inaceptables como disparar a personal desarmado, hacerlo a quemarropa o exceder los límites establecidos en el escenario. También es vital definir procedimientos claros para alcanzar los objetivos y evitar errores de identificación que puedan llevar a confrontaciones innecesarias.

Paralelamente, las medidas de seguridad son el conjunto de precauciones que tomamos para minimizar cualquier riesgo. Estas deben incluir protocolos estrictos para el manejo, la inspección y el almacenamiento de las armas simuladas. Exigiremos el uso obligatorio de equipo de protección adecuado, como gafas, protectores faciales o chalecos. La delimitación del área de entrenamiento es otro punto clave para evitar el acceso de cualquier persona no autorizada. Necesitamos, además, establecer protocolos sólidos para emergencias médicas e incidentes, detallando los procedimientos de evacuación y los contactos necesarios. Para que todo esto se cumpla, designaremos personal de seguridad cuya única misión será supervisar el ejercicio y velar por el cumplimiento de las normas.

En estas sesiones previas, instruiremos a todos los participantes sobre las ROE, las medidas de seguridad y los protocolos de emergencia. Solo así podemos garantizar un entrenamiento que sea, a la vez, seguro y efectivo.

******

El diseño de escenarios es el paso clave en la planificación de cualquier entrenamiento FoF (Fuerza contra Fuerza). En esta etapa, detallamos la situación que vamos a simular, creando una narrativa coherente que describe el contexto, la secuencia de eventos y las acciones de las fuerzas implicadas. Este guion sirve como base para la interacción entre la fuerza azul y la fuerza roja, proporcionando a los alumnos el marco necesario para alcanzar sus objetivos. Diseñar un escenario efectivo implica integrar varios aspectos fundamentales.

Todo comienza definiendo el marco de la simulación. Debemos especificar el tiempo y el lugar exactos donde se desarrollará el ejercicio, dejando claro el tipo de situación en la que se encuentran los participantes: un conflicto armado, una operación policial en un entorno urbano, una misión de seguridad en una instalación crítica, etc. De este modo, nos aseguramos de que todos los involucrados comprendan desde el principio el ambiente en el que van a operar.

Una vez establecido el contexto, diseñamos una secuencia lógica de eventos que conduzca a la confrontación. Nos preguntamos qué suceso específico desencadenará la acción. Podría ser una alerta de intrusión, la detección de un grupo hostil o una orden de patrulla en una zona de alto riesgo. La idea es que esta cadena de acontecimientos genere una progresión natural de acciones y reacciones por parte de ambas fuerzas, poniendo a prueba las habilidades que queremos entrenar.

Un elemento crucial de este diseño es detallar las misiones de cada fuerza. Especificamos los objetivos de cada bando: mientras la fuerza azul podría tener la misión de asegurar un área, rescatar a un rehén o detener a un individuo, la fuerza roja podría buscar emboscarlos, proteger un objetivo o causarles bajas. Es fundamental describir las tácticas, técnicas y procedimientos que esperamos que cada grupo emplee, lo que añade una capa indispensable de realismo y precisión al ejercicio.

Para que el entrenamiento se convierta en una valiosa experiencia de aprendizaje, introducimos puntos críticos en la narrativa. Se trata de momentos clave en los que los participantes tendrán que tomar decisiones importantes que alterarán el curso de los eventos. Estos puntos deben generar incertidumbre y obligar a los alumnos a evaluar la situación, sopesar sus opciones y elegir la mejor estrategia, sabiendo que el éxito o el fracaso de la misión dependerá de esas decisiones.

Finalmente, para que la simulación sea verdaderamente desafiante y efectiva, integramos por completo el entorno en el ejercicio. Incorporamos descripciones detalladas del terreno, los obstáculos y la infraestructura, así como variables dinámicas como las condiciones climáticas (visibilidad, temperatura), la posible presencia de civiles o incluso fallos de comunicación por interferencias o limitaciones geográficas. La cuidadosa integración de todos estos elementos es lo que transforma un simple plan en una simulación inmersiva y eficaz.

Presentar el escenario a los alumnos

Para que un entrenamiento de combate simulado sea exitoso, la presentación del escenario es el primer paso crítico. Una explicación clara y efectiva sienta las bases para la comprensión de los alumnos, garantiza la seguridad de todos y maximiza el valor del aprendizaje. Para lograrlo, debemos asegurarnos de que el proceso cubra tres fases fundamentales: establecer el marco operativo, asignar los roles y, finalmente, resolver todas las dudas.

El primer paso consiste en detallar los objetivos, las reglas de enfrentamiento y las medidas de seguridad. La claridad sobre las metas del entrenamiento y las tareas específicas de cada fuerza —roja y azul— es innegociable. Las reglas deben definir cuándo y cómo se puede emplear la fuerza simulada, detallando los criterios para abrir fuego, las restricciones aplicables (como zonas prohibidas o blancos no atacables) y las consecuencias de incumplirlas, que pueden ir desde una advertencia hasta la exclusión del ejercicio. Es fundamental que toda esta información se transmita de forma concisa y que se utilicen ejemplos prácticos para asegurar que todos los participantes comprendan las normas a la perfección.

Una vez sentadas las bases, pasamos a asignar los roles y funciones dentro de los equipos. Cada alumno debe entender cuál es su puesto en la unidad y qué tareas concretas le corresponden para alcanzar los objetivos comunes. Definir con precisión estas responsabilidades es clave para evitar confusiones o solapamientos y para asegurar una coordinación fluida durante la simulación. Una buena práctica es asignar estos roles considerando las habilidades y la experiencia de cada participante, lo que no solo optimiza el rendimiento del equipo, sino que también permite a cada uno desarrollar sus capacidades en un área específica.

La fase final, y una de las más importantes, es abrir un turno de preguntas. Debemos dedicar el tiempo necesario para que los asistentes puedan plantear cualquier inquietud sobre la simulación, las reglas o sus funciones. Este espacio es fundamental para garantizar que todos comiencen el ejercicio con un entendimiento sólido de lo que se espera de ellos, sintiéndose seguros y preparados. Responder a sus preguntas con honestidad y claridad no solo despeja dudas de última hora, sino que construye la confianza necesaria para que el aprendizaje sea verdaderamente efectivo.

Fase de ejecución (el ejercicio FoF)

La fase de ejecución es el momento clave de todo el proceso de entrenamiento FoF, el punto donde la planificación se convierte en acción. Aquí, los participantes no solo demuestran sus habilidades, sino que experimentan las consecuencias reales de sus decisiones en un entorno controlado pero intenso. No se trata de repetir un guion, sino de sumergirse en una situación dinámica donde cada elección tiene un impacto directo.

El escenario que hemos preparado sirve como marco para toda la actividad. Una vez que los eventos iniciales dan comienzo a la confrontación, los participantes interactúan libremente según sus roles y objetivos. Como instructores, nuestro papel es el de observadores: nos centramos en supervisar el desarrollo de la simulación, registrar el desempeño de los equipos y verificar que se cumplan las reglas. Esta observación minuciosa es la que nos dará la información más valiosa para la fase de análisis posterior.

En esta etapa, no buscamos un resultado concreto, sino provocar una experiencia de aprendizaje profunda. Para lograrlo, los alumnos deben sentir la presión psicológica, la incertidumbre y la complejidad de un enfrentamiento real. Es así como desarrollan y perfeccionan habilidades tan esenciales como la toma de decisiones bajo estrés, el liderazgo, el trabajo en equipo y la aplicación práctica de las tácticas y procedimientos aprendidos (TTP). Deben tomar decisiones en tiempo real, basándose en la información disponible y reaccionando a cada movimiento del oponente.

Como regla general, no intervenimos directamente en el ejercicio. Nuestra intervención solo se produce cuando es estrictamente necesario y por motivos muy concretos, como una acción que ponga en peligro la seguridad de alguien, una confusión grave sobre las reglas que frene el ejercicio o un error que comprometa sus objetivos de aprendizaje. Del mismo modo, a veces podemos realizar pequeños ajustes sobre la marcha para mantener el realismo de la simulación.

******

Modelo y guion genérico para FoF

Este guion, diseñado para ser versátil en distintas disciplinas y escenarios —desde el ámbito militar y policial hasta la seguridad privada o cualquier campo donde se empleen simulaciones de confrontaciones realistas—, establece los objetivos fundamentales para los entrenamientos o ejercicios FoF.

******

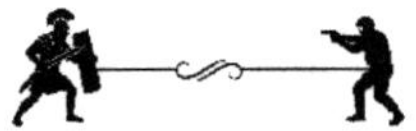

I. FASE DE PLANIFICACIÓN Y PREPARACIÓN

Análisis previo

La planificación requiere un análisis detallado que cubra los siguientes aspectos clave:

1. Definir con precisión los objetivos del entrenamiento.
   - ¿Qué habilidades o tácticas específicas vamos a entrenar?
   - ¿Cuál es el resultado que buscamos?
2. Identificar la misión específica que se va a simular.
   - ¿Qué tipo de operación o incidente concreto vamos a recrear?
3. Analizar el entorno operativo.
   - ¿En qué tipo de terreno o entorno se desarrollará la simulación (urbano, rural, instalaciones especiales, etc.)?
4. Determinar las fuerzas participantes (Azul/Rojo) y sus roles en el escenario.
5. Establecer las reglas de enfrentamiento (ROE) y las medidas de seguridad necesarias.

Desarrollo del escenario

Crear un escenario detallado que contemple los siguientes elementos:

1. **Contexto situacional:** Proporcionar los antecedentes que dan origen a la confrontación.
2. **Objetivos específicos** para cada fuerza participante.
3. **Disposición** de las fuerzas y del terreno de operaciones.
4. **Eventos desencadenantes** que marquen el inicio de la acción.
5. **Diseñar el campo de actividades** o utilizar instalaciones adecuadas ya existentes.
6. **Preparar el equipo necesario** (marcadoras, protección, comunicaciones, etc.).
7. **Reunión informativa inicial** (Orden de operaciones).

Presentar el escenario

1. Explicar los objetivos, las reglas de enfrentamiento y las medidas de seguridad aplicables.
2. Asignar roles y responsabilidades de forma clara.
3. Aclarar cualquier duda o pregunta que pueda surgir.

II. FASE DE EJECUCIÓN (EL EJERCICIO)

1. **Despliegue de las fuerzas:** Las fuerzas se despliegan según lo establecido en el escenario.
2. **Desarrollo del ejercicio:** Los participantes ejecutan el escenario, interactuando y tomando decisiones en tiempo real.
3. **Observar y recopilar datos:** Los observadores/controladores registran las acciones de los participantes, los resultados de los enfrentamientos y cualquier otro dato relevante, usando cámaras, anotaciones o sistemas de seguimiento.
4. **Intervenciones de los controladores (si es necesario):** Los controladores pueden intervenir para garantizar la seguridad, aclarar dudas o corregir errores que afecten al desarrollo del ejercicio.

III. FASE DE ANÁLISIS-JUICIO CRÍTICO

1. Al finalizar, reunir a todos los participantes y observadores para analizar conjuntamente el ejercicio.
2. **Revisión de los hechos:** Los observadores repasan los eventos principales del ejercicio a partir de los datos recopilados.
3. **Análisis del rendimiento:** Analizar el rendimiento de cada fuerza y de cada individuo, identificando tanto fortalezas como debilidades.
4. **Discusión abierta:** Fomentar una discusión abierta y constructiva sobre las acciones realizadas, las decisiones tomadas y los resultados obtenidos.
5. **Juicio crítico:** Realizar una evaluación crítica del ejercicio para determinar si se lograron los objetivos y si se aplicaron correctamente las tácticas y procedimientos.

IV. FASE DE LECCIONES APRENDIDAS Y MEJORA CONTINUA

1. **Identificación de lecciones aprendidas:** Durante el juicio crítico, identificar las lecciones aprendidas. Estas deben ser específicas, medibles, alcanzables, relevantes y con plazos definidos (SMART).
2. **Documentación:** Documentar las lecciones aprendidas para futuras consultas.
3. **Desarrollo de planes de mejora:** A partir de las lecciones, desarrollar planes de mejora para corregir las debilidades identificadas y fortalecer las habilidades.
4. **Seguimiento y evaluación:** Realizar un seguimiento de la implementación de los planes de mejora y evaluar su efectividad en los próximos talleres

******

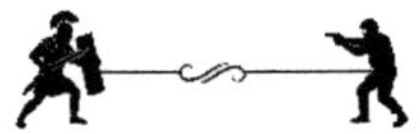

El Juicio Crítico

En un entrenamiento FoF, la etapa que sigue a la acción, el juicio crítico, es un momento crucial y de un valor incalculable. Consiste en una revisión metódica de todo lo que ha sucedido durante el ejercicio, cuyo objetivo no es otro que desgranar lo que pasó, entender por qué ocurrió y, sobre todo, definir cómo podemos mejorar, tanto a nivel individual como de equipo.

Lejos de ser un simple resumen o una sesión de críticas informales, este análisis se centra en los hechos concretos, sin buscar culpables ni emitir juicios personales. Es un proceso deliberado que fomenta un aprendizaje real y promueve una mejora constante, beneficiando a cada participante y al grupo en su conjunto. Su verdadero propósito es extraer lecciones prácticas que fortalezcan nuestras capacidades operativas en futuros talleres.

****

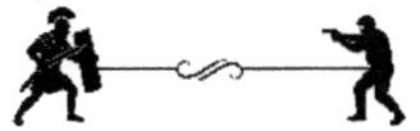

Los análisis que hacemos después de una acción, también conocidos como Juicios Críticos[52] (JC) son una herramienta potentísima para aprender y mejorar nuestra conciencia situacional. Nos permiten examinar con sistema y reflexión las decisiones que tomamos y las acciones que llevamos a cabo al terminar un ejercicio o una operación real. Gracias a este proceso estructurado, nos es más fácil ver dónde fallamos: quizás en cómo percibimos el entorno, en cómo entendimos lo que pasaba o en nuestra capacidad para anticipar las consecuencias. También nos ayuda a señalar qué áreas debemos reforzar para comprender mejor el contexto en el que trabajamos.

Estos juicios son clave para que podamos aprender como equipo. Facilitan que las lecciones de una experiencia concreta se compartan y se integren en nuestros procedimientos y en la formación futura, lo que nos prepara mucho mejor para las próximas operaciones.

Para que un Juicio Crítico funcione de verdad, es fundamental que todos los participantes se impliquen, sin importar el rol que tuvieran. Esta diversidad de puntos de vista nos da una imagen mucho más completa y profunda de lo que ocurrió. Por eso, tenemos que promover un ambiente abierto, honesto y de respeto, donde cualquiera se sienta cómodo compartiendo lo que vio, reconociendo un error u ofreciendo una crítica constructiva sin miedo a represalias. Así es como fomentamos una buena autocrítica y el aprendizaje en equipo. La evaluación debe centrarse en si cumplimos los objetivos que nos habíamos marcado y en qué factores influyeron, para bien o para mal. Valoramos el rendimiento de cada persona en función de sus metas particulares dentro del escenario, poniendo frente a frente lo que planeamos y lo que finalmente hicimos.

Durante este análisis, repasamos la secuencia de los hechos, las decisiones tácticas que se tomaron en momentos críticos y las acciones de cada persona y

[52] *Klein, Gary. Sources of Power: How People Make Decisions. Cambridge, MA: MIT Press, 1998*

equipo. Los instructores no solo se fijan en los errores o las decisiones desafortunadas, sino también en los puntos fuertes y los aciertos, lo que nos permite entender por qué las cosas salieron bien y por qué salieron mal.

El objetivo final de todo esto es sacar lecciones claras de la experiencia para ser mejores en el futuro. Estas lecciones pueden tocar muchos palos: tácticas, técnicas, cumplimiento de procedimientos, la eficacia de las comunicaciones, cómo decidimos bajo presión, el liderazgo o la coordinación del equipo, entre otros factores vitales. Para que este aprendizaje no se evapore, es imprescindible dejar constancia de las conclusiones. Puede ser un informe detallado, una presentación, grabaciones de vídeo comentadas o cualquier otro formato que nos permita consultarlo más adelante y asegurarnos de que el conocimiento se transfiere de verdad.

Proceso y ejemplo práctico

Un formato muy eficaz para organizar un Juicio Crítico se apoya en cuatro preguntas clave que guían la conversación:

1. **¿Qué queríamos que pasara?** Aquí repasamos los objetivos que teníamos y las intenciones tácticas de cada equipo.
2. **¿Qué pasó en realidad?** Describimos de la forma más objetiva posible cómo se desarrollaron los hechos, usando las observaciones de los instructores y otros datos (grabaciones, notas) para reconstruir lo que ocurrió.
3. **¿Por qué pasó así?** Analizamos las causas que llevaron a ese resultado, buscando el porqué de las decisiones tácticas y los factores que nos llevaron al éxito o al fracaso.
4. **¿Qué podemos hacer distinto la próxima vez?** Identificamos lo aprendido y proponemos acciones concretas para mejorar, tanto a nivel individual como de equipo.

Imaginemos una patrulla que se reúne tras un incidente real. Un agente podría reconocer que se fijó tanto en un sospechoso que no vio a un segundo implicado. Otro podría admitir que no comunicó bien su posición. El supervisor guiará la charla para encontrar formas de potenciar la conciencia situacional, como entrenar más la visión periférica o pulir los protocolos de comunicación. Lo aprendido en esa reunión se comparte con otros equipos, creando una cultura de mejora y seguridad para todos.

Herramientas que ayudan a la Conciencia Situacional

Además del Juicio Crítico, herramientas como las listas de verificación (*checklists*) y los procedimientos estandarizados nos dan un marco que ordena nuestro pensamiento en situaciones complejas, asegurando que no nos saltamos ningún paso clave. Esto tiene un impacto directo en nuestra conciencia situacional y en la seguridad. Al automatizar tareas rutinarias, liberamos nuestra mente para que pueda dedicarse a lo que de verdad exige atención y análisis, como evaluar el contexto táctico o anticiparse a los movimientos de un oponente.

Pensemos en una patrulla que recibe un aviso sobre un vehículo sospechoso. Un procedimiento operativo les recordará verificar la matrícula, confirmar la descripción y coordinarse con otras unidades. Seguir estos pasos les permite actuar de forma casi automática y centrar toda su atención en observar a los ocupantes y anticipar posibles amenazas.

La importancia de la comunicación

Una comunicación clara, que fluya en ambas direcciones, es la base para compartir información relevante entre todos. Cuando promovemos un diálogo constante y recíproco, conseguimos que todos tengamos una comprensión común y precisa de lo que está pasando. Esto no solo fortalece la conciencia situacional del grupo, sino que mejora nuestra capacidad de respuesta.

Si, durante una patrulla, unos agentes ven a un grupo de personas con una actitud extraña, el simple hecho de intercambiar observaciones y experiencias previas les ayuda a construir una imagen más completa. Esa comunicación abierta les permite llegar a un acuerdo sobre lo que sucede, reforzando su conciencia situacional como equipo y permitiéndoles tomar mejores decisiones.

******

—Incidente de violencia de género con agresión a agente—

Este guion es una herramienta para dirigir el análisis crítico después de un simulacro de intervención policial. Nos centraremos en un caso de violencia de género que termina con una agresión a un agente. Usaremos este guion para analizar todo lo ocurrido durante el simulacro y así identificar tanto los aciertos como los puntos a mejorar. El fin es extraer lecciones prácticas que nos sirvan en intervenciones reales.

I. Preparación de la Sesión

- **Participantes:** Es fundamental que participen todos los que estén involucrados en el ejercicio (patrulla, mando e instructores). La colaboración de especialistas en violencia de género, psicólogos o mediadores es muy recomendable, ya que su perspectiva aportará un valor añadido fundamental al análisis.
- **Material necesario:**
  - Grabaciones de audio o vídeo del ejercicio, si las hay.
  - Notas de los observadores.
  - Un mapa o croquis del lugar.
  - Pizarra o portafolio y rotuladores.
- **Entorno:** Necesitamos un espacio tranquilo que invite a una discusión abierta y constructiva, con tiempo suficiente para profundizar en el análisis (entre 1 y 2 horas).

II. Desarrollo del Juicio Crítico (Las 4 preguntas clave)

La discusión se guiará por las siguientes cuatro preguntas, que nos ayudarán a ordenar el análisis.

1. ¿Qué se pretendía que sucediera?

Primero, recordemos el objetivo principal del ejercicio: realizar una intervención segura y eficaz en un caso de violencia de género, protegiendo a la víctima y deteniendo al agresor. Para ello, repasaremos brevemente los procedimientos establecidos:

- Evaluación de riesgos al llegar.
- Forma de comunicarse con la víctima y el agresor.
- Uso de técnicas de mediación y disuasión.
- Protocolo correcto de detención.
- Cómo preservar la escena y dar apoyo a la víctima.

2. ¿Qué sucedió en realidad?

Ahora, reconstruiremos los hechos paso a paso, de forma objetiva. Nos apoyaremos en las grabaciones y en las notas de los observadores para ser precisos.

- ¿Cómo se recibió la llamada y qué información inicial teníamos?
- ¿Cómo fue la llegada al domicilio y el primer contacto?
- ¿Cómo se interactuó con la víctima y el agresor? (Comunicación, lenguaje no verbal, estado emocional).
- ¿En qué momento exacto ocurrió el ataque? ¿Qué hizo el agresor y cómo reaccionaron los agentes?
- ¿Cómo se consiguió reducir y controlar la situación?
- ¿Se prestaron los primeros auxilios al agente herido? ¿Y el aseguramiento de la escena?

3. ¿Por qué sucedió?

Esta es la fase de análisis profundo. Sin buscar culpables, debemos entender las causas.

- **Análisis del comportamiento del agresor:** ¿Qué factores creemos que influyeron en su actitud? ¿Por qué pareció acceder a entregarse y qué pudo motivar su ataque repentino? ¿Hubo señales previas que no vimos o se subestimó el riesgo?
- **Análisis de la actuación policial:** ¿Seguimos los procedimientos? ¿La comunicación fue la adecuada? ¿Se reevaluó el riesgo a medida que avanzaba la intervención? ¿Se aplicaron bien las técnicas de defensa y

control tras la agresión? ¿Fue correcta la asistencia al herido y la gestión de la escena?

- **Factores del entorno:** ¿Cómo influyó el espacio físico, la presencia de otras personas o el tiempo transcurrido en el desarrollo de los acontecimientos?

4. ¿Qué podemos hacer diferente la próxima vez?

De todo lo anterior, debemos sacar conclusiones prácticas y áreas de mejora concretas.

- Reforzar la evaluación continua del riesgo, incluso si el agresor parece colaborar.
- Mejorar las habilidades de comunicación con las víctimas para detectar peligros sutiles.
- Entrenar más a fondo las técnicas de defensa personal y control en espacios cerrados.
- Revisar la coordinación entre los agentes para garantizar una respuesta conjunta y sin fisuras.
- Valorar la necesidad de apoyo psicológico para los agentes tras incidentes traumáticos.
- Proponer actualizaciones de los procedimientos basadas en esta experiencia.

III. <u>Cierre de la Sesión</u>

Para terminar, haremos un resumen de las lecciones aprendidas y las acciones a implementar. Agradeceremos a todos su participación y distribuiremos un documento con las conclusiones para futuras consultas.

Recuerde: Esta sesión es confidencial. El objetivo es aprender y mejorar, no buscar culpables, por lo que la participación activa y honesta de todos es clave.

<u>Guía para la entrevista posterior al ejercicio</u>

Tras la práctica, las entrevistas individuales son clave para una autoevaluación guiada y para que los instructores podamos dar una retroalimentación personalizada. La entrevista se centra en los siguientes aspectos:

1. **Evaluación de Decisiones**

Empezamos reflexionando sobre las decisiones tácticas que se tomaron en momentos clave. Indagamos en el "*porqué*" de esas elecciones.

- "*¿Por qué decidiste avanzar por ese flanco en lugar de mantener la posición?*"
- "*Visto ahora, ¿crees que fue la decisión más acertada? Si no, ¿qué harías distinto?*"

2. **Revisión de Acciones y Reacciones**

Analizamos las acciones concretas y las reacciones ante el oponente o los imprevistos. Buscamos patrones de comportamiento y áreas de mejora técnica.

- "*¿Por qué dudaste antes de actuar en esa situación?*"
- "*¿Notaste alguna dificultad al aplicar la técnica de cobertura en ese momento?*"

3. **Percepciones y Sentimientos**

Es fundamental hablar del estado mental y emocional durante la simulación. Esto nos da información sobre el manejo del estrés y la confianza bajo presión.

- "*¿Cómo te sentiste al enfrentarte a los oponentes?*"
- "*¿Tuviste la sensación de tener suficiente información para decidir?*"
- "*¿Cómo valoras la comunicación dentro del equipo?*"

4. **Identificación de Lecciones Aprendidas**

Cerramos la entrevista pidiendo una reflexión sobre las lecciones clave. Motivamos al alumno a identificar qué se hizo bien, qué se puede mejorar y cómo aplicarlo en el futuro.

- "*¿Cuál es la lección más importante que te llevas de esta práctica?*"
- "*¿Qué vas a hacer diferente en el próximo entrenamiento basándote en lo de hoy?*".

******

En cualquier entrenamiento, el análisis de video es mucho más que un simple apoyo; es una herramienta fundamental. Grabar sistemáticamente los ejercicios nos da un registro visual que va más allá de las observaciones que podemos tomar en el momento. Su verdadero poder reside en la posibilidad de revisar esas grabaciones con calma, tanto para nosotros como instructores como para los propios participantes, y examinar a fondo cómo se desarrolló realmente la simulación.

En el fragor de un ejercicio, es fácil que se nos escapen detalles. Al revisar un video, en cambio, podemos identificar patrones de comportamiento que de otro modo pasarían desapercibidos. Empezamos a ver tendencias en la toma de decisiones, en la comunicación o en la respuesta al estrés. Es ahí donde detectamos si un participante tiende a dudar en situaciones de contacto, si un equipo olvida comunicar información crucial de manera recurrente o si la técnica de tiro de alguien se resiente bajo presión. Esto nos permite comprender a fondo las fortalezas y debilidades de cada uno.

Quizás el mayor valor del video es que convierte la retroalimentación en algo objetivo y tangible. En lugar de basarnos en recuerdos o notas, podemos sentarnos con los participantes y señalar momentos concretos en la pantalla. Esta evidencia visual hace que la conversación sea mucho más clara, creíble y constructiva, facilitando que el alumno comprenda y acepte los puntos de mejora. Podemos mostrarles el instante preciso en que su conciencia situacional les permitió anticiparse a una amenaza o, por el contrario, aquel en el que una mala comunicación llevó a una confusión táctica.

Esta herramienta, además, ofrece a los propios participantes la valiosa oportunidad de verse en acción desde una perspectiva externa. Al observarse, pueden reflexionar sobre sus decisiones y reacciones, fomentando una autoevaluación honesta que les ayuda a identificar por sí mismos las áreas donde necesitan mejorar.

A nivel grupal, las grabaciones son un espejo de la dinámica del equipo. Nos permiten analizar cómo se comunican sus miembros, cómo coordinan sus movimientos, cómo se distribuyen los roles y, en definitiva, si trabajan como una unidad cohesionada para alcanzar sus objetivos. Esto nos ayuda a identificar fallos y aciertos colectivos para mejorar la eficacia del conjunto.

Para que todo esto funcione, es crucial crear un ambiente de confianza durante las sesiones de revisión. Cuando los participantes se sienten cómodos y entienden que el enfoque está en el aprendizaje y no en la crítica, la revisión de video deja de ser un examen para convertirse en la herramienta de mejora más potente que tenemos.

Fase de lecciones aprendidas y mejora continua

Aunque esta fase cierra el ciclo de entrenamiento FoF, en realidad es el motor de su éxito a largo plazo. Aquí es donde nos aseguramos de que la valiosa experiencia ganada durante la simulación y su análisis posterior se convierta en mejoras reales y tangibles, fortaleciendo tanto a los alumnos como a la organización. Nuestro enfoque es simple: convertir las observaciones en acciones. El objetivo es claro: consolidar nuestros puntos fuertes, corregir las debilidades y, en definitiva, elevar el nivel de preparación de todo el equipo.

Nuestra primera tarea es destilar los aprendizajes clave que surgieron en la práctica y en el análisis crítico. Debemos identificar qué se hizo bien, qué falló y, sobre todo, qué podemos mejorar. Para que estas lecciones sean realmente útiles, deben ser SMART: específicas, medibles, alcanzables, relevantes y con un plazo definido. No basta con decir "*hay que mejorar la comunicación*". Una lección útil sería: "*Implementar un protocolo de comunicación con palabras clave y confirmación de mensaje para reducir los malentendidos en un 15 % en la próxima simulación*".

Una vez identificadas estas lecciones, tenemos que documentarlas formalmente. Dejamos constancia por escrito de las conclusiones del análisis, las causas de los problemas y las recomendaciones de mejora. Esta documentación se convierte en nuestra hoja de ruta, una base sólida para planificar los siguientes pasos. Puede tomar la forma de un informe, una presentación o cualquier formato que sea fácil de consultar y compartir.

Con esta documentación como base, diseñamos estrategias concretas para corregir las debilidades y potenciar las fortalezas que hemos detectado. Estos planes de mejora deben detallar los pasos a seguir, quién es el responsable de cada uno, qué recursos se necesitan y las fechas límite. Por ejemplo, si detectamos fallos en una táctica de entrada, la estrategia podría ser programar más sesiones prácticas sobre ese punto, crear un manual de procedimiento paso a paso o adquirir nuevo material de simulación para practicar mejor.

Finalmente, el ciclo no termina hasta que hacemos un seguimiento y evaluamos si las medidas han funcionado. Supervisamos de cerca la aplicación de las estrategias y medimos su impacto real en el rendimiento. Este seguimiento nos permite ajustar los planes sobre la marcha, asegurando una evolución constante. Podemos evaluar los resultados en futuras simulaciones y, muy importante, recogiendo la opinión de los propios alumnos sobre los cambios. Cerramos así una etapa del entrenamiento, pero mantenemos vivo un proceso constante de aprendizaje y perfeccionamiento.

******

Parte IV

Practicando

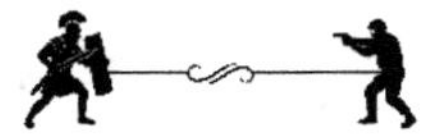

Gestión de guion de talleres FoF

Hemos llegado a la última parte de este libro. En las páginas que siguen, vamos a compartir con ustedes ejemplos de talleres, ejercicios y actividades FoF. Consideren que son solo una muestra, la aplicación práctica de todo lo que hemos leído hasta ahora.

Lo que compartimos aquí es nuestra propia visión, fruto de la experiencia y los resultados. La hemos diseñado para ayudarles a desarrollar sus propias actividades, esperando que les sirva como un buen modelo o punto de partida.

Puede que algunos de estos guiones parezcan repetitivos, pero lo hemos hecho adrede para ilustrar cómo un mismo modelo base puede configurarse para actividades y objetivos muy distintos. Para empezar, analizaremos una plantilla de gestión de escenarios, revisando cada uno de sus apartados. Prestemos especial atención, ya que contiene pistas que pueden despertar la creatividad al momento de crear nuestros propios guiones.

******

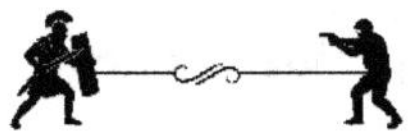

I- Introducción y marco teórico (estructura genérica para un taller)

Esta primera fase es la base de todo el entrenamiento. Nuestro objetivo es preparar a los participantes, dándoles el marco mental y los conceptos necesarios para comprender la metodología y los ejercicios. Una buena introducción garantiza que las fases prácticas se asimilen mucho mejor y con mayor seguridad.

La estructura que seguiremos en esta etapa inicial se divide en los siguientes puntos:

1. Bienvenida e introducciones

Empezaremos por crear un ambiente de confianza y buena comunicación, sentando las bases para una colaboración efectiva desde el primer momento.

El instructor director dará la bienvenida y se presentará. A continuación, presentaremos a los instructores asistentes, si los hay. Haremos una breve ronda para que los alumnos se presenten: nombre, unidad, experiencia previa relevante y qué esperan del taller.

Desde el principio, dejaremos claro el tono de la sesión: profesional y serio, pero dentro de un ambiente de aprendizaje abierto y colaborativo.

2. Propósito y objetivos del taller

En este punto aclararemos el porqué de la sesión, explicando la necesidad de este tipo de entrenamiento y los beneficios que aportará a cada participante. Destacaremos la importancia de entrenar en el contexto actual, señalando factores como el auge de la violencia, las nuevas tácticas delictivas o la necesidad de perfeccionar la toma de decisiones bajo presión.

Definiremos las metas generales del taller, como pueden ser optimizar el tiro en situaciones de estrés, potenciar la toma de decisiones tácticas o consolidar el trabajo en equipo.

Presentaremos los objetivos de aprendizaje específicos que buscaremos alcanzar, por ejemplo: ser capaces de reconocer amenazas rápidamente, aplicar técnicas de cobertura y movilidad, o utilizar la fuerza de forma proporcionada y legal.

3. Marco teórico y conceptos clave

Aquí proporcionaremos los conocimientos teóricos que sustentarán todos los ejercicios prácticos. El contenido de este apartado se adaptará siempre al tema específico del taller. Algunos ejemplos de los conceptos que podríamos abordar son:

a) **Código de colores de Cooper:** Explicaríamos cada estado (blanco, amarillo, naranja, rojo) y su aplicación práctica en el entorno policial.

b) **Ciclo OODA (Observar, Orientar, Decidir, Actuar):** Detallaríamos cada fase y cómo nos ayuda a procesar la información durante un enfrentamiento.

c) **Principio de *Tueller*:** Presentaríamos el concepto de distancia crítica y el tiempo de reacción frente a un ataque con arma blanca.

d) **Uso de la fuerza:** Repasaríamos la doctrina vigente, los aspectos legales clave (legítima defensa, proporcionalidad, necesidad) y el modelo de uso escalonado.

e) **Combate en espacios cerrados (CQB):** Expondríamos los principios fundamentales de entrada y limpieza de habitaciones y los movimientos tácticos básicos.

En definitiva, definiremos y explicaremos los conceptos clave que resulten fundamentales para el taller que estemos impartiendo.

4. Seguridad y protocolos del entrenamiento

Este es el punto más importante de toda la introducción. Nuestro foco principal es establecer normas claras para prevenir cualquier accidente y garantizar la integridad física de todos.

Normas generales de seguridad: Explicaremos las reglas básicas de comportamiento que se deben seguir en el área de entrenamiento.

Normas para equipos de simulación: Detallaremos las precauciones específicas para el manejo de armas de airsoft o marcadoras, cuchillos de entrenamiento y otros materiales.

Uso del equipo de protección: Mostraremos la forma correcta de ajustar y llevar las gafas, máscaras, petos, etc., y subrayaremos la obligación de mantenerlo puesto durante todos los ejercicios.

Procedimientos de emergencia: Dejaremos claros los pasos a seguir en el improbable caso de que ocurra un accidente o una lesión.

5. Logística y organización

Finalmente, informaremos sobre los aspectos prácticos del taller para que todo el mundo esté situado. Horarios de las actividades. Duración y frecuencia de los descansos. Ubicación de baños, áreas de descanso y otros servicios. Distribución de los grupos de trabajo, si aplica.

Cualquier otra información logística relevante para el buen desarrollo de la jornada

II. Ejercicios de conciencia situacional y reconocimiento de amenazas

En esta fase fundamental, nos centraremos en desarrollar la habilidad de percibir, interpretar y evaluar el entorno para poder identificar amenazas potenciales antes de que se conviertan en un problema real. Buscamos entrenar la mente para que procese información a gran velocidad y tome decisiones bien fundamentadas bajo presión, utilizando herramientas como el ciclo OODA y la comprensión de conceptos como el informe *Tueller*.

Vamos a ver la estructura de esta fase, dividida en sus componentes esenciales:

Repaso de conceptos teóricos clave

Objetivo: Refrescar los conceptos teóricos que vimos en la fase I y que son clave para las simulaciones prácticas que vamos a realizar.

Contenido (posibles ejemplos):

a) **Ciclo OODA:** Repasaremos rápidamente cada paso y destacaremos por qué un ciclo ágil es vital para sobrevivir en un enfrentamiento y mejorar la capacidad de respuesta. Explicaremos cómo estos ejercicios nos ayudarán a acelerar nuestro propio ciclo en situaciones reales.

b) **Indicadores previos a la agresión:** Revisaremos los signos verbales y no verbales que pueden delatar una intención hostil (como un lenguaje corporal agresivo, mirada fija, manos ocultas o movimientos bruscos), insistiendo en que la suma de varios indicadores aumenta la probabilidad de una amenaza.

c) **Ventajas y desventajas tácticas:** Analizaremos brevemente conceptos como la posición, el uso de coberturas y los ángulos muertos, y veremos cómo estos factores influyen de manera decisiva en un enfrentamiento para aprender a maximizar nuestras ventajas.

Ejercicios de observación y percepción

Objetivo: Entrenar la capacidad de observar el entorno de manera efectiva para captar detalles importantes que puedan señalar un riesgo.

Contenido (posibles ejemplos):

a) **Juego de los detalles:** En este ejercicio, presentamos una imagen o un vídeo corto de una escena cotidiana y pedimos a los alumnos que identifiquen tantos detalles como puedan. Después, debatimos cuáles de esos detalles podrían ser relevantes para la seguridad, ayudando a desarrollar una mirada orientada a la detección de riesgos.

b) **Observación en entornos simulados:** Llevaremos a cabo simulaciones en un entorno controlado (una habitación, un pasillo, etc.), donde ocultaremos objetos o recrearemos situaciones que exigen una observación minuciosa para ser detectadas y así aumentar el realismo del entrenamiento.

c) **Ejercicios de búsqueda de amenazas:** Pediremos a los alumnos que exploren un espacio e identifiquen posibles peligros, basándose tanto en los indicadores de preagresión como en la propia configuración del lugar, para fomentar una identificación proactiva.

Ejercicios de reconocimiento de amenazas

Objetivo: Entrenar la habilidad de interpretar la información que observamos y reconocer patrones que señalen una amenaza real.

Contenido (posibles ejemplos):

a) **Simulacros de interacciones verbales con escalada de tensión:** Un instructor interpretará diferentes roles, desde alguien que solo pide información hasta una persona hostil. Los alumnos tendrán que evaluar la situación, identificar el nivel de amenaza y decidir cómo responder a medida que el conflicto evoluciona.

b) **Escenarios de toma de decisiones rápidas:** Presentaremos escenarios cortos con información limitada y pediremos a los alumnos que decidan rápidamente cómo actuar. A continuación, analizaremos en grupo las decisiones y sus posibles consecuencias, evaluando las distintas alternativas bajo presión.

c) **Ejercicios de reconocimiento de patrones de comportamiento:** Mostraremos vídeos o realizaremos simulaciones en vivo que representen patrones de conducta que suelen preceder a una agresión (la preparación para un robo, un intento de asalto). Los alumnos deberán identificar esos patrones y valorar el nivel de amenaza para aprender a anticipar acciones hostiles.

d) **Ejercicios con distractores:** Para simular entornos reales con mayor precisión, introduciremos elementos de distracción (ruido, movimientos repentinos, otras personas) que dificulten la percepción y el reconocimiento de los riesgos.

Integración del ciclo OODA y el informe *Tueller*

Objetivo: Conectar los ejercicios prácticos con la teoría, mostrando cómo aplicar el Ciclo OODA y el Informe *Tueller* en situaciones reales.

Contenido (posibles ejemplos):

a) **Análisis de vídeos/simulaciones:** Analizaremos vídeos de escenarios reales o grabaciones de las propias prácticas utilizando el Ciclo OODA como guía. El equipo examinará cómo se aplicó en cada situación, fomentando un análisis crítico del propio rendimiento.

b) **Ejercicios de congelación:** Durante una simulación, el instructor podrá detener la acción en cualquier momento y pedir a los alumnos que describan lo que están observando, cómo están procesando la información y qué decisiones están a punto de tomar. Esto ayuda a tomar conciencia del propio proceso mental.

c) **Discusión sobre la distancia crítica:** Debatiremos sobre cómo la distancia entre nosotros y la amenaza afecta al tiempo de reacción y a las opciones que tenemos, conectándolo directamente con el Informe *Tueller*. Se subrayará la importancia de actuar con decisión en distancias cortas para optimizar la respuesta táctica

III. Ejercicios de reacción a ataques con armas (estructura genérica)

Esta fase es el corazón del entrenamiento. Aquí, los alumnos aplican los conocimientos teóricos y las habilidades de conciencia situacional que han adquirido, poniéndolos a prueba en escenarios prácticos y dinámicos. El objetivo principal es entrenar la toma de decisiones bajo estrés, ejecutar técnicas de respuesta eficaces e integrar el uso escalonado de la fuerza en simulaciones realistas de un enfrentamiento.

A continuación, se detalla la estructura genérica de esta fase, dividida en sus componentes clave:

Repaso de protocolos y técnicas:

Objetivo: Refrescar los protocolos de actuación, las técnicas de defensa personal, el manejo del equipo y cualquier otro procedimiento que se vaya a aplicar en las prácticas.

Contenido (posibles ejemplos):

a) **Uso escalonado de la fuerza:** Repasamos los principios del uso de la fuerza, insistiendo en que toda respuesta debe ser proporcionada, necesaria y legal. Explicamos cómo se aplicará este concepto en los ejercicios para asegurar una reacción gradual y justificada en cada escenario.

b) **Técnicas de reacción contra armas blancas:** Hacemos hincapié en la necesidad de crear distancia y usar objetos como barrera, y en asumir que ser herido, con mayor o menor gravedad, es una posibilidad real. Enseñamos a anticipar movimientos y a aprovechar el entorno para defenderse con eficacia. Si no queda otra opción y el enfrentamiento cuerpo a cuerpo es inevitable, las técnicas se centrarán en el control y el desarme, asumiendo la probabilidad de sufrir heridas graves.

c) **Técnicas de desenfundado y tiro defensivo:** El equipo repasa el desenfundado rápido, el empuñamiento, la puntería y el tiro defensivo, centrándose siempre en la precisión, la velocidad y la seguridad. Se realizan simulacros que imitan confrontaciones armadas reales, priorizando la seguridad y el cumplimiento de los protocolos.
d) **Uso de cobertura y desplazamiento táctico:** Los alumnos vuelven a practicar cómo buscar y usar coberturas, así como los desplazamientos tácticos básicos para reducir la exposición al fuego o al alcance de un arma blanca. El equipo enseña a evaluar los riesgos sobre la marcha y a elegir la mejor posición para protegerse y responder a la amenaza.
e) **Comunicación táctica:** Repasamos las claves de la comunicación verbal y no verbal que se usarán durante las simulaciones para coordinar acciones. Fomentamos una comunicación clara y concisa, ya que es la base del éxito en cualquier intervención táctica.

Ejercicios de reacción a ataques con armas blancas:

Objetivo: Entrenar la reacción ante ataques con cuchillo, poniendo el foco en crear distancia, usar la fuerza no letal (si es posible), aplicar técnicas de defensa y asumir la alta probabilidad de ser herido, un factor que debe tenerse presente en todo momento.

Contenido (posibles ejemplos):

a) **Ataques simples:** Realizamos simulaciones donde un instructor lanza ataques con un cuchillo de entrenamiento siguiendo patrones predecibles. Los alumnos practican técnicas de bloqueo, desvío y creación de distancia.
b) **Ataques combinados:** Llevamos a cabo prácticas donde el instructor combina diferentes tipos de ataque (estocadas, cortes), obligando a los alumnos a adaptar su respuesta a la naturaleza de la agresión.

c) **Escenarios cortos con atacante persistente:** Creamos escenarios breves en los que el agresor insiste en su ataque a pesar de los intentos de neutralizarlo. En estos ejercicios, es fundamental mantener la calma y la concentración bajo presión.

Ejercicios de reacción a ataques con armas de fuego:

Objetivo: Entrenar la reacción ante agresiones con armas de fuego simuladas, enfatizando la búsqueda de cobertura, el desenfundado rápido, el tiro defensivo y la toma de decisiones bajo estrés.

Contenido (posibles ejemplos):

a) **Ataques simulados desde diversas distancias y ángulos:** Un instructor realiza ataques simulados con un arma de airsoft o marcadora desde distintos puntos. Los alumnos practican la búsqueda inmediata de cobertura y el desenfundado rápido.
b) **Simulacros de fuego cruzado:** Recreamos escenarios donde varios instructores atacan a la vez desde diferentes posiciones. Los alumnos deben ejercitar la priorización de amenazas y la coordinación de sus respuestas.
c) **Prácticas de tiro defensivo en movimiento:** Los alumnos practican el tiro defensivo mientras se mueven hacia una cobertura o cambian de posición.
d) **Prácticas en condiciones limitadas:** De forma adicional, simulamos situaciones con limitaciones físicas (como una mano herida) o del entorno (poca luz, espacios cerrados) para poner a prueba la capacidad de adaptación.

Ejercicios de reacción a ataques con objetos contundentes:

Objetivo: Entrenar la reacción ante ataques con objetos contundentes (bates, palos, etc.), centrando la práctica en crear distancia, usar la fuerza no letal (si procede) y aplicar técnicas de defensa personal.

Contenido (posibles ejemplos):

a) **Ataques simples y combinados:** Realizamos prácticas similares a las de armas blancas, pero utilizando objetos contundentes de entrenamiento.

b) **Uso de objetos como defensa:** El entrenamiento se enfoca en que los participantes aprendan a usar objetos cotidianos (sillas, mesas, etc.) como escudo o para mantener al agresor a distancia.

Integración del ciclo OODA y el uso escalonado de la fuerza:

Objetivo: Aterrizar la teoría en la práctica, demostrando la aplicación real del Ciclo OODA y del uso escalonado de la fuerza en medio de la acción.

Contenido (posibles ejemplos):

a) **Ejercicios de congelación con preguntas guiadas:** Durante una simulación, el instructor puede detener la acción ("*congelarla*") y hacer preguntas directas a los alumnos para que expliquen qué están pensando y justifiquen sus acciones según el Ciclo OODA y los principios del uso de la fuerza. Este método refuerza la conexión entre la teoría y la práctica.

b) **Análisis posteriores al ejercicio:** Después de cada simulación, hacemos una pausa para analizar lo ocurrido, discutiendo las acciones, las decisiones tomadas, el nivel de fuerza empleado y cómo se aplicó el Ciclo OODA.

IV. Escenarios con simulaciones de armas (estructura genérica)

Esta es una fase fundamental, donde ponemos a prueba todas las habilidades y conocimientos vistos hasta ahora en situaciones prácticas y de alta exigencia. Buscamos exponer a los alumnos a escenarios intensos que les obliguen a tomar decisiones rápidas y a aplicar las técnicas de respuesta ante distintas amenazas. Para que todo funcione, son claves una inmersión realista, un entorno controlado y un análisis exhaustivo al terminar.

A continuación, presentamos la estructura general que seguimos en esta fase.

Breve repaso de seguridad y protocolos específicos del escenario

Objetivo: Garantizar que todos los participantes entienden bien las normas de seguridad para el ejercicio que vamos a realizar.

Contenido: Empezamos repasando las reglas generales de protección. Después, detallamos las normas particulares del escenario, como pueden ser las zonas de no fuego, los procedimientos en espacios cerrados o los protocolos para el uso de vehículos. Finalmente, hacemos una última comprobación para verificar que todos llevan puesto correctamente el equipo de protección individual.

Explicación del escenario

Objetivo: Dar el contexto necesario para que los alumnos entiendan la simulación y lo que se espera de ellos.

Contenido: Describimos la situación inicial que da pie a la intervención (por ejemplo, una llamada por alteración del orden, un control de tráfico o una entrada en un domicilio). Asignaremos los roles a cada alumno (agente, sospechoso, civil, etc.) y los definimos claramente. Comunicamos cuáles son los objetivos de los agentes en la simulación (por ejemplo, detener a un sospechoso armado, proteger a los civiles o resolver la crisis).

Es vital no revelar cómo se desarrollará el escenario. Así mantenemos la imprevisibilidad y forzamos una toma de decisiones en tiempo real.

Desarrollo del escenario (variable, según la complejidad)

Objetivo: Poner a prueba a los alumnos en una simulación donde tengan que aplicar de forma práctica todo lo entrenado.

Contenido: El escenario avanza de forma dinámica; las acciones de los alumnos influyen directamente en cómo evoluciona la situación. Introduciremos deliberadamente elementos de estrés para aumentar el realismo y la dificultad: presión de tiempo, ruido, presencia de civiles o información contradictoria. Simulamos diferentes tipos de amenazas:

a) **Objetos contundentes:** Usamos simulaciones realistas (bates, palos). Aquí ponemos el foco en crear distancia de seguridad, en el uso proporcionado de la fuerza (si aplica) y en las técnicas de defensa personal.

b) **Armas blancas:** Utilizamos cuchillos de goma. La formación se centra en ganar distancia, en el uso de la fuerza no letal y en el trabajo coordinado en equipo. Insistimos en prestar máxima atención a la distancia y a los efectos de los cortes simulados.

c) **Armas de fuego:** Empleamos armas de airsoft o marcadoras calibradas a una potencia segura para la simulación. Los puntos clave a entrenar son la búsqueda y uso de coberturas, el desenfunde rápido, el tiro defensivo, la comunicación táctica y el uso escalonado de la fuerza.

Durante el ejercicio, evaluamos meticulosamente cómo aplican los alumnos el Ciclo OODA: Nos fijamos en si observaron bien el entorno. Si orientaron correctamente la información que recibían. Si tomaron decisiones acertadas bajo presión. Y si actuaron de forma efectiva.

Del mismo modo, valoramos si cumplieron con la doctrina establecida y el uso escalonado de la fuerza: ¿Estaba cada acción justificada legalmente? ¿Fue el uso de la fuerza proporcional y necesario?

Juicio crítico posterior al escenario (20-30 minutos aprox.)

Objetivo: Analizar en grupo lo ocurrido, extraer lecciones prácticas y consolidar el aprendizaje.

Contenido (posibles ejemplos): Proyectamos la grabación del escenario para poder analizar visualmente cada acción en detalle. A continuación, abrimos un debate guiado sobre los siguientes puntos clave:

1. **Toma de decisiones:** ¿Fueron acertadas las decisiones? ¿Se tuvieron en cuenta otras opciones? ¿Se adaptaron las decisiones a cómo cambiaba el escenario?
2. **Aplicación del Ciclo OODA:** ¿Funcionó el ciclo de observar, orientar, decidir y actuar? ¿En qué fase encontraron más dificultades?
3. **Uso de la fuerza:** ¿Se usó la fuerza de manera proporcional, necesaria y legal?¿Se aplicaron bien las técnicas de control o defensa?
4. **Comunicación y trabajo en equipo:** ¿Fue clara y efectiva la comunicación? ¿Hubo una buena coordinación?
5. **Aspectos tácticos:** ¿Se usaron correctamente las coberturas, los movimientos y el posicionamiento?

Para terminar, daremos una valoración individual a cada alumno, destacando sus aciertos y fortalezas, así como los puntos a mejorar. Cerraremos la sesión subrayando las lecciones aprendidas y conectando la experiencia del entrenamiento con las situaciones reales que afrontarán en su día a día.

V. Evaluación y conclusiones (estructura genérica)

Esta etapa final es clave para asentar el aprendizaje y asegurarnos de que todos los alumnos han comprendido e integrado los conceptos y habilidades del curso. Nos centraremos en valorar el desempeño, dar una devolución constructiva, resumir los puntos clave y trazar un camino para seguir mejorando.

A continuación, presentamos la estructura de esta fase final.

Revisión de los objetivos del taller

Objetivo: Recordar las metas iniciales del curso y valorar si se han alcanzado.

Contenido: Los instructores repasan brevemente los objetivos generales y específicos que se plantearon al principio. Se abre un espacio para que los alumnos valoren si sienten que esas metas se han cumplido, generando un breve debate.

Sesión de retroalimentación

Objetivo: Ofrecer a los alumnos una valoración constructiva sobre su actuación en las simulaciones para que puedan mejorar.

Contenido:

a) **Retroalimentación grupal:** Se abre un diálogo en grupo sobre los aciertos y los aspectos a mejorar que se han observado. También animamos a que cada participante comparta su experiencia y sus propias reflexiones.

b) **Retroalimentación individual** (opcional, según el tiempo y el grupo): Si es posible, se ofrece una valoración personalizada a cada alumno, destacando sus puntos fuertes y sus áreas de mejora. La clave es que esta valoración sea siempre constructiva y enfocada en ayudar a mejorar.

Ejemplos de preguntas para guiar la conversación: ¿Qué crees que fue lo que mejor hiciste durante los ejercicios? ¿Qué parte te costó más? ¿Qué harías de otra manera la próxima vez? ¿Cómo vas a aplicar esto en tu día a día?

Resumen de las lecciones aprendidas

Objetivo: Reforzar las ideas y técnicas más importantes que se han trabajado durante el curso.

Contenido: Los instructores resumen los puntos principales de cada fase, poniendo el foco en los aprendizajes más relevantes. Conectamos lo aprendido con situaciones reales que podrían encontrar en su trabajo. Podemos usar ejemplos concretos de los ejercicios para ilustrar estas lecciones.

Ejemplos de temas a resumir:

La importancia de la conciencia situacional para reconocer amenazas. Cómo aplicar el Ciclo OODA bajo estrés. El uso correcto de la fuerza según la doctrina. Las técnicas de defensa, tiro y uso de coberturas. La importancia de comunicarse y trabajar en equipo.

<u>Plan de desarrollo futuro</u>

Objetivo: Dar a los participantes pautas y recursos para que sigan formándose por su cuenta después del taller.

Contenido: Damos pautas concretas para que sigan practicando y puliendo las habilidades entrenadas. Ofrecemos también recursos adicionales (libros, vídeos, enlaces) que puedan servirles para seguir avanzando. Animamos a todos a buscar oportunidades para practicar en entornos seguros y a compartir lo aprendido con sus compañeros. Se pueden plantear futuros cursos de nivel avanzado.

<u>Evaluación del taller</u>

Objetivo: Conocer la opinión de los alumnos sobre el curso para poder mejorarlo en el futuro.

Contenido: Repartimos unos formularios de evaluación anónimos para que nos den su opinión sobre la calidad de la enseñanza, la utilidad de los ejercicios, la organización, etc. Les pedimos que sean sinceros y constructivos con sus comentarios. Explicamos que usaremos sus opiniones para mejorar las próximas ediciones del curso.

<u>Cierre y despedida</u>

Objetivo: Cerrar el taller con una nota positiva y agradecer a todos su participación.

Contenido: El instructor agradece a los alumnos su implicación y esfuerzo. Se vuelve a insistir en la importancia de aplicar lo aprendido en el día a día. Nos ponemos a su disposición para resolver cualquier duda que pueda surgir más adelante.

******

FoF «Duelos»

Para la etapa práctica, he querido darle un enfoque muy personal a este capítulo. En mis talleres de FoF, esta fase arranca siempre con simulaciones que integran y aplican los estudios de *Tueller, Boyd, Endsley y Cooper*. Por eso, he diseñado una serie de prácticas donde los alumnos pueden desplegar todo su potencial y experimentar por sí mismos, en un entorno controlado, la eficacia de sus habilidades y actitudes.

Divido a los participantes en un equipo rojo y otro azul, y los sitúo en un escenario despejado que nos permite jugar con las distancias. A partir de ahí, vamos progresando a través de un recorrido con simulacros donde se enfrentan a agresiones con armas blancas, objetos contundentes y armas de fuego. Para estas prácticas usamos réplicas de cuchillos, porras de goma (similares a las del traje *Redman*) y pistolas de airsoft por su versatilidad, economía y prestaciones.

Los objetivos de esta actividad son muy claros: que puedan comprobar por sí mismos la importancia de conceptos como la distancia y el tiempo, que evalúen si el equipo que llevan responde a sus necesidades reales y, sobre todo, que comparen sus tiempos de reacción con los que obtienen disparando a un blanco estático. Así, pueden confrontar esa realidad con la de enfrentarse a un agresor en movimiento.

Considero que esta etapa es fundamental, ya que nos permite sacar conclusiones y analizar a fondo los temas que hemos tratado en el libro. Por eso, les propongo que consulten el esquema o modelo que sigo habitualmente en mis talleres. Este modelo es, de hecho, la base que utilizo para llevar el FoF a niveles superiores, como los escenarios complejos.

******

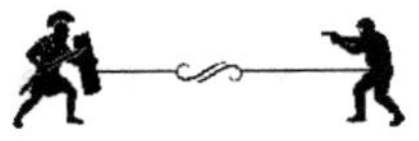

Guiones FoF

Ejercicios taller FoF

Fisiología de las reacciones ante el peligro

Batería: Reacciones iniciales

Vamos a realizar unos ejercicios enfocados en la respuesta inmediata ante estímulos de amenaza, donde se pondrá a prueba los reflejos, el control fisiológico y la técnica defensiva inicial.

Ejercicio: Agresión sorpresa

Objetivo: Poner a prueba la capacidad de reacción ante una amenaza física directa y comprobar la eficacia de las defensas más instintivas. Este ejercicio nos permite observar cómo se activan las respuestas automáticas del cuerpo bajo presión.

Desarrollo: Un instructor, en el papel de atacante, se abalanzará de forma repentina sobre el participante. Valoraremos la rapidez de la reacción, la técnica defensiva que aplique y su habilidad para recuperar el control de la situación. (Este ejercicio se puede variar, sumando más atacantes)

Ejercicio: Objeto lanzado

Objetivo: Medir la percepción periférica y la velocidad de reacción frente a un estímulo visual inesperado, entrenando la coordinación motora en situaciones imprevistas.

Desarrollo: Un instructor lanzará sin previo aviso un objeto ligero (como una pelota de goma) hacia los participantes. Analizaremos la capacidad del agredido para detectar el estímulo, esquivarlo a tiempo y mantener una postura equilibrada.

Ejercicio: Amenaza con arma de fuego

Objetivo: Simular un escenario de alto estrés para analizar la reacción fisiológica y psicológica ante una amenaza grave, así como la capacidad para obedecer instrucciones bajo una presión extrema.

Desarrollo: Un instructor, simulando ser un atacante armado, apuntará con un arma de aire comprimido (descargada) y dará órdenes concretas. Estudiaremos la reacción inicial del participante, su capacidad para seguir las instrucciones y cómo gestiona el control de la situación.

Batería: Estrés y desempeño

Ejercicios diseñados para medir cómo responden el cuerpo y la mente al esfuerzo físico y a condiciones adversas, sin perder la precisión y el control.

Ejercicio: Recorrido de tiro aeróbico

Objetivo: Evaluar cómo el esfuerzo físico afecta a la precisión en el disparo y a la toma de decisiones. Este ejercicio reproduce la fatiga y el estrés de una situación operativa real.

Desarrollo: El participante completará un circuito físico (carrera, saltos, flexiones) que se intercala con paradas de tiro a diferentes blancos. Mediremos la precisión de los disparos, la frecuencia cardíaca y los tiempos de reacción.

Ejercicio: Disparo con manos en hielo

Objetivo: Comprobar cómo las condiciones físicas adversas, como el frío extremo, afectan a la coordinación fina y a la precisión del disparo.

Desarrollo: El participante deberá sumergir las manos en agua helada durante unos minutos justo antes de realizar una serie de disparos a un blanco. Valoraremos la precisión, la coordinación motora y la capacidad de mantener el control a pesar del dolor y el entumecimiento.

Batería: Escenarios tácticos

Ejercicios que integran la observación, la toma de decisiones y la aplicación de protocolos en situaciones que simulan un entorno real.

Ejercicio: Identificación y neutralización de amenaza

Objetivo: Poner a prueba la capacidad de observación, el análisis táctico y la reacción para resolver una amenaza potencial, combinando percepción situacional, criterio y control emocional.

Desarrollo: El participante interactuará con un actor que interpreta a un individuo sospechoso. Analizaremos su habilidad para detectar señales de peligro, la rapidez en su toma de decisiones y la correcta aplicación de las acciones para neutralizar la amenaza.

Consideraciones adicionales

a) **Seguridad**: La protección del equipo y el cumplimiento de normas claras son la máxima prioridad en la ejecución de cada ejercicio.

b) **Adaptación**: Los ejercicios se ajustan al nivel de cada participante, garantizando un aprendizaje útil tanto para principiantes como para perfiles avanzados.

c) **Juicio Crítico**: Después de cada ejercicio, abriremos una sesión de análisis para revisar los puntos fuertes y los aspectos a mejorar, ofreciendo siempre una retroalimentación constructiva para que cada participante entienda su desempeño y sepa cómo progresar.

******

Ejercicios taller FoF

Informe Tueller

Introducción

Vamos a simular situaciones de enfrentamiento y evaluar la capacidad de respuesta ante diferentes amenazas. Su base es el informe *Tueller*, que demuestra la relación directa entre la distancia del agresor y el tiempo que necesitamos para reaccionar de forma eficaz. La premisa es simple: a menor distancia, menor es nuestro margen de reacción, lo que condiciona de forma crítica cualquier opción de defensa.

Objetivos del taller

1. **Desarrollar habilidades motoras y cognitivas**: Mejorar la coordinación, la agilidad, la capacidad de reacción y la toma de decisiones bajo presión.
2. **Simular escenarios realistas**: Exponer a los participantes a niveles de estrés similares a los que podrían enfrentar en una situación real.
3. **Evaluar la efectividad de las técnicas de defensa**: Comprobar cómo se aplica lo aprendido en contextos de combate simulado.
4. **Fomentar el trabajo en equipo**: Promover la comunicación y la cooperación a través de ejercicios en parejas o grupos reducidos.

Descripción detallada de los ejercicios

Batería: Ejercicios básicos

Esta primera fase funciona como calentamiento y nos ayuda a adaptarnos a la dinámica del taller.

a) **Juegos con pelotas:** Mejoran la coordinación y los reflejos. Ejercicios como esquivar lanzamientos o el balón prisionero nos obligan a reaccionar ante movimientos inesperados, entrenando así la detección temprana de estímulos y la agilidad corporal.

b) **Atrapar el pañuelo:** Un ejercicio clásico que pone a prueba la anticipación, la velocidad de reacción y la toma de decisiones rápidas, combinando la agilidad mental con la ejecución física bajo una presión controlada y lúdica.

Batería: "Ejercicios Principios de *Tueller*"

Aquí aplicamos directamente los principios del informe *Tueller*, comprobando cómo la distancia determina nuestro margen de respuesta.

1) **Cuchillos de goma:** Nos centramos en la defensa personal a corta distancia, practicando bloqueos, esquivas y contraataques. Este ejercicio evidencia lo difícil que es reaccionar y salir indemne cuando el rango es tan reducido.
2) **Objetos contundentes:** Simulamos ataques con porras u objetos similares para trabajar la defensa ante golpes y las técnicas de desarme, priorizando la coordinación y la protección de zonas vitales.
3) **Armas de airsoft:** Abordamos enfrentamientos a mayor distancia, donde se trabajan los movimientos tácticos, el uso de coberturas y la precisión en el disparo. Se evalúa la toma de decisiones cuando hay más tiempo para reaccionar, pero también más variables en juego.

En todos estos ejercicios, la distancia inicial entre atacante y defensor varía para analizar cómo cambia la dificultad y qué técnicas resultan más efectivas según el espacio disponible.

Batería: Supuestos tácticos

En esta fase, integramos todas las habilidades practicadas en un escenario realista y complejo.

Identificación y neutralización de amenaza: El participante debe reconocer una amenaza, decidir cómo actuar y ejecutar el protocolo correspondiente. Podemos introducir variantes como múltiples atacantes, la necesidad de buscar cobertura o la presencia de civiles para poner a prueba la observación, el criterio táctico y el control del estrés.

Principios básicos – Informe *Tueller*

El informe *Tueller* establece que la distancia es un factor decisivo para la supervivencia. Este principio es el núcleo de todo el taller, ya que buscamos enseñar a valorar y gestionar esa distancia en un enfrentamiento. A medida que el agresor se acerca, el tiempo de reacción del defensor se reduce drásticamente. Mantener una distancia segura permite disponer de más opciones tácticas. La clave está en actuar de forma rápida, controlada y decisiva.

Beneficios del taller

a) **Mayor confianza personal**: Superar estas situaciones exigentes refuerza la seguridad en las propias capacidades.

b) **Reducción del miedo**: La exposición controlada y progresiva a escenarios de estrés ayuda a disminuir la ansiedad en contextos reales.

c) **Mejora de la salud física y mental**: Es una actividad que combina ejercicio físico intenso con gestión emocional y control del estrés.

d) **Desarrollo de habilidades transferibles**: Competencias como tomar decisiones rápidas y resolver problemas bajo presión son muy útiles en otros ámbitos de la vida diaria.

******

Ejercicios taller FoF

Ciclo OODA

Introducción

Les propongo simular situaciones de enfrentamiento para poner a prueba nuestra capacidad de respuesta ante distintas amenazas, centrándonos siempre en el ciclo OODA (Observar – Orientar – Decidir – Actuar).

(Pensemos en este ciclo como un mapa mental que nos guía desde que percibimos el peligro hasta que actuamos bajo presión.)

Objetivos del taller

1. **Dominar el ciclo OODA**: Entrenaremos cómo observar el entorno, orientar la información correctamente, tomar decisiones rápidas y actuar con eficacia.
2. **Agudizar habilidades motoras y cognitivas**: Mejoraremos la coordinación, la agilidad y la capacidad de reacción en momentos de presión extrema.
3. **Enfrentar escenarios realistas**: Reproduciremos situaciones muy parecidas a las que podrían darse en un enfrentamiento real.
4. **Poner a prueba las técnicas de defensa**: Veremos cómo aplicamos lo aprendido cuando nos encontramos en un contexto de combate simulado.

(Estos objetivos no son aislados: combinan la preparación física, la técnica y la mentalidad para rendir al máximo.)

Descripción detallada de los ejercicios

Batería: Ejercicios básicos de reacciones

Objetivo: Desarrollar nuestra capacidad para leer la posición del adversario, anticipar la dirección de sus ataques y aprender a usar su propia energía a nuestro favor.

Descripción: Realizaremos ejercicios de esquiva frente a un atacante que hace movimientos simples (giros a izquierda o derecha) desde distintas posiciones y con diferentes armas (manos vacías, objetos contundentes, cuchillos de goma o armas simuladas).

(Con esto forzamos la primera fase del OODA: ver y reaccionar casi por instinto.)

Batería: Ejercicios con armas blancas

1. **Objetivo**: Trabajar el combate cuerpo a cuerpo en distancias cortas, aprendiendo a gestionar el espacio, los bloqueos, las esquivas y los contraataques. Asumiremos siempre la alta probabilidad de sufrir cortes o pinchazos en estos enfrentamientos.
2. **Descripción**: En parejas, uno o ambos usaremos cuchillos de goma. Practicaremos técnicas de control y defensa, dando prioridad a gestionar el espacio para, si es posible, evitar el contacto directo.
3. **Ejercicio espejo**: Busca que nos anticipemos a los movimientos del oponente y que seamos capaces de abrir distancia para poder escalar nuestra respuesta. Entrenaremos a media distancia. El adversario buscará una posición de ventaja para abrir fuego; nuestro trabajo será romper esa simetría en los movimientos e intentar ganar su espalda.

(Aquí entran en juego la orientación y la decisión del ciclo OODA: el reto es no quedar atrapados en los movimientos predecibles del otro.)

Batería: Ejercicios con armas de fuego

Objetivo: Trabajar la precisión, el movimiento y la toma de decisiones mientras estamos bajo fuego simulado.

Descripción: Haremos ejercicios en parejas con pistolas de entrenamiento, donde la clave será mantener el arma apuntando al objetivo mientras realizamos desplazamientos defensivos.

(Reforzamos la importancia de decidir y actuar con contundencia cuando la presión es directa.)

Batería: Supuestos tácticos

Objetivo: Integrar todo lo que hemos aprendido en un escenario que imita la realidad.

Descripción: Nos enfrentaremos a un entorno complejo donde tendremos que identificar amenazas, tomar decisiones tácticas y aplicar los protocolos correctos.

Podemos añadir variables: múltiples atacantes, la necesidad de buscar cobertura o la presencia de civiles en la zona.

(Este bloque nos obliga a aplicar el ciclo OODA completo, desde la observación inicial hasta la acción que resuelve la situación.)

Principios clave del ciclo OODA en el entrenamiento

1. Observar: Prestar atención a todo lo que nos rodea, detecta las señales de amenaza y evaluar lo que está pasando.
2. Orientar: Procesar lo que hemos visto y hacer una composición mental rápida del escenario.
3. Decidir: Elegir la respuesta que consideremos más adecuada según la información que tenemos y la amenaza a la que te enfrentamos.
4. Actuar: Lleva a cabo la acción que hemos elegido de forma rápida y decidida.

(Recordemos que el ciclo no es una línea recta, sino que se retroalimenta: cada acción nos da nueva información y el proceso vuelve a empezar.)

Beneficios del taller

a) **Una mayor conciencia situacional**: Mejorarás tu capacidad para identificar amenazas y calcular riesgos.

b) **Reacciones más rápidas y eficaces**: Desarrollarás reflejos más afilados y respuestas más instintivas.

c) **Más confianza en ti mismo**: Superar estos escenarios tan exigentes refuerza la seguridad en tus propias habilidades.

d) **Mejor toma de decisiones bajo presión**: Te acostumbrarás a tener que elegir rápido y bien cuando todo se complica.

e) **Mayor coordinación y agilidad**: Los ejercicios fortalecerán tu capacidad de moverte de forma eficiente en combate.

******

Ejercicios taller FoF

Objetos contundentes

Introducción

Vamos a simular enfrentamientos donde el agresor usa objetos contundentes (palos, barras, porras, etc.). El objetivo es entrenar la defensa ante estos ataques, enfocándonos en la gestión de la distancia, las técnicas de bloqueo y esquiva, y la capacidad para lanzar un contraataque eficaz. Además, ponemos a prueba la habilidad del alumno para tomar decisiones rápidas bajo presión y mantener la calma en escenarios de alta intensidad. (Estas amenazas son comunes en la calle, por lo que este entrenamiento es fundamental.)

Objetivos del taller

1. **Desarrollar la defensa personal contra objetos contundentes**: practicar bloqueos, esquivas y contraataques ante golpes directos.
2. **Dominar la gestión de la distancia**: aprender a mantener un rango seguro y a reconocer el momento justo para acortar y contraatacar.
3. **Trabajar bajo estrés**: medir la capacidad para mantener el control emocional y tomar decisiones correctas en situaciones límite.
4. **Simular escenarios realistas**: recrear contextos parecidos a los que cualquiera podría encontrarse en una situación real. (Los objetivos enlazan la técnica pura con el control mental y la aplicación práctica.)

Descripción detallada de los ejercicios

Batería: Ejercicios básicos de reacciones

Objetivo: Desarrollar la capacidad de leer la posición, anticipar ataques y usar la fuerza del oponente a nuestro favor.

Descripción: El participante esquiva los ataques de un instructor que realiza movimientos sencillos (giros a izquierda o derecha) con distintos objetos contundentes.

Variantes: se pueden realizar los ejercicios tras un esfuerzo físico intenso (para simular fatiga) o mientras se hace otra tarea (para simular una distracción). (Este trabajo de base afila la conciencia del entorno y los reflejos.)

Batería: Ejercicios de defensa bajo estrés

Objetivo: Evaluar la defensa ante un ataque con objeto contundente en condiciones de presión y realismo.

Descripción:

Se usa el **traje *redman*** para garantizar la máxima protección del alumno.

El atacante emplea un objeto contundente, variando la intensidad, la duración del asalto o incluso añadiendo un segundo agresor. (Aquí llevamos al participante a un combate controlado de alta intensidad para entrenar el control del miedo y la gestión del estrés.)

Batería: Supuestos tácticos

Objetivo: Aplicar todas las habilidades defensivas aprendidas en un escenario táctico simulado.

Descripción: El alumno debe identificar a un sospechoso entre varias personas, valorar si supone una amenaza y neutralizarla de la forma más adecuada.

Variables: el escenario puede incluir múltiples sospechosos, la necesidad de usar coberturas o la presencia de civiles que no deben resultar heridos. (Este bloque final une todas las piezas: observación, decisión y acción.)

Principios clave

1. **Gestión de la distancia:** Mantenerse siempre fuera de su alcance es la primera defensa.
2. **Bloqueo y esquiva:** Desviar los golpes para minimizar el daño y abrir huecos para el contraataque.
3. **Contraataque:** Neutralizar la amenaza con una acción rápida, decidida y precisa.

4. **Control bajo estrés:** Mantener la calma para poder pensar y actuar con claridad. (Estos cuatro principios son la base de todo el entrenamiento, desde el primer ejercicio hasta el último.)

Beneficios del taller

a) **Agudizar la conciencia situacional:** Entrenar el instinto para detectar amenazas y medir riesgos rápidamente.

b) **Potenciar la capacidad de reacción:** Desarrollar reflejos para responder con eficacia a un ataque imprevisto.

c) **Construir confianza real:** Superar escenarios exigentes fortalece la seguridad en las propias capacidades.

d) **Mejorar la toma de decisiones bajo presión:** Acostumbrar a la mente a elegir la mejor opción en el peor momento.

e) **Aumentar la coordinación y la agilidad:** El entrenamiento físico mejora el control del cuerpo y la eficiencia de los movimientos en combate.

******

Ejercicios taller FoF

Armas blancas

Introducción

Les propongo una serie de ejercicios que simulen enfrentamientos cuerpo a cuerpo con armas blancas, como cuchillos o navajas. El foco principal está en desarrollar las habilidades defensivas indispensables para sobrevivir a un ataque, poniendo especial atención en la gestión de la distancia.

A lo largo de los ejercicios, evaluaremos también la capacidad de tomar decisiones rápidas y efectivas bajo presión, incluso en condiciones de fatiga o distracción. Partimos de una base realista: en un enfrentamiento de este tipo, la probabilidad de resultar herido es alta. Nuestro entrenamiento busca precisamente reducir ese riesgo y aumentar al máximo las posibilidades de control y supervivencia.

Objetivos del taller

1. **Desarrollar defensas eficaces:** Entrenaremos respuestas y técnicas concretas para reaccionar ante ataques directos con arma blanca.
2. **Dominar la gestión de la distancia:** Aprenderemos a mantener un espacio seguro siempre que sea posible, o a cerrarlo tácticamente para contraatacar.
3. **Trabajar bajo estrés controlado:** Mediremos nuestra capacidad para mantener la calma y el criterio cuando el riesgo es elevado.
4. **Entrenar en escenarios realistas:** Reproduciremos situaciones que imitan las condiciones de un ataque real.

En resumen, los objetivos de este taller se centran en la supervivencia: aprender a observar, decidir y actuar de forma rápida y adaptada a la amenaza.

Descripción detallada de los ejercicios

Batería: Ejercicios básicos de reacciones

Objetivo: Agudizar la anticipación, aprender a usar el entorno a nuestro favor y dominar la distancia.

Descripción: Empezaremos con esquivas ante un atacante que realiza movimientos simples (ataques a izquierda o derecha) con armas simuladas. El fin es automatizar el primer movimiento: ganar espacio. Esta reacción inicial es clave para ganar esos primeros segundos que marcan la diferencia frente a un agresor.

Variantes: Realizaremos los ejercicios tras una actividad física intensa para simular el efecto de la fatiga, o mientras se realiza otra tarea para entrenar la respuesta bajo distracción.

Batería: Ejercicios de respuesta bajo estrés

Objetivo: Poner a prueba nuestra capacidad de aplicar las técnicas de supervivencia en condiciones de alta presión.

Descripción: Pasaremos a simulaciones de mayor intensidad con un instructor protegido con un traje *redman*, que atacará de forma más agresiva con un arma simulada. Aquí mediremos nuestra resistencia física, la gestión del miedo y la capacidad de seguir tomando decisiones correctas cuando el cuerpo está al límite.

Variables: Modificaremos la intensidad y duración del ataque, e incluso introduciremos la posibilidad de múltiples agresores.

Batería: Supuestos tácticos

Objetivo: Integrar todas las habilidades aprendidas en un escenario completo y realista.

Descripción: Simularemos un enfrentamiento de principio a fin, donde el participante deberá identificar a un sospechoso, evaluar el nivel de amenaza y neutralizar el ataque usando las técnicas apropiadas. Este bloque reproduce un escenario mucho más cercano a la realidad, donde la observación, la táctica y la ejecución deben unirse en cuestión de segundos.

Variantes: Los escenarios pueden incluir múltiples atacantes, la necesidad de buscar cobertura o la presencia de civiles en la zona.

Principios clave

1. **Gestionar la distancia**: La primera regla es mantener todo el espacio posible frente al agresor.
2. **Bloquear y esquivar**: Si no se puede huir, hay que desviar o absorber los ataques con técnicas defensivas para minimizar el daño.
3. **Contraatacar**: La respuesta debe ser una acción contundente para neutralizar la amenaza o, al menos, limitar la capacidad de ataque del agresor.
4. **Controlar el estrés**: Es fundamental mantener la concentración y el control para poder aplicar la técnica en una situación de peligro real.

Estos principios son la base de todo. La prioridad aquí es sobrevivir, no ganar la pelea.

Beneficios del taller

a) **Agudiza la conciencia situacional**: Aprenderás a detectar amenazas y a valorar riesgos de forma casi instintiva.

b) **Acelera tu capacidad de reacción**: Entrenarás tus reflejos para responder de forma inmediata ante ataques imprevistos.

c) **Refuerza la confianza personal**: Superar estos escenarios desafiantes te dará una mayor seguridad en tus propias habilidades.

d) **Desarrolla la toma de decisiones bajo presión**: Ganarás la rapidez mental para elegir la mejor opción en una fracción de segundo.

e) **Mejora tu condición física y motriz**: Aumentarás tu coordinación, agilidad y capacidad para moverte de forma eficiente en un combate.

******

Ejercicios taller FoF

Armas de fuego

Introducción

En este taller les propongo simular enfrentamientos armados para desarrollar las habilidades defensivas necesarias para sobrevivir a este tipo de ataques, poniendo especial atención en la gestión de la distancia y en la toma de decisiones bajo estrés.

(A diferencia de otros combates, un arma de fuego introduce un riesgo letal e inmediato que exige rapidez, precisión y sangre fría).

Objetivos del taller

1. **Desarrollar habilidades defensivas contra armas de fuego:** Aprender a usar coberturas y responder eficazmente al fuego.
2. **Dominar la gestión de la distancia:** Enseñar a mantener una separación que minimice el riesgo y maximice nuestras opciones.
3. **Trabajar bajo estrés:** Evaluar y mejorar la capacidad de mantener la calma y actuar correctamente bajo presión.
4. **Simular escenarios realistas:** Recrear situaciones verosímiles que los alumnos podrían llegar a enfrentar.
5. **Interiorizar el ciclo OODA:** Mejorar el proceso de **Observar – Orientar – Decidir – Actuar**, clave para la supervivencia en un enfrentamiento.

(El foco no está en la puntería, sino en la supervivencia y en la capacidad de tomar la decisión correcta en el peor momento).

Descripción detallada de los ejercicios

Batería: Ejercicios básicos de reacciones

Objetivo: Analizar posiciones, anticipar direcciones de disparo y dominar la técnica de "*salir de la X*" (moverse rápidamente para dejar de ser un blanco fijo).

Descripción: Entrenaremos desplazamientos para ganar distancia y buscar cobertura frente a un atacante que dispara desde distintas posiciones y distancias.

Variantes: Realizar los ejercicios con fatiga previa (tras una actividad física) o bajo distracción (mientras se realiza otra tarea).

(La clave de este bloque es interiorizar la necesidad de no ser un blanco estático y de usar el entorno a nuestro favor).

Batería: Ejercicios de duelo

Objetivo: Practicar la precisión en el disparo, el movimiento y la toma de decisiones en combate directo.

Descripción: Dos alumnos se enfrentan en un duelo controlado donde el objetivo es neutralizar al adversario.

Variables: Distancia del enfrentamiento, límite de tiempo, presencia de múltiples objetivos.

(Aquí medimos la velocidad de reacción y la habilidad para tomar y ejecutar una decisión bajo fuego directo).

Batería: Supuestos tácticos

Objetivo: Integrar todas las habilidades aprendidas en un escenario completo y dinámico.

Descripción: Planteamos una situación donde el alumno debe identificar a un sospechoso, evaluar el nivel de amenaza y actuar para neutralizarla.

Variables: Presencia de varios agresores, necesidad de buscar cobertura, civiles en la zona.

(Este bloque nos sumerge en el caos de la realidad: confusión, riesgo de daños colaterales y la obligación de actuar en segundos).

Principios clave

1. **Gestión de la distancia:** Salir de la zona de mayor riesgo.
2. **Búsqueda de cobertura:** Usar el entorno para protegerse del fuego.
3. **Movimiento constante:** Nunca ser un blanco fácil.
4. **Trabajo bajo estrés:** Mantener la calma para poder pensar y actuar.

(Estos principios no son teoría; son la diferencia entre caer y sobrevivir a un tiroteo).

Beneficios del taller

a) **Conciencia situacional mejorada:** Capacidad para leer el entorno, detectar amenazas y valorar riesgos en segundos.

b) **Mayor capacidad de reacción:** Desarrollo de reflejos condicionados y respuestas instintivas.

c) **Confianza personal reforzada:** Superar escenarios límite aumenta la seguridad en las propias capacidades.

d) **Toma de decisiones bajo presión:** Entrenamiento para elegir la opción más viable en situaciones críticas.

e) **Agilidad y coordinación:** Se potencian la agilidad y la coordinación, claves en un enfrentamiento armado.

******

Ejercicios taller FoF

Objetos contundentes – Armas cotidianas

I. Introducción y marco teórico.

Objetivo: Definir el marco de trabajo del taller, asentando desde el inicio tres pilares: legalidad, ética y seguridad. Buscamos que los participantes entiendan no solo cómo entrenar, sino por qué y dentro de qué límites.

Guion

a) **Marco legal:** Repasar la legislación básica sobre el uso de la fuerza, enfatizando dos conceptos clave: la **proporcionalidad** y la **legítima defensa**.
b) **Seguridad:** Fijar las normas esenciales del taller, incluyendo el uso obligatorio de protecciones (gafas, guantes, protectores bucales, etc.), la delimitación de zonas seguras y el manejo responsable de todos los objetos.
c) **Mentalidad defensiva:** Introducir el concepto de **conciencia situacional**: estar atentos al entorno, identificar riesgos a tiempo y evitar la confrontación siempre que sea posible. Abordar también la importancia de la preparación mental para actuar de forma rápida y controlada en caso necesario.

II. Familiarización con objetos contundentes.

Objetivo: Familiarizar a los participantes con el uso de objetos cotidianos como herramientas de defensa, enseñándoles a reconocer su potencial tanto de forma premeditada como improvisada.

Guion / Ejercicios

Objetos comunes

a) **Paraguas/bastones:** Golpes de punta, bloqueos y desvíos. **Ejercicio:** practicar golpes sobre objetivos estáticos, buscando precisión y potencia.
b) **Libros/revistas enrolladas:** Golpes de canto y bloqueos. **Ejercicio:** practicar bloqueos ante ataques simulados.

c) **Llaves/objetos pequeños con punta:** Golpes de precisión en zonas vulnerables (puntos de presión). **Ejercicio:** practicar puntería sobre objetivos señalados en un maniquí.

d) **Cinturones:** Uso de la hebilla para golpes o técnicas de control. **Ejercicio:** practicar movimientos circulares y de alcance, siempre bajo supervisión.

Armas improvisadas

Enseñar a reconocer cómo objetos simples del entorno pueden convertirse en defensas eficaces.

a) **Periódicos enrollados y atados:** Funcionan como un bastón corto.

b) **Botellas de plástico llenas:** Sirven como arma contundente de impacto.

c) **Ejercicios básicos:** Trabajar la seguridad en el agarre, los cambios de mano y la ejecución de movimientos simples de ataque y defensa.

III. Técnicas ante objetos contundentes.

Objetivo: Enseñar y practicar técnicas concretas de defensa personal, aplicando el uso de los objetos en situaciones dinámicas y controladas.

Guion / Ejercicios

1. **Bloqueos y desvíos:** Defensa ante ataques simulados con objetos acolchados. **Ejercicio:** un participante ataca y otro defiende con un paraguas o un libro.
2. **Golpes básicos:** Golpes rectos, circulares y descendentes. **Ejercicio:** práctica en sacos de boxeo para mejorar la potencia y el control.
3. **Combinaciones:** Encadenar bloqueos, desvíos y contraataques en secuencias fluidas. **Ejercicio:** sparring ligero con protecciones completas.
4. **Defensa contra agarres:** Liberaciones ante sujeciones o intentos de estrangulación. **Ejercicio:** aplicar técnicas de escape en pareja.
5. **Uso del entorno:** Aprovechar paredes, muebles o espacios reducidos para ganar ventaja. **Ejercicio:** simulación en escenarios con obstáculos.

IV. Escenarios FoF

Objetivo: Integrar las habilidades aprendidas en escenarios realistas que simulen el estrés, la sorpresa y la necesidad de tomar decisiones bajo presión.

Guion / Ejercicios:

1. **Escenarios preestablecidos:** Ataque en la calle. Intento de robo en un domicilio.
2. **Espacios reducidos:** Defensa en lugares como un ascensor o el interior de un coche.
3. **Variaciones de complejidad:** Múltiples agresores. Espacios con poca visibilidad. Obstáculos físicos. Agresores con diferentes armas simuladas.
4. **Juicio crítico:** Analizar tras cada escenario las decisiones tomadas, los errores y los aciertos, para reforzar el aprendizaje con retroalimentación.

V. Evaluación y conclusiones.

Objetivo: Evaluar la asimilación de las técnicas y conceptos, y reforzar los aprendizajes fundamentales del taller.

Guion

a) **Evaluación observacional:** Los instructores valoran el desempeño y las actitudes mediante un formulario específico.

b) **Autoevaluación:** Cada participante reflexiona sobre su experiencia, identificando sus puntos fuertes y áreas de mejora.

c) **Resumen final:** Repaso de los conceptos esenciales: legalidad, ética, seguridad, conciencia situacional y la aplicación práctica de las técnicas defensivas.

VI. Equipamiento

a) **Protecciones:** Gafas, guantes, protectores bucales, cascos (según nivel).

b) **Objetos:** Paraguas, bastones, libros, revistas, cinturones, botellas de plástico.

c) **Otros:** Cámaras de video para grabar y analizar las prácticas.

VII. Ejemplos de formularios

Se recomienda contar con documentos de seguimiento y evaluación:

Formulario de evaluación del alumno (antes del taller)

Nombre:	Fecha:
Experiencia en defensa personal:	Ninguna / Básica / Intermedia / Avanzada
Condición física:	Baja / Media / Alta
Limitaciones físicas:	(Describir)
Expectativas del taller:	(Describir)

Formulario de observación del instructor (durante los escenarios)

Nombre del alumno:	Escenario:	Fecha:
Uso del objeto:	Adecuado / Inadecuado	Observaciones:
Técnicas de bloqueo:	Correctas / Incorrectas	Observaciones:
Toma de decisiones:	Efectiva / Inefectiva	Observaciones:
Control del estrés:	Adecuado / Inadecuado	Observaciones:
Seguridad:	Cumple / No cumple	Observaciones:
Evaluación General:	(Comentarios adicionales)	

Formulario de evaluación del taller (después del taller)

Aspecto:	Excelente	Bueno	Regular	Malo	Comentarios:
Organización del taller:					
Claridad de las explicaciones:					
Utilidad de los ejercicios:					
Calidad de los instructores:					
Cumplimiento de expectativas:					
Comentarios adicionales:	(Espacio para comentarios libres)				

******

Ejercicios taller FoF

Objetos contundentes II

I. Introducción y marco teórico.

Objetivo: Sentar las bases del taller, dejando claro que la prevención es siempre nuestra primera línea de defensa. Haremos hincapié en la importancia de la desescalada y de actuar siempre dentro de los límites legales, entendiendo que la fuerza es el último recurso ante una amenaza real e inminente.

Guion

1. **Prevención y conciencia situacional:** La mejor defensa es no tener que pelear. Enseñaremos a identificar zonas de riesgo, a leer el entorno y las señales de peligro, y a proyectar un lenguaje corporal que disuada a posibles agresores.
2. **Desescalada verbal:** Entrenaremos técnicas de comunicación para mantener la calma y la firmeza, buscando reducir la tensión antes de que estalle la violencia física.
3. **Límites legales de la defensa propia:** Repasaremos la legislación sobre autodefensa, centrándonos en los principios de proporcionalidad y en la necesidad de una agresión ilegítima para justificar una respuesta.
4. **Mentalidad de defensa:** Fomentaremos una actitud de autoprotección. La prioridad es siempre escapar o evitar el conflicto. Solo recurriremos a la confrontación física cuando no quede otra alternativa.

II. Familiarización con objetos contundentes comunes

Objetivo: Familiarizar a los participantes con objetos cotidianos que pueden usarse como armas, para que entiendan sus características y cómo condicionan un ataque o una defensa.

Guion / Ejercicios

a) **Identificación de objetos:** Mostraremos ejemplos comunes: palos, tubos, botellas, piedras, cinturones con hebilla, paraguas, etc. El fin es aprender a reconocer al instante el nivel de riesgo que representan.

b) **Análisis de características:** Analizaremos su peso, tamaño, forma, alcance y potencial lesivo. Por ejemplo, veremos cómo una piedra puede ser letal en corta distancia, mientras que un palo nos da más alcance.

c) **Agarres y manejo básico:** Practicaremos cómo sujetar estos objetos con firmeza y seguridad, junto a movimientos simples de ataque y defensa para ganar confianza.

d) **Simulación de ataques:** En parejas, un participante atacará con un objeto simulado mientras el otro aprende a leer la trayectoria, velocidad y potencia del movimiento para anticipar la lógica del ataque.

III. Técnicas de defensa personal contra objetos contundentes

Objetivo: Enseñar herramientas prácticas de defensa, priorizando en todo momento la protección de zonas vitales y la neutralización rápida de la amenaza para poder escapar.

Guion / Ejercicios

1. **Bloqueos y desvíos:** Practicar distintos ángulos y formas de bloquear, usando brazos, piernas o el movimiento de todo el cuerpo.
2. **Cubrirse y protegerse:** Aprender a reducir el impacto de un golpe usando lo que tengamos a mano (una mochila, un bolso, la chaqueta) o adoptando posiciones defensivas con nuestro cuerpo.
3. **Manejo de la distancia y el ángulo:** Entrenar cómo mantener una distancia segura y posicionarnos fuera de la línea de ataque del agresor.
4. **Contraataques:** Ejecutar respuestas rápidas y directas a puntos vulnerables (manos, codos, rodillas, pies). El objetivo es crear una oportunidad de escape.
5. **Técnicas de suelo (si se va al suelo):** Estrategias básicas para defendernos si caemos o nos derriban, centradas en evitar ser golpeados desde una posición superior.
6. **Sparring ligero con protecciones:** Realizaremos prácticas seguras y dinámicas con objetos de entrenamiento para integrar todo lo aprendido en un entorno controlado pero realista.

IV. Escenarios en entornos urbanos simulados

Objetivo: Aplicar todo lo aprendido en escenarios realistas que simulen ataques callejeros, añadiendo factores de presión y estrés.

Guion / Ejercicios

a) **Escenarios de complejidad creciente:**
Intento de robo con objeto contundente.
Agresión sorpresiva con un palo o similar.
Defensa en espacios cerrados (portal, callejón, ascensor).

b) **Múltiples agresores:** Simulaciones para poner a prueba la movilidad, la estrategia y la capacidad de priorizar amenazas.

c) **Introducción de elementos de estrés:** Añadiremos factores como ruido, luces, límites de tiempo o la presión de observadores para simular un entorno real.

d) **Toma de decisiones bajo presión:** Pondremos a prueba la rapidez y eficacia de las respuestas cuando no hay tiempo para pensar.

e) **Análisis crítico posterior al escenario:** Después de cada simulación, haremos un análisis en grupo sobre los puntos clave: ¿Cómo se percibió la amenaza? ¿Fue la respuesta proporcionada?

f) **Efectividad de la técnica**. Gestión del estrés.

g) **Análisis en vídeo:** Grabaremos los escenarios para que los participantes puedan verse desde fuera, entender mejor sus reacciones y corregir errores con más claridad.

V. Evaluación y conclusiones

Objetivo: Evaluar el progreso de los participantes, consolidar lo aprendido y darles pautas para seguir mejorando.

Guion

a) **Evaluación continua:** Los instructores observarán el progreso basándose en criterios claros de aptitud y actitud.

b) **Autoevaluación:** Fomentaremos que cada participante reflexione sobre su evolución, identificando sus puntos fuertes y áreas de mejora.

c) **Discusión en grupo:** Abriremos un espacio para intercambiar experiencias y aprendizajes, enriqueciendo la perspectiva de todos.
d) **Recomendaciones personalizadas:** Ofreceremos a cada participante consejos y un plan de mejora individualizado, ya sea para practicar técnicas concretas o para buscar formación complementaria.

VI. Equipamiento

1. **Protecciones:** Gafas, guantes, protectores bucales, cascos.
2. **Objetos de entrenamiento:** Palos de espuma, tubos de PVC, botellas de plástico, sacos de boxeo.
3. **Otros:** Cámaras de vídeo (opcional) para grabar y analizar los ejercicios

******

Ejercicios taller FoF

Ataques en domicilios e inmuebles con objetos contundentes

I. Introducción y marco teórico

Objetivo: Poner a todos en situación. Entenderemos por qué defenderse en casa no es lo mismo que en la calle, repasando también los límites legales y éticos del uso de la fuerza en nuestro propio hogar.

Guion

El entorno doméstico: Analizaremos las diferencias clave con un ataque en la calle: nos moveremos en espacios pequeños, llenos de obstáculos como muebles, y con la posible presencia de nuestros seres queridos. Veremos cómo nuestro conocimiento de la casa puede ser una ventaja o una trampa.

a) **Prioridades en casa:** El orden es innegociable:

Proteger tu vida.

1. Poner a salvo a nuestra familia.
2. Contener al agresor solo si no queda más remedio.
3. Contactar con la policía en cuanto sea posible.

b) **El marco legal**: Repasaremos los límites de la legítima defensa en un domicilio, centrándonos en la proporcionalidad de nuestra respuesta para actuar siempre dentro de la ley.

c) **Ética y responsabilidad**: Hablaremos de los dilemas que surgen al tener que usar la fuerza delante de la familia y de la importancia de mantener la cabeza fría en un momento de máxima tensión emocional.

d) **Seguridad en el taller**: Estableceremos normas de seguridad muy claras: protecciones obligatorias, revisión del espacio de trabajo y control absoluto en cada ejercicio.

II. Familiarización con objetos contundentes del hogar

Objetivo: Aprender a reconocer y a manejar objetos cotidianos que, en una agresión en casa, pueden convertirse en nuestras mejores herramientas de defensa.

Guion / Ejercicios

1. **Identificación de objetos:** Mostraremos ejemplos de objetos que todos tenemos en casa y que pueden servirnos de armas improvisadas:
   a) **De la cocina:** Cuchillos, sartenes, rodillos.
   b) **Herramientas:** Martillos, destornilladores grandes, llaves inglesas.
   c) **Decoración:** Jarrones pesados, lámparas de pie.
   d) **Mobiliario:** Sillas, taburetes, mesas pequeñas.
2. **Análisis de los objetos:** Estudiaremos sus características: peso, tamaño, alcance, facilidad de agarre y daño potencial. Esto es clave para saber qué coger en cada situación.
3. **Agarres y manejo:** Practicaremos cómo sujetar con firmeza estos objetos de formas extrañas y ensayaremos movimientos básicos de ataque y defensa.
4. **Uso del entorno:** Haremos ejercicios para aprender a usar los muebles a nuestro favor: cómo colocar una mesa de barrera, cómo bloquear un pasillo o cómo crear obstáculos para frenar al agresor.

III. Técnicas de Defensa en Entornos Domésticos

Objetivo: Entrenar técnicas de defensa específicas para espacios pequeños, centradas en proteger zonas vitales, movernos con agilidad y defender a otras personas.

Guion / Ejercicios

1. **Movilidad en espacios reducidos:** Practicaremos desplazamientos cortos, giros y cambios de dirección para movernos con eficacia en un pasillo o una habitación pequeña.
2. **Protección de terceros:** Ensayaremos técnicas para proteger a los nuestros: cómo interponernos entre ellos y el agresor, cómo evacuarlos a una zona segura o, en el peor de los casos, cómo usar nuestro cuerpo como escudo.

3. **Bloqueos y desvíos en espacios cerrados:** Adaptaremos los bloqueos tradicionales, usando paredes y muebles como apoyos o barreras para ganar estabilidad y protección.
4. **Contraataques con objetos domésticos:** Usaremos los objetos que hemos identificado (sartenes, sillas, etc.) para lanzar contraataques rápidos y decididos, buscando siempre neutralizar la amenaza de la forma más eficaz.
5. **Técnicas de control (opcional):** Bajo supervisión estricta, practicaremos maniobras muy básicas para inmovilizar a un agresor hasta que llegue la policía, siempre que sea seguro para nosotros y los demás.
6. **Sparring ligero en escenarios:** Realizaremos prácticas dinámicas con protecciones completas. Montaremos escenarios que imiten habitaciones o pasillos y usaremos réplicas seguras de los objetos para que la simulación sea lo más real posible.

V. Escenarios Simulados en Domicilios

Objetivo: Poner a prueba todo lo aprendido en situaciones realistas de intrusión. Forzaremos la aplicación de las técnicas bajo presión y en un entorno de alta carga emocional.

Guion / Ejercicios

1. **Escenarios progresivos:** Iremos aumentando la complejidad: Intrusión simple con allanamiento. Discusión en casa que escala a violencia física. Defensa en un espacio concreto: salón, cocina o dormitorio. Situaciones con presencia de familiares (simulados).
2. **Foco en la toma de decisiones:** En cada ejercicio, habrá que decidir a quién proteger, cuándo es el momento de actuar y cómo neutralizar el peligro sin poner en más riesgo a los nuestros.
3. **Análisis posteriores al escenario:** Después de cada práctica, haremos un análisis crítico: ¿Evaluamos bien el nivel de la amenaza? ¿Nuestra respuesta fue proporcionada? ¿Fueron efectivas las técnicas que usamos? ¿Cómo manejamos el estrés y la presión emocional? ¿Funcionó nuestra estrategia para proteger a la familia?

4. **Análisis de vídeo (recomendado):** Grabar los escenarios nos permitirá vernos desde fuera, identificar fallos que no notamos en el momento y reforzar lo que hicimos bien.

V. Evaluación y Conclusiones

Objetivo: Valorar el progreso de cada participante, fijar los conocimientos clave y trazar un plan de mejora para el futuro.

Guion

a) **Evaluación continua:** Los instructores estaremos observando el rendimiento, la actitud y la capacidad de adaptación de cada uno durante todo el taller.
b) **Autoevaluación:** Cada uno reflexionará sobre su propio rendimiento, identificando sus puntos fuertes y sus debilidades.
c) **Puesta en común:** Tendremos una charla abierta para compartir lo que hemos aprendido, las dificultades que hemos encontrado y las estrategias que mejor nos han funcionado.
d) **Consejos individuales:** Daremos recomendaciones personalizadas a cada participante para que sepa en qué enfocarse para seguir mejorando, tanto en la parte técnica como en la preparación mental y legal.

******

Ejercicios taller FoF

Tiempos de reacción ante ataques con armas blancas

(basado en el informe Tueller)

I. Introducción y marco teórico

Objetivo: Entender qué es el tiempo de reacción, conocer las conclusiones del informe *Tueller* y aplicarlas a la defensa personal contra armas blancas.

Guion

1. **Analizar el tiempo de reacción** y sus cuatro fases clave:
    a) **Percepción:** Darse cuenta de la amenaza.
    b) **Análisis:** Evaluar la gravedad de la situación.
    c) **Decisión:** Elegir el plan de acción.
    d) **Acción:** Poner en marcha la respuesta defensiva.
2. **Presentar el informe *Tueller*:** Explicar el estudio original y su conclusión clave: la increíble velocidad con la que un atacante puede cubrir distancias cortas, comprometiendo nuestra capacidad de respuesta.
3. **Conectar el informe con las armas blancas**: Aunque el estudio se centró en el desenfunde de pistolas, su principio sobre la velocidad del agresor es directamente aplicable a un ataque con cuchillo.
4. **Adaptar los principios al entrenamiento FoF**: Realizaremos simulaciones prácticas para entrenar la toma de decisiones bajo estrés y comprender la dinámica real entre agresor y defensor en distancias cortas.
5. **Identificar los factores que afectan al tiempo de reacción**: Analizar cómo influyen el estrés, la fatiga, el nivel de alerta, el entrenamiento previo y la percepción del peligro.
6. **Establecer las normas de seguridad:** Fijar protocolos estrictos, exigir el uso de protecciones, emplear únicamente armas simuladas y garantizar una supervisión constante.

II. Ejercicios de percepción y conciencia situacional

Objetivo: Agudizar la capacidad para detectar señales tempranas de agresión y calibrar el nivel real de amenaza.

Guion / Ejercicios

1. **Identificar preindicadores de violencia:** Aprender a leer el lenguaje corporal agresivo, las expresiones faciales y los gestos que delatan un ataque inminente.
2. **Simular amenazas verbales y no verbales:** El instructor representará desde una discusión hasta un ataque directo. El alumno deberá leer la situación y responder verbalmente o con gestos defensivos básicos.
3. **Practicar la conciencia situacional:** Trabajar en escenarios realistas (callejones, habitaciones) para identificar amenazas ocultas y localizar posibles rutas de escape.
4. **Entrenar bajo distracción:** Introducir elementos de estrés como ruido, movimientos súbitos o la aparición de otras personas para forzar la concentración bajo presión.

III. Ejercicios de reacción a ataques con armas blancas

Objetivo: Entrenar una reacción rápida, precisa y eficaz ante ataques simulados con cuchillos desde diferentes distancias y ángulos.

Guion / Ejercicios

1. **Reaccionar a ataques dentro del rango de *Tueller* (0-3 metros):** El instructor ataca desde distintos ángulos. El alumno debe reaccionar buscando crear distancia y, si es imposible, aplicar bloqueos, desvíos y contraataques inmediatos. Se insistirá en la importancia de actuar antes de que el atacante logre anular por completo la distancia.
2. **Reaccionar a ataques fuera del rango de *Tueller* (más de 3 metros):** El alumno debe evaluar rápidamente si es mejor crear más distancia, buscar cobertura o prepararse para interceptar la amenaza.
3. **Gestionar ataques múltiples:** Realizar series rápidas de ataques simulados para entrenar la concentración sostenida y la resistencia mental y física.

4. **Utilizar objetos defensivos improvisados:** Emplear elementos cotidianos (un bolso, una chaqueta, una silla) para bloquear o desviar ataques, ganando así tiempo y distancia.

IV. Escenarios con énfasis en el tiempo de reacción

Objetivo: Unificar la teoría y la práctica en escenarios controlados, poniendo a prueba la toma de decisiones, la ejecución técnica y la eficacia bajo presión.

Guion / Ejercicios

1. **Plantear escenarios de complejidad creciente:**
   a) Ataque en un callejón oscuro.
   b) Confrontación en un espacio reducido (ascensor, interior de un coche).
   c) Defensa ante varios agresores.
   d) Situaciones con civiles simulados que obstaculizan la acción.

2. **Evaluar de forma continua la actuación del alumno:** Los instructores pondrán el foco en la capacidad del participante para:
   a) Evaluar correctamente el nivel de amenaza.
   b) Anticiparse a los movimientos del agresor.
   c) Reaccionar en el momento oportuno.
   d) Aplicar las técnicas defensivas con eficacia.
   e) Gestionar el estrés y mantener la calma funcional.

3. **Realizar un análisis crítico con vídeo:** Después de cada escenario, se revisarán las grabaciones para analizar en detalle los tiempos de reacción, las decisiones tomadas y la efectividad general de la respuesta.

V. Evaluación y conclusiones

Objetivo: Valorar el rendimiento individual de los alumnos y afianzar los conceptos clave sobre el tiempo de reacción en la defensa contra armas blancas.

Guion

a) **Valorar el desempeño a lo largo del taller:** Los instructores realizarán una evaluación continua del rendimiento, los tiempos de reacción y la calidad en la toma de decisiones.

b) **Fomentar la autoevaluación:** Cada alumno reflexionará sobre su propia actuación, compartiendo sus sensaciones, dificultades y aprendizajes.

c) **Abrir una discusión en grupo:** Debatir sobre las lecciones extraídas, las estrategias que mejor han funcionado y los métodos para seguir optimizando la rapidez y la eficacia defensiva.

******

Ejercicios taller FoF

Tiempos de reacción ante ataques con armas blancas para policías

(basado en el ciclo OODA)

I. Introducción y marco teórico.

Objetivo: Presentar el ciclo OODA como una herramienta práctica para la intervención policial ante amenazas con arma blanca, subrayando la importancia del tiempo de reacción y la toma de decisiones bajo presión.

Guion

1. **El Ciclo OODA:** Explicación de cada fase y su uso real en la calle:
   a) **Observar:** Usar los sentidos para captar todo lo que ocurre. Entrenar la conciencia situacional para detectar amenazas antes de que se desarrollen.
   b) **Orientar:** Interpretar la información recibida. ¿Cuál es el riesgo real? ¿Qué intenciones tiene el agresor? ¿Qué opciones tengo?
   c) **Decidir:** Elegir la mejor opción de respuesta según las circunstancias.
   d) **Actuar:** Llevar a la práctica la decisión de forma rápida, segura y eficaz.

2. **Aplicación policial:** Ver cómo se aplica cada fase del ciclo en intervenciones reales con armas blancas, incluyendo la comunicación con compañeros y el control del entorno.
3. **Tiempo de reacción y OODA:** Entender que un ciclo OODA más rápido nos da la iniciativa y permite reaccionar de forma más efectiva, sobre todo a corta distancia.
4. **Estrés y toma de decisiones:** Analizar cómo el estrés nubla el juicio y por qué el entrenamiento constante nos ayuda a actuar con claridad bajo presión.
5. **Aspectos legales:** Recordar los principios clave del uso de la fuerza y la legítima defensa: proporcionalidad, necesidad y justificación legal de nuestras acciones.

II. Ejercicios de observación y orientación

Objetivo: Agudizar la habilidad de los agentes para observar, interpretar la situación y orientar su respuesta rápidamente ante una amenaza con arma blanca.

Guion / Ejercicios

1. **Análisis de escenarios:** Proyectar imágenes y vídeos de situaciones de riesgo. Los agentes deberán identificar armas ocultas, leer el lenguaje corporal del sospechoso y señalar elementos clave del entorno.
2. **Lectura del lenguaje corporal:** Entrenar el ojo para detectar señales de un ataque inminente: tensión en los músculos, mirada fija, posición de las manos, cambios en la postura.
3. **Decisiones con información incompleta:** Plantear situaciones con datos confusos o limitados para forzar a los agentes a filtrar lo importante y decidir con lo que tienen.
4. **Simulacros de comunicación:** Practicar la desescalada verbal. ¿Cómo usar la comunicación para controlar la situación y evitar que vaya a más?

III. Ejercicios de decisión y actuación

Objetivo: Mejorar la toma de decisiones en momentos de estrés y la ejecución de defensas eficaces ante un ataque con cuchillo.

Guion / Ejercicios

1. **Reacción a diferentes tipos de ataque:** Entrenar la respuesta a estocadas, cortes y amagos. El foco estará en la velocidad y la precisión de la defensa.
2. **Uso de fuerza intermedia:** Practicar con alternativas al arma de fuego, como el *Taser* o el espray de pimienta, analizando su efectividad real y sus implicaciones legales.
3. **Tiro defensivo (si procede):** Realizar ejercicios de tiro bajo estrés, centrados en la precisión y en la legalidad y proporcionalidad del disparo.
4. **Ejercicios combinados decisión-actuación:** Plantear secuencias dinámicas que obliguen a tomar una decisión en una fracción de segundo y actuar de forma coordinada.

IV. Escenarios con énfasis en el ciclo OODA

Objetivo: Poner a prueba el ciclo OODA completo en escenarios realistas, midiendo la capacidad de los agentes para observar, orientar, decidir y actuar bajo presión.

Guion / Ejercicios

1. **Escenarios de complejidad creciente:**
   a) Intervención en una disputa familiar con una persona armada.
   b) Controlar a un individuo alterado con un cuchillo en la calle.
   c) Proceder a la detención de un sospechoso que porta un cuchillo.
2. **Toma de decisiones y justificación legal:** En cada escenario, los agentes deberán decidir si usan la fuerza y cómo, justificando siempre la proporcionalidad y el cumplimiento de la ley.
3. **Análisis crítico de las grabaciones:** Tras cada ejercicio, se revisará el vídeo de la actuación para analizar en detalle la aplicación del ciclo OODA, los tiempos de reacción y la base legal de las decisiones tomadas.

V. Evaluación y conclusiones

Objetivo: Evaluar el progreso de los agentes, reforzar lo aprendido sobre el ciclo OODA y afianzar los criterios de decisión legal.

Guion

a) **Seguimiento continuo:** A lo largo del taller, los instructores observarán la evolución, los tiempos de reacción, las decisiones y su justificación legal.

b) **Análisis personal:** Cada agente reflexionará sobre su actuación: ¿qué ha funcionado, qué no y por qué?

c) **Puesta en común:** Discusión en grupo para compartir lo aprendido, señalar fallos comunes y definir las mejores estrategias de respuesta ante estas amenazas.

d) **Puntos de mejora personales:** Cada agente recibirá pautas concretas para seguir mejorando sus habilidades.

******

Ejercicios taller FoF

Tiempos de reacción ante ataques con armas de fuego (basado en Tueller)

I. Introducción y marco teórico,

Objetivo: Sentar las bases del taller. Aquí explicaremos qué es el tiempo de reacción, por qué la distancia es un factor crítico y cómo se aplica todo esto a la defensa personal con armas de fuego.

Guion

1. **Tiempo de reacción:** Qué es exactamente y cómo se desglosa: percepción, análisis, decisión y acción. Veremos cómo el estrés y la adrenalina pueden ralentizar cada fase y por qué el entrenamiento es la única forma de contrarrestarlo.
2. **Aplicación a armas de fuego:** ¿Cómo cambia el concepto de *Tueller* cuando el agresor ya está armado? Analizaremos por qué la "*distancia de peligro*" puede ser incluso menor de 7 metros y qué implica la dinámica agresor-defensor en espacios cerrados.
3. **Variables que suman o restan tiempo:** Analizaremos cómo influyen el estrés, el cansancio, nuestro nivel de alerta, el entrenamiento previo, la postura, la funda que portamos y nuestra percepción de la amenaza.
4. **La mentalidad defensiva:** La importancia de estar siempre un paso por delante, manteniendo una conciencia situacional activa y actuando con decisión cuando es necesario.
5. **El marco legal:** Un repaso rápido pero fundamental de los principios de legítima defensa, proporcionalidad y necesidad. Toda acción tiene consecuencias legales.

II. Ejercicios de conciencia situacional y reconocimiento de amenazas

Objetivo: Aprender a ver el peligro antes de que ocurra y saber cómo reaccionar a tiempo.

Guion / Ejercicios

1. **Leer las señales:** Aprender a identificar los preindicadores de un ataque armado: lenguaje corporal, gestos de ocultación de un arma, movimientos bruscos o agresividad verbal.
2. **De la palabra al arma:** Simulacros donde la amenaza escala, desde una discusión hasta la exhibición del arma. El objetivo es reaccionar a tiempo: verbalizar, buscar cobertura o prepararse para la defensa.
3. **Mapeo del entorno:** Prácticas en escenarios realistas (callejones, vehículos, interiores) para aprender a identificar amenazas, salidas y puntos de cobertura sobre la marcha.
4. **Mantener el foco bajo presión:** Introduciremos distractores (ruido, gente, movimientos súbitos) para entrenar la concentración en medio del caos.

III. Ejercicios de reacción a ataques con armas de fuego

Objetivo: Pasar a la acción. Entrenar la respuesta directa a un ataque con arma de fuego para ganar velocidad, precisión y eficacia.

Guion / Ejercicios

1. **Combate a corta distancia (0-7 metros):**

El instructor ataca con un arma simulada desde varios ángulos. La reacción debe ser inmediata: moverse a cobertura, desenfundar y responder si el protocolo lo permite.

El objetivo es claro: ganarle la iniciativa al agresor antes de que pueda realizar un disparo preciso.

2. **Combate a media distancia (+7 metros):**

Aquí la prioridad cambia. Analizaremos cuándo huir, cuándo buscar una cobertura sólida o cómo prepararse para un enfrentamiento con más espacio. Se practicará el uso de la comunicación verbal como herramienta disuasoria.

a) **Amenazas múltiples:** Simulacros con varios atacantes simultáneos para entrenar la priorización de amenazas, el movimiento y la gestión del espacio.

b) **Defensa en desventaja:** Simularemos escenarios realistas donde la reacción debe producirse desde una mala posición, como sentado, de espaldas o con una mano ocupada.

IV. Escenarios con énfasis en tiempo de reacción y toma de decisiones

Objetivo: Ponerlo todo junto. Escenarios completos para aplicar lo aprendido, tomar decisiones bajo estrés y ejecutar las técnicas de forma eficaz.

Guion / Ejercicios

1. **Escenarios de complejidad creciente:** Empezaremos con situaciones básicas y añadiremos progresivamente capas de estrés (ruido, poca luz, presencia de inocentes).
2. **El momento de la verdad:** Ejercicios de decisión rápida sobre el uso de la fuerza. Cada acción deberá justificarse después en base a los principios de proporcionalidad y el marco legal.
3. **Análisis posterior a la acción (*Juicio crítico*):** Usaremos grabaciones de los ejercicios para que cada participante pueda analizar sus acciones, tiempos de reacción y decisiones. Veremos qué funcionó, qué no y por qué.

V. Evaluación y conclusiones

Objetivo: Evaluar el progreso de cada participante y asegurarse de que los conceptos clave sobre reacción, defensa y toma de decisiones queden claros.

Guion

a) ***Retroalimentación* constante:** Los instructores supervisarán y corregirán el desempeño durante todas las fases del taller.

b) **Autocrítica constructiva:** Cada participante reflexionará sobre su actuación, sus aciertos y sus áreas de mejora.

c) **Puesta en común:** Debate en grupo para compartir experiencias, estrategias que funcionaron y cómo aplicar lo aprendido en el día a día.

d) **Plan de mejora personal:** Al finalizar, cada participante recibirá consejos específicos para seguir entrenando y mejorando su seguridad.

******

Ejercicios taller FoF

Tiempos de reacción ante ataques con armas de fuego

(basado en el ciclo OODA)

I. Introducción y marco teórico.

Objetivo: Presentar el ciclo OODA y su aplicación práctica en intervenciones policiales, poniendo el foco en el tiempo de reacción y la toma de decisiones bajo estrés.

Guion

1. **El ciclo OODA:** Explicación de cada fase:
   a) **Observar:** Aprender a captar toda la información del entorno a través de los sentidos para mantener una conciencia situacional y detectar amenazas a tiempo.
   b) **Orientar:** Entrenar la capacidad de analizar la información, evaluar el nivel de riesgo, interpretar la intención del agresor y valorar las posibles respuestas.
   c) **Decidir:** Saber seleccionar la acción más adecuada y eficaz según las circunstancias del momento.
   d) **Actuar:** Aprender a ejecutar la decisión tomada con seguridad y eficiencia.
2. **Aplicación policial**: Ejemplos prácticos de cómo se aplica el OODA en controles rutinarios, situaciones de tensión creciente y enfrentamientos armados.
3. **Tiempo de reacción y OODA:** Relacionar el tiempo de reacción con el ciclo. Un ciclo OODA más rápido, acortado gracias al entrenamiento, aumenta la eficacia y las probabilidades de supervivencia.
4. **Estrés y toma de decisiones:** Analizar el impacto del estrés y cómo entrenar para mantener la mente despejada bajo presión.

5. **Doctrina y marco legal:** Repasar los principios de uso de la fuerza, legítima defensa, proporcionalidad, necesidad y los protocolos de actuación vigentes.

II. Ejercicios de observación y orientación.

Objetivo: Detectar amenazas con rapidez y saber interpretar información clave en situaciones de alto riesgo.

Guion / Ejercicios

1) **Escenarios de observación:** Trabajar sobre entornos simulados con imágenes, vídeos o situaciones estáticas (controles de tráfico, intervenciones en domicilios, disturbios) para identificar armas, leer el lenguaje corporal, analizar el entorno y localizar rutas de escape o cobertura.
2) **Lectura del lenguaje corporal:** Entrenar el reconocimiento de indicadores de una agresión inminente (mano oculta en la cintura, movimientos bruscos, mirada fija, etc.).
3) **Orientación con información limitada:** Practicar la toma de decisiones rápidas en escenarios ambiguos, aprendiendo a priorizar la información más relevante y a gestionar la incertidumbre.
4) **Simulacros de intervención verbal:** Entrenar la comunicación verbal para desescalar un conflicto y saber cuándo pasar a la fase de decisión y acción si la situación empeora.

III. Ejercicios de decisión y actuación.

Objetivo: Agilizar la toma de decisiones bajo estrés y la ejecución de tácticas defensivas ante ataques con armas de fuego, aplicando el ciclo OODA.

Guion / Ejercicios

1) **Reacción a distintos tipos de ataque:** Simular emboscadas, ataques frontales, fuego desde vehículos o escenarios de tirador activo, analizando siempre la distancia y las coberturas disponibles.

2) **Uso de cobertura y movimiento táctico:** Entrenar el uso de coberturas (vehículos, muros, mobiliario urbano) para minimizar la exposición al fuego enemigo.
3) **Desenfundado rápido y tiro defensivo:** Practicar técnicas de tiro instintivo y defensivo desde diferentes posiciones (de pie, rodilla en tierra, tras cobertura, desde el interior de un vehículo), siempre dentro de un marco de precisión y legalidad.
4) **Escenarios complejos:** Trabajar situaciones con múltiples atacantes, donde se deba priorizar amenazas, coordinar la acción con compañeros y gestionar la presencia de civiles o rehenes.

IV. Escenarios con énfasis en el ciclo OODA.

Objetivo: Poner en práctica el ciclo OODA completo en situaciones operativas complejas, donde se evaluará la toma de decisiones, la neutralización de la amenaza y la justificación legal de los actos.

Guion / Ejercicios

1) **Escenarios de complejidad creciente:** Realizar simulaciones realistas de enfrentamientos armados añadiendo factores de estrés (ruido, baja visibilidad, información contradictoria, presión de tiempo, presencia de civiles).
2) **Transición entre fases del ciclo OODA:** Demostrar una aplicación fluida del ciclo en cada fase, siendo capaces de justificar legalmente cada acción tomada.
3) **Juicio crítico y análisis de vídeo:** Tras cada ejercicio, evaluar en grupo:
    a) Si se observó el entorno y se detectaron las amenazas.
    b) Si la orientación de la información y la evaluación del riesgo fueron adecuadas.
    c) Si la decisión fue coherente con la situación y la doctrina.
    d) Si la acción fue efectiva, segura y proporcionada.

e) Si el uso de la fuerza tiene una justificación legal clara.

V. Evaluación y conclusiones.

Objetivo: Evaluar el rendimiento de los agentes y reforzar los conceptos aprendidos sobre el ciclo OODA, el tiempo de reacción y la respuesta ante armas de fuego.

Guion

a) **Evaluación continua:** Supervisión del rendimiento de cada agente por parte de los instructores durante todo el taller.

b) **Autoevaluación:** Fomentar la reflexión individual y la puesta en común de las lecciones aprendidas.

c) **Discusión grupal:** Analizar las estrategias usadas, los puntos de mejora y la aplicación correcta del ciclo OODA.

d) **Recomendaciones individualizadas:** Ofrecer orientaciones específicas a cada agente para guiar su progreso de forma continua y segura.

e) **Equipamiento**

1) Protecciones integrales de alta calidad (facial, ocular y corporal).
2) Armas de airsoft u otras marcadoras adecuadas.
3) Fundas y equipo táctico reglamentario.
4) Vehículos policiales simulados (si es posible).
5) Espacio seguro y amplio, con entornos urbanos y rurales simulados.
6) Cámaras de vídeo para el análisis y juicio crítico de los ejercicios.

******

Los escenarios integrales FoF

Guion de la planificación de escenarios integrales

I. OBJETIVOS DEL ESCENARIO

La Fase I, aunque breve, es la base para el éxito de cualquier escenario. Nuestro propósito en esta etapa es definir el objetivo central del ejercicio y dejar claras las expectativas para los alumnos. Si los objetivos son claros y están bien definidos, nos aseguramos de que el entrenamiento sea efectivo y de que los participantes aprovechen al máximo la experiencia.

A continuación, detallamos la estructura de esta primera fase, dividida en tres componentes esenciales:

Objetivo general del escenario

Aquí definiremos el propósito principal del escenario en términos amplios, buscando que sea conciso y fácil de entender. Este objetivo debe describir el resultado final que esperamos lograr y responder a la pregunta general: ¿qué buscamos conseguir con este ejercicio?

Ejemplos:

a) Evaluar y mejorar la capacidad de los agentes para resolver una situación de crisis con rehenes.
b) Entrenar la respuesta de los agentes ante un ataque activo en un entorno público.
c) Desarrollar las habilidades de comunicación y negociación en situaciones de alta tensión.

Objetivos específicos del escenario (3-5 puntos)

En este punto, detallaremos las metas concretas que pretendemos alcanzar durante el escenario. Estos objetivos deben ser medibles, observables y realistas, describiendo las habilidades, conocimientos o comportamientos específicos que vamos a evaluar o entrenar. Deben estar directamente alineados con el objetivo general y responder a la pregunta: ¿qué habilidades o conocimientos específicos se pondrán a prueba?

Ejemplos (relacionados con el objetivo general de una crisis con rehenes):

a) Aplicar técnicas de contención y control del perímetro.
b) Establecer una comunicación efectiva con el negociador.
c) Evaluar y priorizar las amenazas dentro del escenario.
d) Ejecutar un plan de entrada táctica en caso de ser necesario.
e) Aplicar el uso escalonado de la fuerza de forma proporcional y legal.

Habilidades a evaluar/entrenar (lista)

Finalmente, listaremos las habilidades concretas que observaremos y evaluaremos durante el desarrollo del ejercicio. Esta lista está directamente relacionada con los objetivos específicos y nos servirá como guía a los instructores durante la observación y en el análisis posterior.

Ejemplos (relacionados con el objetivo específico de ejecutar un plan de entrada táctica):

a) Entrada dinámica en equipo.
b) Uso de cobertura y ángulos de tiro.
c) Comunicación verbal y no verbal durante la entrada.
d) Identificación y neutralización de amenazas.
e) Control del área después de la entrada.

Antes de finalizar, recordemos que todos los objetivos deben ser claros, relevantes para las necesidades de los alumnos y, sobre todo, medibles y observables para poder evaluar el desempeño de forma objetiva. Han de ser alcanzables con el tiempo y los recursos disponibles, aunque siempre podremos adaptarlos según el nivel de experiencia del grupo y el enfoque específico que queramos dar al entrenamiento.

Ejemplo completo

Objetivo general: Evaluar y mejorar la capacidad de los agentes para responder a un incidente con un tirador activo en un entorno escolar.

Objetivos específicos:

Aplicar técnicas de entrada rápida en formación de contacto. Localizar y neutralizar la amenaza principal. Evacuar a las víctimas de forma segura. Establecer un perímetro de seguridad.

Habilidades a evaluar/entrenar:

Movimiento en formación de contacto. Identificación rápida de amenazas. Tiro en movimiento y bajo estrés. Comunicación táctica efectiva. Aplicación de primeros auxilios básicos.

II. DESCRIPCIÓN DEL ESCENARIO (ESTRUCTURA GENÉRICA)

En esta fase es donde damos forma y vida al ejercicio, construyendo el contexto narrativo y logístico. Una descripción clara y detallada es fundamental para que los alumnos puedan sumergirse en la situación, entender sus roles y el entorno en el que actuarán, lo que les permitirá tomar mejores decisiones.

A continuación, detallamos la estructura de esta segunda fase, dividida en sus componentes esenciales:

Contexto general (resumir en 2-3 frases)

Aquí resumiremos en pocas líneas el marco general de la situación. La idea es ofrecer una pincelada global que responda a la pregunta: ¿qué está sucediendo?

Ejemplo:

Nos encontramos en una zona urbana con alta incidencia de robos a mano armada. Se ha recibido una llamada de emergencia por una disputa doméstica con posible presencia de armas. El escenario se desarrolla durante un evento público con gran afluencia de personas.

Ubicación y entorno (resumir en 3-5 frases)

Describiremos el lugar específico donde transcurre la acción. Debemos incluir las características físicas relevantes (si es interior o exterior, tipo de edificio, distribución) y las condiciones ambientales que puedan afectar al desarrollo (iluminación, ruido, clima). En definitiva, debemos responder a: ¿dónde y cómo es el lugar de la acción?

Ejemplo:

El escenario se desarrolla en el interior de un supermercado de tamaño medio, con varias secciones, pasillos estrechos y una zona de cajas. Nos encontramos en un parque público durante la noche, con poca iluminación y presencia de árboles y mobiliario urbano. El escenario se desarrolla en una vivienda unifamiliar de dos plantas, con acceso principal a través de una puerta y ventanas en la planta baja.

Personajes y roles (descripción para cada uno)

En este apartado definiremos a cada una de las personas que participan en el escenario (agentes, sospechosos, civiles). Para cada personaje, detallaremos brevemente su descripción física, su comportamiento esperado (actitud, motivaciones), su estado emocional, y si porta algún tipo de armamento simulado. La meta es tener claro quiénes están involucrados y cómo podrían actuar.

Ejemplo:

Sospechoso: Un hombre de unos 30 años, vestido con una sudadera con capucha y pantalones oscuros. Se muestra nervioso e inquieto, con las manos en los bolsillos. Se sospecha que porta un cuchillo.

Civil: Una mujer de mediana edad, visiblemente asustada y con un niño pequeño de la mano. Busca refugio y pide ayuda.

Agente 1 (alumno): Agente uniformado, equipado con su arma reglamentaria (simulada) y chaleco antibalas. Debe actuar siguiendo los protocolos establecidos.

Información inicial (lo que saben los agentes al empezar)

Aquí especificaremos toda la información que los alumnos tendrán a su disposición justo al comenzar el ejercicio. Pueden ser datos de una llamada de emergencia, descripciones de un incidente, información previa sobre sospechosos, etc. Esta información debe ser coherente con el contexto y los personajes que ya hemos descrito. La pregunta a responder es: ¿qué saben los agentes al llegar a la escena?

Ejemplo:

Se recibe una llamada al 112 informando de una pelea en el interior del supermercado, con la posible presencia de un individuo armado con un cuchillo. Los vecinos alertan sobre fuertes gritos provenientes de una vivienda unifamiliar. Se desconoce la naturaleza exacta de la disputa. Se observa a un individuo caminando de forma errática por el parque, portando lo que parece ser un arma de fuego oculta bajo su chaqueta.

Restricciones y normas específicas del escenario (si aplica)

Si el ejercicio requiere alguna regla particular, la estableceremos aquí. Esto puede incluir zonas de no fuego, protocolos especiales sobre el uso de la fuerza o restricciones de movimiento en ciertas áreas. Es el lugar para preguntarnos: ¿hay alguna norma específica que deban seguir?

Ejemplo:

Queda prohibido el uso de fuerza letal a menos que exista una amenaza inminente para la vida de los agentes o de terceros. Se debe priorizar la evacuación de los civiles antes de proceder con cualquier acción táctica. El acceso a la segunda planta de la vivienda está restringido hasta nueva orden.

A la hora de redactar esta fase, busquemos un equilibrio: la descripción debe ser lo suficientemente detallada para que los alumnos visualicen la situación, pero sin sobrecargarlos con datos innecesarios. Mantengamos siempre el realismo y la coherencia, usando un lenguaje claro y adaptando la complejidad al nivel de experiencia del grupo y al objetivo del entrenamiento.

III. FASES DEL ESCENARIO

Aquí vamos a desglosar la secuencia de eventos que componen el escenario, desde su comienzo hasta el final. Tener las fases bien estructuradas nos da el control como instructores sobre la progresión del ejercicio y nos permite evaluar cómo actúan los alumnos en los distintos momentos críticos.

A continuación, detallamos la estructura de esta tercera fase:

Inicio (situación inicial)

Es el pistoletazo de salida. En este punto describiremos la escena justo en el momento en que los alumnos deben intervenir, basándonos en la información que ya hemos preparado. Este es el instante preciso en el que arranca la acción y se pone a prueba su capacidad de respuesta.

Ejemplo:

Los agentes llegan a la escena y observan a un individuo discutiendo acaloradamente con el dependiente de una tienda. Se escucha una fuerte explosión en el interior del edificio y comienzan a sonar las alarmas. Los agentes son alertados por un ciudadano que informa haber visto a un individuo armado entrando en un colegio.

Desarrollo (secuencia de eventos)

Esta es la parte más dinámica del guion. Aquí trazaremos la cadena de eventos que se desencadena con la intervención de los alumnos. Debemos plantear una secuencia flexible, describiendo las posibles acciones de los personajes (sospechosos, civiles) y las reacciones del entorno. La clave es no crear un guion rígido, sino anticipar "*puntos de decisión*" donde las acciones de los alumnos dirijan el escenario hacia un lado u otro.

Ejemplos (continuando con el ejemplo de la tienda):

El individuo saca un cuchillo y amenaza al dependiente. (Punto de decisión: ¿Cómo reaccionan los agentes?).

a) *Si los agentes intentan reducirlo verbalmente*, este se resiste y se produce un forcejeo.

b) *Si los agentes usan la fuerza*, el sospechoso cae al suelo y suelta el arma.

c) *Si los agentes no intervienen rápido*, el sospechoso huye de la tienda.

Podemos incluir giros para aumentar la complejidad:

a) **Nuevos personajes:** "*Aparece un segundo individuo armado por la puerta trasera*".

b) **Cambios en el entorno:** "*Se produce un corte de luz y la tienda queda a oscuras*".

c) **Reacciones de civiles:** "*Los clientes de la tienda entran en pánico y buscan refugio*".

Clímax (momento crítico)

Este es el punto de máxima tensión del escenario, el momento en el que la situación llega a su punto más álgido y exige una respuesta decisiva. Normalmente, implicará una confrontación directa o una toma de decisiones bajo una presión extrema.

Ejemplo:

El sospechoso apunta con el arma a uno de los agentes. El tirador activo comienza a disparar contra los alumnos en el patio del colegio. Los rehenes intentan escapar aprovechando un descuido del secuestrador.

Resolución (desenlace)

Aquí describiremos cómo termina el escenario como consecuencia directa de las acciones de los alumnos. Es importante contemplar diferentes finales posibles, dependiendo de las decisiones que hayan tomado. Recordemos que incluso un resultado negativo es una valiosa oportunidad de aprendizaje, siempre que lo analicemos a fondo en la fase de juicio crítico.

Ejemplo:

Los agentes logran reducir al sospechoso sin necesidad de usar la fuerza letal. El tirador activo es neutralizado por los agentes y se asegura la zona. Los negociadores logran que el secuestrador se entregue y libere a los rehenes.

Al diseñar estas fases, la clave es que fluyan de forma lógica para crear una narrativa realista. Sin olvidar nunca la flexibilidad para que el escenario reaccione a lo que hacen los alumnos. Pero por encima de todo, debemos tener presentes las medidas de seguridad en cada momento y, como instructores, mantener siempre el control para adaptar el ejercicio si fuera necesario.

IV. ELEMENTOS CLAVE DEL GUION

Vamos a centrarnos ahora en los pilares que sostienen cualquier buen guion. Más que una fase, estos son los principios fundamentales que debemos tener siempre presentes para garantizar que nuestro entrenamiento no solo sea realista y efectivo, sino, sobre todo, seguro.

1. Seguridad (la prioridad absoluta)

La seguridad no es un elemento más; es la base sobre la que se construye todo. Antes de empezar, debemos establecer reglas claras e inequívocas sobre el manejo de armas de simulación, el uso obligatorio de protecciones y los procedimientos de emergencia. El entorno debe estar controlado y libre de peligros reales, y nuestra supervisión como instructores ha de ser constante para intervenir al instante si algo sale mal. Esto incluye tener una palabra de seguridad clara (como "*¡Alto!*") que detenga la acción de inmediato y zonas seguras bien definidas.

2. Realismo y Flexibilidad (la credibilidad dinámica)

Una vez garantizada la seguridad, nuestro siguiente foco es crear un escenario que sea a la vez creíble y dinámico. El realismo se consigue con un contexto plausible, personajes que actúen de forma coherente y un entorno que se sienta auténtico. Podemos aumentar la inmersión con elementos de estrés controlado, como ruidos de sirenas o la interacción con actores que representen a civiles en pánico.

Pero este realismo debe ir de la mano de la flexibilidad. Un guion demasiado rígido se rompe al primer contacto con las decisiones de los alumnos. Por eso, debemos diseñarlo con "*puntos de decisión*" donde la historia pueda ramificarse. Si los agentes dialogan, el sospechoso coopera; si usan la fuerza, se resiste. Como instructores, debemos estar preparados para improvisar y adaptar el escenario en tiempo real, asegurando que las acciones de los alumnos tengan consecuencias lógicas.

3. Claridad y Precisión (la herramienta de construcción)

Para que todo esto funcione, nuestro guion debe ser un modelo de claridad. Debemos usar un lenguaje directo, evitando la jerga innecesaria. Las descripciones han de ser detalladas, pero sin ahogar al lector en información superflua. La diferencia es crucial: "*El sospechoso saca un cuchillo de su bolsillo derecho*" es una instrucción clara; "*El sujeto extrae un objeto punzocortante de su extremidad inferior derecha*" es una fuente de confusión. Un formato organizado, con secciones bien definidas, es nuestro mejor aliado.

4. Objetivos de Aprendizaje (nuestro propósito final)

Finalmente, nunca debemos perder de vista por qué hacemos todo esto: los objetivos de aprendizaje. Cada escena, cada personaje y cada decisión del guion deben estar alineados con las habilidades que queremos entrenar o evaluar. Si el objetivo es mejorar la comunicación táctica, el escenario debe forzar esa comunicación. Si buscamos evaluar el uso de la fuerza, la situación debe presentar un dilema claro al respecto. El guion no es un fin en sí mismo, sino una herramienta diseñada para alcanzar unas metas pedagógicas concretas.

V. MATERIALES Y EQUIPAMIENTO

Aquí detallaremos los recursos físicos que necesitaremos para ejecutar el escenario. Una buena preparación del material no solo es clave para el realismo, sino que es un pilar fundamental de la seguridad.

Equipo de protección personal

La protección de todos los participantes es nuestra máxima prioridad.

1) **Protección ocular:** Este elemento es **obligatorio e innegociable**. Usaremos gafas de protección balística o máscaras faciales completas, diseñadas específicamente para simulación.

2) **Protección corporal y facial:** Es muy recomendable el uso de chalecos o petos que cubran el torso, así como máscaras que protejan nariz, boca y mejillas.
3) **Otras protecciones:** Dependiendo de la intensidad del escenario, consideraremos el uso de guantes, coquillas para la zona inguinal y algún tipo de protección para la cabeza, como cascos o gorras.

Ejemplo: Cada alumno deberá utilizar gafas de protección balística homologadas y un chaleco protector. Opcionalmente, podrá usar guantes y protección inguinal.

Armas de simulación

Necesitaremos herramientas seguras para simular enfrentamientos.

1) **Armas de fuego simuladas:** Podemos usar réplicas de airsoft, marcadoras de paintball o sistemas de entrenamiento láser. Es crucial controlar su potencia para evitar lesiones y asegurarse de que se distingan claramente de las armas reales.
2) **Armas blancas y contundentes simuladas:** Para simular cuchillos, navajas o palos, utilizaremos siempre réplicas de materiales blandos (goma, espuma acolchada) y con puntas redondeadas. Este tipo de simulación exige la máxima precaución y supervisión directa.

Ejemplo: Se utilizarán réplicas de pistolas Glock 17 de airsoft (6mm) y cuchillos de goma para las simulaciones cuerpo a cuerpo.

Munición y proyectiles

Debemos asegurar los consumibles adecuados para las armas de simulación, ya sean bolas de airsoft, bolas de pintura o cartuchos láser. Es importante usar siempre munición de calidad, compatible con el equipo, y gestionar su almacenamiento y manipulación de forma segura.

Ejemplo: Utilizaremos bolas de airsoft biodegradables estándar de 6mm y 0.20g.

Equipo de apoyo y ambientación del entorno

Para dar vida al escenario y gestionarlo correctamente, necesitaremos:

a) **Material de apoyo:** Conos para delimitar zonas, cronómetros, un botiquín de primeros auxilios completo y radios para la comunicación entre instructores.

b) **Grabación:** Es muy recomendable contar con cámaras de vídeo. Grabar los escenarios es una herramienta de valor incalculable para el análisis y el juicio crítico posterior.

c) **Preparación del entorno:** Seleccionaremos un espacio adecuado y seguro, configurándolo para que recree el lugar descrito en el guion. Usaremos mobiliario, paneles, vehículos y otros accesorios para aumentar el realismo, siempre asegurándonos de que no haya peligros reales en la zona.

Ejemplo: El escenario se montará en una sala configurada como una oficina, usando mesas y paneles. Se delimitará el perímetro con conos, se dispondrá de un botiquín y todo será grabado en vídeo.

Finalmente, una gestión profesional del equipo es fundamental. Debemos llevar un inventario de todo el material, realizar un mantenimiento periódico para asegurar que todo funcione correctamente y almacenarlo en un lugar seguro y adecuado. El cuidado de nuestro equipo es un reflejo de nuestro compromiso con la calidad y la seguridad del entrenamiento.

VI. JUICIO CRÍTICO POSTERIOR AL ESCENARIO

El juicio crítico es una fase crucial del FoF. No se trata simplemente de un resumen, sino de un análisis estructurado y reflexivo de lo ocurrido durante el escenario. Su objetivo principal es consolidar el aprendizaje, identificar áreas de mejora y reforzar las buenas prácticas. Un buen juicio crítico convierte la experiencia práctica en un aprendizaje significativo y duradero.

A continuación, se detalla la estructura genérica de la fase VI, dividida en componentes esenciales:

Revisión de los objetivos del escenario

Objetivo: Recordar los objetivos iniciales del escenario y verificar si se alcanzaron.

Contenido:

Se repasan brevemente los objetivos generales y específicos que se plantearon al inicio del ejercicio. Hay que preguntar a los alumnos si creen que se cumplieron los objetivos y abrir un breve debate al respecto.

Ejemplo: Recordemos que el objetivo principal era evaluar la capacidad de respuesta ante un tirador activo en un entorno escolar. ¿Consideran que se logró este objetivo? ¿En qué medida?

Narrativa del escenario

Objetivo: Reconstruir la secuencia de eventos del escenario desde la perspectiva de todos los alumnos.

Contenido:

Se pide a cada alumno que describa su experiencia, desde su punto de vista, incluyendo sus acciones, decisiones y percepciones. Se los anima a compartir sus emociones y sensaciones durante el ejercicio. Hay que utilizar un lenguaje descriptivo evitando el juicio personal.

Ejemplo: Comencemos con el equipo de entrada. ¿Podrían describirnos qué vieron al llegar a la escena? ¿Cuáles fueron sus primeras acciones?

Análisis del desempeño

Objetivo: Analizar las acciones y decisiones de los alumnos en relación con los objetivos del escenario y las buenas prácticas.

Contenido:

Hay que centrarse en los aspectos positivos y las áreas de mejora. Utilizar un enfoque constructivo y evitar la crítica destructiva. Se basa en observaciones concretas y en la evidencia disponible (por ejemplo, grabaciones de video).

Se analizan aspectos como:

a) **Toma de decisiones**: ¿Fueron las decisiones acertadas? ¿Se tomaron en el momento oportuno?

b) **Uso de la fuerza**: ¿Se aplicó el uso escalonado de la fuerza de forma proporcional y legal?
c) **Comunicación**: ¿Fue efectiva la comunicación entre los alumnos?
d) **Tácticas y procedimientos**: ¿Se aplicaron correctamente las tácticas y los procedimientos establecidos?
e) **Conciencia situacional:** ¿Se mantuvo una adecuada conciencia situacional durante el ejercicio?

Ejemplo: Observamos en la grabación que, al entrar en la sala, el Agente 2 se posicionó detrás de una cobertura, lo cual es una buena práctica. Sin embargo, no comunicó su posición al resto del equipo. ¿Podemos hablar sobre la importancia de la comunicación en este tipo de situaciones?

Lecciones aprendidas

Objetivo: Extraer conclusiones concretas y aplicables a partir del análisis del desempeño.

Contenido:

Se identifican las lecciones clave que se pueden extraer del escenario.

Tenemos que relacionar las lecciones aprendidas con situaciones reales que los alumnos podrían enfrentar en su trabajo. Hay que animar a reflexionar sobre cómo aplicarán estas lecciones en las siguientes ocasiones.

Ejemplo: Una de las lecciones que podemos extraer de este ejercicio es la importancia de mantener una comunicación constante y clara entre los miembros del equipo, especialmente en entornos de estrés.

Plan de mejora

Objetivo: Establecer un plan de acción para mejorar las áreas identificadas durante el análisis.

Contenido:

Hay que definir acciones concretas que los alumnos pueden llevar a cabo para mejorar su desempeño. Se pueden proponer ejercicios de práctica adicionales, revisiones de procedimientos o sesiones específicas.

Ejemplo: Para mejorar la comunicación táctica, les propongo realizar ejercicios específicos de comunicación en escenarios simulados, enfocándonos en el uso de señales manuales y comunicación verbal clara y concisa.

Resumen y cierre

Objetivo: Resumir los puntos principales del juicio crítico y dar por finalizada la sesión.

Contenido:

Resumir las principales lecciones aprendidas y el plan de mejora. Se agradecerá la participación de todos y se anima a seguir practicando.

Consideraciones adicionales

a) **Ambiente Abierto y Constructivo**: Se debe crear un ambiente de confianza y respeto donde los alumnos se sientan cómodos para expresar sus opiniones y recibir retroalimentación.
b) **Enfoque en el Aprendizaje**: El objetivo principal del juicio crítico es el aprendizaje y la mejora, no la crítica personal.
c) **Facilitación por parte del Instructor**: El instructor debe guiar la discusión, asegurar que todos tengan la oportunidad de hablar y mantener el enfoque en los objetivos del juicio crítico.
d) **Uso de grabaciones de video**: El uso de grabaciones de video es una herramienta muy valiosa para el juicio crítico, ya que permite analizar las acciones con mayor detalle y objetividad.
e) **Retroalimentación específica y orientada a la acción**: La retroalimentación debe ser específica, basada en observaciones concretas del desempeño de los alumnos, y orientado a la acción, proporcionando recomendaciones claras para la mejora.

VII. VARIACIONES DEL ESCENARIO

Esta fase se centra en la adaptabilidad del guion para permitir la repetición del escenario con diferentes variables, lo que maximiza el aprendizaje y la exposición a diversas situaciones. La capacidad de modificar elementos clave del escenario permite a los instructores enfocar el entrenamiento en aspectos específicos, evaluar diferentes respuestas tácticas y aumentar la complejidad gradualmente.

A continuación, se detalla la estructura genérica de la fase VII, dividida en componentes esenciales:

Modificación de personajes y roles

Objetivo: Cambiar el comportamiento, las motivaciones o el número de personajes involucrados para crear nuevas dinámicas.

Contenido:

1) **Comportamiento del sospechoso**: Se puede variar el nivel de agresividad, la cooperación, el estado mental (bajo la influencia de sustancias, con problemas de salud mental), etc.
2) **Presencia de múltiples sospechosos**: Se puede aumentar el número de sospechosos, introduciendo elementos de coordinación entre ellos.
3) **Roles de los civiles**: Se puede variar el comportamiento de los civiles (cooperativos, en pánico, heridos, actuando como rehenes), lo que influye en la toma de decisiones.

Ejemplos:

En la primera ejecución, el sospechoso se muestra reacio a cooperar y se resiste al arresto. En la segunda ejecución, el sospechoso se entrega pacíficamente. Se introduce un segundo sospechoso que intenta huir por la puerta trasera. Un civil resulta herido durante el forcejeo y requiere atención médica inmediata.

Variación del entorno

Objetivo: Modificar el entorno físico para presentar nuevos desafíos tácticos.

Contenido:

a) **Cambios en la iluminación**: Se puede simular poca luz, apagones o cambios bruscos de iluminación.
b) **Introducción de obstáculos**: Se pueden añadir o mover obstáculos para dificultar el movimiento y la visibilidad.

c) **Cambios en la distribución del espacio**: Se puede modificar la disposición del mobiliario o la estructura del lugar.

Ejemplos:

El escenario se desarrolla con las luces apagadas, utilizando solo la luz de las linternas tácticas.

Se colocan cajas y otros objetos en el pasillo para simular un entorno desordenado. Se cambia la posición de las mesas y las sillas en la oficina para crear nuevos ángulos de cobertura.

Modificación de la información inicial

Objetivo: Proporcionar información diferente al comienzo del escenario para influir en su planificación y toma de decisiones.

Contenido:

a) **Información incompleta o contradictoria**: Se puede proporcionar información que no sea del todo precisa o que contradiga la información real del escenario.
b) **Retraso en la obtención de información**: Se puede simular un retraso en la llegada de información crucial.

Ejemplos:

Inicialmente se informa de un solo sospechoso, pero al llegar a la escena se descubre que hay dos. Se informa de que el sospechoso no está armado, pero durante el registro se encuentra un cuchillo. La información sobre la ubicación exacta del sospechoso llega con retraso, obligando a los agentes a improvisar.

Cambio en los objetivos específicos

Objetivo: Modificar los objetivos específicos del escenario para enfocar el entrenamiento en diferentes habilidades o aspectos tácticos.

Contenido:

1) **Priorizar diferentes acciones**: Se puede priorizar la evacuación de civiles sobre la neutralización inmediata de la amenaza, o viceversa.
2) **Enfatizar diferentes habilidades**: Se puede enfocar la comunicación, el uso de la fuerza no letal, el trabajo en equipo, etc.

Ejemplos:

En la primera ejecución, el objetivo principal es neutralizar al tirador activo lo más rápido posible. En la segunda ejecución, el objetivo principal es evacuar a todos los civiles de forma segura, incluso si esto implica un retraso en la neutralización del tirador. Se enfatiza la importancia de la comunicación verbal y no verbal entre los agentes durante la entrada táctica.

Aumento gradual de la complejidad

Objetivo: Incrementar progresivamente la dificultad del escenario para desafiar a los alumnos y promover un aprendizaje continuo.

Contenido:

Se comienzan con variaciones sencillas y se van añadiendo elementos de complejidad gradualmente. Se observa el desempeño en cada variación y se ajusta la dificultad según sea necesario.

Ejemplo:

Se comienza con un solo sospechoso desarmado en un entorno simple.

Luego se introduce un arma blanca, después un segundo sospechoso y para terminar se realiza el escenario en condiciones de poca luz.

******

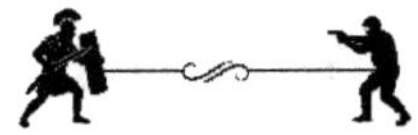

Ejemplos de guiones de escenarios integrales FoF

Guion del escenario FoF

Enfrentamiento con agresor armado con cuchillo

I. OBJETIVOS DEL ESCENARIO

1) Poner a prueba la capacidad del equipo para trabajar bajo presión.
2) Entrenar la comunicación verbal para desescalar y para coordinarse eficazmente entre compañeros.
3) Practicar el uso progresivo de la fuerza, desde la presencia policial hasta la respuesta a una amenaza letal.
4) Agilizar la toma de decisiones tácticas en un entorno caótico y cambiante.
5) Asimilar el peligro real de un arma blanca y la velocidad de un ataque con cuchillo.
6) Mejorar el posicionamiento táctico y el uso inteligente de las coberturas.

II. DESCRIPCIÓN DEL ESCENARIO

Entorno: Un espacio cerrado (habitación, pasillo) o una zona abierta delimitada. Se puede usar mobiliario para crear obstáculos y coberturas.

Personajes:

Dos agentes de policía (los alumnos).

Un agresor con un cuchillo de gran tamaño (rol interpretado por un instructor con protecciones).

Situación inicial: Los agentes acuden a una llamada por una disputa doméstica o altercado en la vía pública. Al llegar, se topan con un individuo muy alterado que empuña un cuchillo de dimensiones considerables (ej. machete, cuchillo de carnicero).

Desarrollo: El agresor se muestra desafiante, grita y no obedece las órdenes. Su comportamiento puede escalar desde la amenaza verbal hasta el ataque directo, obligando a los agentes a reaccionar en tiempo real. No hay un único final posible.

III. FASES DEL ESCENARIO (MODELO FLEXIBLE)

1) **Contacto inicial y evaluación (Observar y Orientar)** Lo primero: evaluar la amenaza real del cuchillo, el estado del agresor y el entorno (distancias, salidas, coberturas). Establecer comunicación inmediata entre los agentes (verbal o con gestos). Decidir si es necesario pedir refuerzos ya mismo.
2) **Comunicación verbal y desescalada (Orientar y Decidir)** Intentar controlar la situación con órdenes claras y firmes para que suelte el arma. Analizar si la comunicación verbal está funcionando o si, por el contrario, está empeorando las cosas.
3) **Uso de la fuerza no letal (Decidir y Actuar)** Si la desescalada fracasa y es una opción viable, emplear opciones de fuerza intermedia (*Taser* simulado, defensa extensible). Evaluar al instante si la técnica ha sido efectiva o no.
4) **Enfrentamiento y uso de fuerza letal (Decidir y Actuar)** Defenderse de un ataque directo del agresor. Aplicar técnicas para crear distancia, usar objetos como barreras y moverse. Trabajar en equipo para neutralizar o controlar al agresor. Si la vida de los agentes o de terceros corre un peligro inminente, usar la fuerza letal simulada (marcadoras) como último recurso.

IV. ELEMENTOS CLAVE DEL GUION

a) **Realismo:** El agresor debe actuar de forma impredecible y creíble.
b) **Estrés:** Se pueden añadir elementos como ruido, luces estroboscópicas o presión de tiempo para aumentar la dificultad.
c) **Comunicación:** La comunicación entre los agentes debe ser constante. Si no hablan, no son un equipo.

d) **Trabajo en equipo:** Deben coordinarse, darse apoyo y actuar como una sola unidad.

e) **Uso proporcional de la fuerza:** Cada nivel de fuerza empleado debe estar justificado por las acciones del agresor.

f) **Seguridad:** Protocolos de seguridad no negociables y uso obligatorio de todas las protecciones.

V. MATERIALES Y EQUIPAMIENTO

Protecciones integrales (cascos, protectores faciales, petos, guantes). Cuchillos de entrenamiento (goma o plástico flexible). Armas de airsoft u otras marcadoras con la potencia adecuada. Equipamiento policial de dotación (fundas, cinturones, etc.). Espacio de trabajo seguro y acondicionado. Cámaras de vídeo para la grabación y el análisis posterior. Kit de primeros auxilios y personal con formación sanitaria presente.

VI. JUICIO CRÍTICO POSTERIOR AL ESCENARIO

Revisar la grabación en grupo para analizar punto por punto la intervención: decisiones, comunicación, uso de la fuerza y tácticas empleadas. Reflexionar sobre las lecciones aprendidas: qué ha funcionado, qué no y por qué. Identificar los puntos débiles a corregir, ya sea en la coordinación del equipo, la comunicación o la gestión del estrés.

VII. VARIACIONES DEL ESCENARIO

Cambiar el entorno: hacerlo más pequeño, más grande, con más obstáculos o con varias habitaciones. Modificar el comportamiento del agresor: puede ser más dubitativo, más errático o extremadamente agresivo desde el principio.

Añadir la presencia de un civil que complique la situación. Jugar con las condiciones de luz: penumbra, oscuridad total, luces intermitentes.

******

Guion de escenario FoF

Atraco entidad bancaria

I. INFORMACIÓN GENERAL

Título: Atraco a sucursal bancaria – Escenario base (adaptable)

Duración estimada: 15–20 minutos por grupo/pasada

Alumnos:

Dos agentes de policía (los alumnos)

Un agresor armado (rol interpretado por un instructor)

Varios civiles (roles interpretados por instructores o figurantes)

Ubicación: Un espacio que simule una sucursal bancaria (con recepción, zona de cajas, despachos y sala de espera).

II. DESCRIPCIÓN DEL ESCENARIO

Contexto general: Un atraco en curso en una sucursal bancaria a plena luz del día.

Ubicación y entorno: Interior de una sucursal de tamaño medio. Cuenta con zona de atención al público, cajas, una sala de espera con sillas y una puerta de acceso principal. Se usan mostradores y otros elementos para simular un entorno bancario real.

Personajes y roles:

a) **Agentes 1 y 2:** Patrullan la zona cuando reciben el aviso del atraco. Su misión es responder a la amenaza siguiendo el protocolo.
b) **Agresor:** Hombre de mediana edad, vestido de manera informal. Se muestra nervioso y agresivo, lleva una pistola simulada y exige el dinero a gritos.
c) **Civiles:** Son clientes y empleados. Están asustados y buscan dónde refugiarse; algunos pueden tener asignado el rol de "*herido*".

Información inicial: Los agentes reciben un aviso por radio: "*atraco en curso en la sucursal de…. Hay al menos un individuo armado en el interior*".

Restricciones y normas: El uso de la fuerza letal solo está justificado si existe una amenaza inminente para la vida de los agentes o de los civiles. La prioridad es la protección de los rehenes.

III. FASES DEL ESCENARIO

1. Inicio:

Los agentes llegan a la ubicación y observan desde el exterior movimientos extraños en el banco. Oyen gritos o ven directamente al agresor apuntando a uno de los cajeros.

2. Desarrollo:

El agresor sigue exigiendo el dinero y amenazando a los rehenes. Los agentes deben evaluar la situación, establecer un perímetro de seguridad y planificar una posible entrada.

Punto de decisión 1: ¿Intentar negociar con el agresor o realizar una entrada táctica inmediata?

a) **Si negocian**: El agresor podría cooperar, no cooperar o volverse más errático.

b) **Si entran**: Deberán aplicar las técnicas de entrada táctica para neutralizar la amenaza.

Punto de decisión 2: La reacción del agresor al detectar la presencia policial. Puede optar por rendirse, resistirse o abrir fuego.

Situaciones imprevistas: Durante la intervención, puede haber civiles heridos que necesiten atención o rehenes que intenten escapar por su cuenta.

3. Clímax:

Se produce el enfrentamiento directo entre los agentes y el agresor, ya sea verbal o mediante el uso de la fuerza simulada.

4. Resolución:

Los agentes detienen o neutralizan al agresor. Si este intenta huir, se deberá evaluar la viabilidad de la persecución. Una vez controlada la amenaza, aseguran la zona y prestan asistencia a los civiles.

IV. ELEMENTOS CLAVE DEL GUION

a) **Seguridad:** El uso de equipo de protección es obligatorio. Hay un control estricto de las armas de simulación y una supervisión permanente por parte de los instructores.

b) **Realismo:** Se debe buscar un entorno creíble, un comportamiento auténtico de los personajes y un nivel de estrés controlado (se pueden usar sonidos, gritos, etc.).

c) **Claridad:** Las instrucciones y descripciones del guion deben ser claras y concisas.

d) **Flexibilidad:** El escenario contiene puntos de decisión clave que permiten adaptarlo en tiempo real a las acciones de los alumnos.

e) **Objetivos de aprendizaje:** El fin es evaluar la toma de decisiones, el uso de la fuerza, la comunicación del equipo y las tácticas policiales empleadas.

f) **Juicio crítico:** El análisis posterior, con revisión de la grabación, es fundamental para identificar áreas de mejora y consolidar lo aprendido.

V. MATERIALES Y EQUIPAMIENTO

1) Equipo de protección integral para todos los participantes.
2) Réplicas de pistolas (airsoft, marcadoras de paintball o sistemas láser).
3) Munición o proyectiles de simulación adecuados.
4) Material de ambientación (mostradores, sillas, dinero falso, etc.).
5) Kit de primeros auxilios.
6) Equipo de grabación (una o varias cámaras).
7) Radios o sistema de comunicación para los agentes.

VI. JUICIO CRÍTICO POSTERIOR AL ESCENARIO

Revisión de los objetivos y de la secuencia de los hechos.

1) **Uso de la fuerza:** ¿Fue proporcional, necesario y se agotaron otras opciones?
2) **Comunicación en equipo:** ¿Fue clara, constante y efectiva bajo estrés?
3) **Tácticas policiales:** ¿Cómo se aplicaron las técnicas de entrada, cobertura y neutralización?

4) **Manejo del estrés:** ¿Cómo afectó el estrés a la toma de decisiones de cada agente?

VII. VARIACIONES DEL ESCENARIO

a) **Cambiar el perfil del agresor:** Puede ser más o menos agresivo, actuar bajo los efectos de sustancias o tomar un rehén específico.
b) **Añadir un segundo agresor** para aumentar la complejidad táctica.
c) **Modificar el entorno:** Incluir más civiles o añadir obstáculos que dificulten la movilidad y la línea de visión.
d) **Alterar la información inicial:** El aviso por radio puede ser impreciso (informar de un solo atracador cuando hay dos, o viceversa).
e) **Cambiar el objetivo prioritario:** Por ejemplo, indicar que la prioridad absoluta es evacuar a un civil herido, incluso por encima de la neutralización inmediata del agresor.

******

Guion de escenario FoF

Tirador activo en supermercado

I. INFORMACIÓN GENERAL

Título: Tirador activo en supermercado – Modelo adaptable

Duración estimada: 15–20 minutos por pasada

Participantes:

Dos agentes de policía (alumnos). Un agresor armado (rol para instructor o figurante). Varios civiles (roles para instructores o figurantes)

Ubicación: Un espacio acondicionado para simular un supermercado (pasillos, estanterías, zona de cajas, etc.).

II. DESCRIPCIÓN DEL ESCENARIO

Contexto: Incidente de tirador activo en un supermercado concurrido.

Entorno: Se simula un supermercado de tamaño medio, con pasillos creados por estanterías, una zona de cajas, sección de frescos y una entrada/salida principal. Se colocarán carros de compra y otros obstáculos para limitar la movilidad y crear coberturas.

Personajes y roles:

a) **Agentes 1 y 2:** Patrullan la zona en su vehículo cuando reciben el aviso de disparos. Deben responder siguiendo el protocolo de tirador activo.
b) **Agresor:** (Rol para instructor/figurante) Varón con actitud errática y violenta, armado con una escopeta simulada. Puede estar disparando al azar o fijando objetivos concretos.
c) **Civiles:** (Roles para instructores/figurantes) Clientes y empleados en pánico. Algunos pueden simular estar heridos o en estado de shock.

Información de inicio: Los agentes reciben un aviso por radio: "*Múltiples disparos en el supermercado de (dirección simulada)*".

Reglas del escenario: La prioridad absoluta es neutralizar la amenaza y proteger a los civiles. El uso de la fuerza letal se rige por el protocolo. Se evaluará especialmente la comunicación y coordinación entre los agentes.

III. FASES DEL ESCENARIO

1. Inicio: Los agentes llegan al lugar. Deben reaccionar al sonido de disparos y a la gente que huye del local. Tienen que hacer una evaluación rápida de la situación y preparar la entrada.

2. Desarrollo: El agresor sigue activo, disparando y moviéndose por los pasillos. Los agentes deben aplicar las técnicas de entrada para tirador activo, buscando cobertura mientras avanzan hacia la amenaza.

a) **Punto de Decisión 1:** La ubicación del agresor (en un pasillo estrecho o en una zona abierta) debe condicionar la táctica de aproximación de los agentes.
b) **Punto de Decisión 2:** El agresor puede reaccionar de varias formas al contacto policial: abrir fuego contra ellos, intentar huir o atrincherarse.
c) **Factor adicional:** Los agentes pueden encontrarse con civiles heridos que reclaman atención inmediata.

3. Clímax: Se produce el enfrentamiento directo entre los agentes y el agresor. El escenario culmina con la neutralización (mediante fuerza letal simulada) o la rendición del tirador.

4. Resolución: La zona debe ser asegurada. Los agentes deben atender a los heridos (simulados) y coordinar la evacuación del supermercado.

IV. ELEMENTOS CLAVE PARA EL INSTRUCTOR

1) **Seguridad:** El uso de equipo de protección personal es obligatorio para todos. Se debe supervisar de forma estricta el uso de las armas de simulación y las distancias de seguridad.

2) **Realismo:** El entorno debe ser creíble. El comportamiento del agresor y de los civiles debe ser auténtico para generar un entorno de estrés realista (gritos, disparos, caos).
3) **Claridad:** Las instrucciones y el guion deben ser claros y concisos.
4) **Flexibilidad:** El guion no es rígido. Los puntos de decisión deben adaptarse a las acciones que tomen los alumnos para que el escenario sea dinámico.
5) **Objetivos de aprendizaje:** Evaluar la respuesta a un tirador activo, la toma de decisiones bajo presión, el uso justificado de la fuerza, la comunicación en equipo y las tácticas de entrada.
6) **Juicio crítico:** Es fundamental realizar una revisión posterior al ejercicio, usando la grabación de vídeo para identificar puntos de mejora y extraer lecciones claras.

V. MATERIALES Y EQUIPAMIENTO

1) Equipo de protección integral para todos los participantes.
2) Réplicas de escopetas y armas cortas (airsoft, marcadoras o sistemas láser).
3) Munición/proyectiles de simulación adecuados.
4) Material para ambientar el supermercado (estanterías, carros, productos falsos, etc.).
5) Kit de primeros auxilios real.
6) Equipo de grabación (muy recomendado).
7) Radios o sistema de comunicación para los agentes.

VI. PUNTOS PARA EL JUICIO CRÍTICO POSTERIOR

a) **Velocidad de respuesta:** ¿Actuaron con la rapidez necesaria para frenar la amenaza?
b) **Tácticas de tirador activo:** ¿Aplicaron correctamente las formaciones y técnicas de avance?
c) **Evaluación de la amenaza:** ¿Identificaron y valoraron bien el nivel de peligro que suponía el tirador?

d) **Comunicación bajo estrés:** ¿La comunicación entre los agentes fue efectiva o se interrumpió?

e) **Uso de la fuerza:** ¿El uso de la fuerza letal estaba legal y éticamente justificado por las acciones del agresor?

VII. VARIACIONES DEL ESCENARIO

Para aumentar la dificultad, se pueden introducir estas variantes:

a) Cambiar el armamento del agresor (arma corta, rifle).

b) Añadir un segundo agresor para complicar la respuesta táctica.

c) Variar el número de civiles para crear más o menos caos.

d) Hacer que el agresor se atrinchere o tome un rehén, forzando un cambio de táctica.

e) Introducir condiciones de poca luz o humo para aumentar el estrés y la dificultad.

******

Guion de escenario FoF

Intruso agresivo en control de accesos - modelo adaptable (con énfasis en la progresión del uso de la fuerza)

I. INFORMACIÓN GENERAL

Título: Intruso agresivo en control de accesos – Modelo adaptable.

Duración estimada: 10–15 minutos por simulación.

Participantes: Cuatro agentes de seguridad privada (alumnos). Un intruso agresivo (rol interpretado por un instructor).

Ubicación: Un espacio que simule un control de accesos real (puerta principal, mostrador de recepción, torno, etc.).

II. DESCRIPCIÓN DEL ESCENARIO

Contexto general: Un individuo intenta entrar en un recinto privado sin identificarse. Ante la negativa de los agentes, se vuelve hostil y agresivo.

Ubicación y entorno: La zona simula un control de accesos con un mostrador, una puerta principal y un área de recepción.

Personajes y roles:

a) **Agente 1 (líder):** Lleva la comunicación principal y la toma de decisiones.
b) **Agentes 2, 3 y 4:** Dan apoyo y actúan según indicaciones.
c) **Intruso:** Varón, con una actitud desafiante y verbalmente agresivo. En la versión básica del escenario, no va armado.

Información inicial: Los agentes están en sus puestos cuando el intruso se acerca al control.

Reglas de enfrentamiento: La prioridad es siempre la disuasión verbal y el uso progresivo y proporcional de la fuerza. En la versión base, el uso de fuerza letal está prohibido. El foco del ejercicio está en el trabajo en equipo, la comunicación y la correcta escala en el uso de la fuerza.

III. FASES DEL ESCENARIO (Progresión del uso de la fuerza)

Inicio (Presencia): El intruso se acerca. Los agentes mantienen una presencia firme y visible para disuadir.

Contacto verbal: Solicitar la identificación cortés pero firme. Comunicar claramente las normas de acceso y las consecuencias si no las cumple.

Resistencia pasiva / Agresión verbal: El intruso se niega a identificarse, empieza a insultar o a lanzar amenazas. Los agentes mantienen la calma y la comunicación verbal, repitiendo las normas y las consecuencias.

Resistencia física / Amenaza de agresión (Control físico): El intruso intenta pasar a la fuerza, empuja o gesticula de forma amenazante. Los agentes aplican técnicas de control con contacto suave (ej. control de muñeca o brazo) y le advierten verbalmente de que van a escalar el nivel de fuerza si no depone su actitud.

Agresión física activa (Defensa personal): El intruso lanza un ataque físico (empujones fuertes, manotazos, golpes). Los agentes responden de forma proporcional para defenderse: bloqueos, desvíos, e inmovilizaciones o derribos controlados si es necesario.

Resistencia continua / Agresión grave (Reducción en equipo): Si el intruso persiste en su ataque, los cuatro agentes trabajan en equipo para reducirlo en el suelo y realizar un esposamiento.

Resolución: Una vez el intruso está controlado, se evalúa su estado para determinar si necesita asistencia médica o si se debe avisar a las fuerzas del orden.

IV. ELEMENTOS CLAVE DEL GUION

El eje central del ejercicio es la correcta progresión en el uso de la fuerza. Los pilares de la actuación deben ser: seguridad, realismo, comunicación, trabajo en equipo y claridad en los roles.

V. MATERIALES Y EQUIPAMIENTO

1) Equipo de protección integral para todos los participantes.
2) Cintas de entrenamiento para simular el esposamiento.
3) Espacio despejado y seguro que imite un control de accesos.
4) Opcional: mobiliario para ambientar la escena.
5) Kit de primeros auxilios y supervisión constante de los instructores.

VI. JUICIO CRÍTICO POSTERIOR AL ESCENARIO

a) El nivel de fuerza que usamos, ¿fue el correcto en cada momento?
b) Antes de escalar, ¿agotamos realmente las opciones de menor intensidad?
c) ¿Tenemos claras las acciones que tomamos y su justificación para un posible informe?
d) La comunicación entre nosotros para decidir cuándo y cómo escalar la fuerza, ¿fue eficaz?

VII. VARIACIONES DEL ESCENARIO

a) Intruso con cuchillo: Obliga a una respuesta más rápida y contundente, gestionando la distancia de seguridad.
b) Intruso bajo los efectos de sustancias: Requiere un mayor control físico y el uso de técnicas de inmovilización específicas.
c) Aparición de un segundo intruso/cómplice: Pone a prueba la coordinación del equipo y la priorización de amenazas.
d) Cambios en el entorno: Modificar la iluminación, añadir obstáculos o la presencia de otros figurantes para complicar la gestión de la fuerza.

******

Ejemplo de ejercicios de inoculación del estrés

Resistencia bajo presión

Detención de sospechoso agresivo bajo fatiga extrema

I. INFORMACIÓN GENERAL

Título: Resistencia bajo presión–Detención de sospechoso agresivo bajo fatiga extrema

Objetivo principal: Vamos a poner a prueba la capacidad de los alumnos para tomar decisiones tácticas y ejecutar sus habilidades técnicas en condiciones de agotamiento físico extremo, simulando el estrés de un enfrentamiento real y prolongado.

Alumno objetivo: Recomendable personal con entrenamiento previo en combate y FoF.

Duración estimada: 60–75 minutos (incluyendo el calentamiento y el juicio crítico posterior).

II. MATERIALES Y EQUIPAMIENTO

a) Espacio amplio y seguro para los ejercicios físicos y la simulación.
b) Equipamiento de protección completo y marcadoras (airsoft, etc.).
c) Cronómetro.
d) Conos o marcadores para delimitar las zonas de ejercicio.
e) Botiquín de primeros auxilios a mano.

f) Opcional: Monitor de frecuencia cardíaca para registrar el esfuerzo.

III. FASES DEL EJERCICIO

1. Calentamiento (10–15 minutos)

Objetivo: Preparar el cuerpo para el esfuerzo intenso, minimizar el riesgo de lesiones y activar el sistema cardiovascular. Dirigido siempre por un instructor.

Ejemplo de ejercicios:

Movilidad articular: cuello, hombros, caderas, rodillas y tobillos. Estiramientos dinámicos: balanceos de piernas, círculos con los brazos. Cardio suave: trote ligero, saltos de tijera.

Claves: Aumento del ritmo progresivo para preparar músculos y mente para lo que viene.

2. Fatiga física extrema (20–25 minutos)

Objetivo: Llevar a los alumnos a un estado de fatiga real que simule el desgaste de una situación de alto estrés.

Circuito HIIT de alta intensidad:

1) *Burpees* x 10 repeticiones
2) Saltos al cajón x 8 repeticiones
3) Dominadas o remo con bandas x 6 repeticiones
4) Flexiones x 10 repeticiones
5) *Sprint* corto de 10 metros

Protocolo: Se trabajará en intervalos de alta intensidad (30 segundos de ejercicio) seguidos de descansos muy breves (15 segundos), repitiendo el circuito varias veces.

Intensidad: La intensidad debe ser máxima. El objetivo es provocar un agotamiento real para que el cuerpo y la mente experimenten los efectos de la fatiga neuromuscular.

Opcional: Usar un monitor de frecuencia cardíaca para asegurar que los participantes alcanzan la zona de esfuerzo objetivo (85–95% de su FC máxima).

3. Escenario bajo fatiga (20–25 minutos)

Objetivo: Comprobaremos cómo la fatiga afecta la táctica, la técnica y el control emocional en una situación de crisis.

Contexto: Se recibe una llamada por alteración del orden en un edificio de oficinas. Un individuo está muy agresivo (posiblemente bajo el efecto de sustancias), gritando amenazas y con un comportamiento impredecible. Dos agentes (alumnos) son los primeros en llegar al lugar.

Entorno: Una oficina con recepción, sala de espera y un despacho. El lugar está algo desordenado para añadir realismo (sillas volcadas, papeles por el suelo).

Sospechoso (rol interpretado por un instructor): Visiblemente agitado, usando un lenguaje corporal y verbal agresivo. Puede simular que lleva un cuchillo u otro objeto contundente. Su comportamiento se irá adaptando para aumentar la tensión de forma controlada y segura.

Desarrollo del escenario:

a) **Llegada a la escena:** Los alumnos llegan y escuchan gritos desde el interior, teniendo que hacer una evaluación rápida de la situación.
b) **Contacto inicial:** Intentan una comunicación verbal para calmar al sospechoso, aplicando técnicas de desescalada.
c) **Resistencia a la detención:** El sospechoso se niega a cooperar, se resiste verbal y físicamente (de forma simulada), y puede intentar huir o adoptar una postura de ataque.

d) **Uso de la fuerza (si se justifica):** Los alumnos deben aplicar técnicas de control físico proporcionales a la resistencia que encuentren.
e) **Detención y control:** El objetivo es reducir, asegurar y controlar al sospechoso.
f) **Condiciones especiales:** El escenario se inicia inmediatamente después de la fase de fatiga, sin dar tiempo a la recuperación.

Puntos clave a observar por los instructores durante el escenario:

1) **Control emocional:** ¿Mantienen la calma o se dejan llevar por el estrés y el cansancio? ¿Cómo gestionan la frustración?
2) **Toma de decisiones:** ¿Cómo afecta el agotamiento a su juicio? ¿Tardan más en decidir? ¿Se olvidan de pasos clave del protocolo?
3) **Habilidades técnicas:** ¿Son capaces de aplicar las técnicas de control con eficacia a pesar de la falta de fuerza, los temblores o la respiración agitada?
4) **Comunicación en equipo:** ¿La comunicación entre ellos se mantiene clara y efectiva o se degrada con la fatiga?
5) **Conciencia situacional:** ¿Siguen siendo conscientes de su entorno, de las posibles amenazas y de las salidas, o desarrollan visión de túnel?

4. Juicio crítico (10–15 minutos)

Objetivo: Toca analizar juntos el rendimiento, identificar qué se puede mejorar y extraer lecciones prácticas.

Puntos a tratar: ¿Cómo afectó el cansancio a vuestras decisiones y a vuestra percepción del tiempo? ¿Fuisteis capaces de aplicar vuestras técnicas con la misma eficacia de siempre? ¿Qué falló? ¿Cómo gestionasteis el estrés y la frustración? ¿Qué se puede mejorar en el plano mental?

******

Resiliencia mental bajo privación de sueño

Toma de decisiones

I. INFORMACIÓN GENERAL

Objetivo principal: Vamos a medir y mejorar la capacidad de tomar decisiones tácticas, ejecutar habilidades técnicas y mantener la agilidad mental bajo los efectos de la falta de sueño, simulando las condiciones de misiones prolongadas o situaciones de alto estrés.

Perfil del alumno: Personal de unidades policiales o militares con formación avanzada, acostumbrado a operar bajo estrés y en óptimas condiciones físicas y mentales.

Duración estimada: 24–36 horas (incluye la fase de privación, el entrenamiento y el periodo de recuperación).

II. MATERIALES Y EQUIPAMIENTO

1) Equipo de protección completo y marcadoras (o material FoF).
2) Cronómetros.
3) Material para pruebas cognitivas (test de memoria, lógica).
4) Botiquín de primeros auxilios avanzado y sanitaria.
5) Zona de descanso para la recuperación controlada tras el ejercicio.

III. FASES DEL EJERCICIO

1. Fase de Privación Parcial del Sueño (18–24 horas previas)

Objetivo: Inducir un estado de fatiga controlada para simular el cansancio de una operación real, sin poner en riesgo la salud.

Protocolo: Reducir las horas de sueño de la noche anterior en un 30-50%. Por ejemplo, si normalmente se duermen 8 horas, descansar solo entre 4 y 5 horas.

Esta reducción se aplica únicamente la noche previa al ejercicio para evitar un déficit de sueño prolongado.

Monitoreo: Supervisión constante del equipo para detectar cualquier signo de fatiga extrema, irritabilidad o cambios de humor.

Nota importante: Este ejercicio busca simular el cansancio acumulado en operaciones largas, no llevar al límite la salud. Hay que tener claro que la falta de sueño afecta directamente a la capacidad mental (atención, memoria, toma de decisiones), al rendimiento físico (fuerza, tiempo de reacción) y al estado de ánimo.

2. Calentamiento (15 minutos)

Objetivo: Activar el cuerpo y la mente, adaptando la intensidad al estado de fatiga.

Ejercicios:

1) Movilidad articular y estiramientos dinámicos suaves.
2) Ejercicios de respiración controlada para oxigenar y centrar la atención.

Consideraciones: La intensidad será moderada para no causar un desgaste físico innecesario. El foco está en activar el sistema nervioso y mejorar la concentración.

3. Ejercicios bajo Privación de Sueño (2–3 horas)

Objetivo: Evaluar el impacto real de la fatiga en el rendimiento táctico y en la capacidad cognitiva.

Ejercicios tácticos (adaptables a FoF):

1) Escenarios que exijan tomar decisiones rápidas, comunicarse con claridad y ejecutar técnicas con precisión.
2) Ejemplos: Patrullas bajo estrés, entradas y despeje de habitaciones, rescate de rehenes o resolución de un incidente crítico.

Ejercicios cognitivos:

a) Pruebas de memoria a corto plazo (recordar secuencias, códigos o imágenes).
b) Pruebas de atención y concentración (como el test de *Stroop*[53]).
c) Resolución de problemas tácticos sobre plano con límite de tiempo.

Observaciones: Analizaremos la capacidad de mantener la concentración, la coordinación, la comunicación y el pensamiento lógico. Aunque es normal que el rendimiento baje, observaremos el nivel de resiliencia y la capacidad para adaptarse a las malas condiciones.

4. Fase de recuperación y Juicio crítico (4–6 horas)

Objetivo: Asegurar una correcta recuperación física y mental, y extraer las lecciones aprendidas del ejercicio.

Actividades:

1) Descanso y sueño supervisado.
2) Correcta hidratación y nutrición para reponer fuerzas.
3) Juicio crítico y Análisis del rendimiento, tanto individual como del grupo. Debatiremos sobre cómo afectó la falta de sueño a la hora de decidir, comunicarse y actuar. Por último, una puesta en común de las estrategias que cada uno usó para combatir la fatiga y de las lecciones aprendidas.

******

[53] *Golden, Charles J. STROOP. Test de Colores y Palabras – Edición Revisada. Adaptado por B. Ruiz-Fernández, T. Luque y F. Sánchez-Sánchez. Madrid: TEA Ediciones, 2020.*

Resistencia al límite

Entrenamiento combinado de fatiga física y privación de sueño para toma de decisiones críticas

I. INFORMACIÓN GENERAL

Título: Resistencia al límite – Entrenamiento combinado de fatiga física y privación de sueño.

Objetivo principal: Vamos a subir un peldaño y poner a prueba y mejorar la capacidad de los alumnos para tomar decisiones tácticas y ejecutar habilidades bajo una combinación de fatiga física extrema, sumando a ello el desgaste mental por falta de sueño. El objetivo es simular las condiciones de una operación prolongada.

Alumno objetivo: Dirigido exclusivamente a personal militar o policial con un alto nivel de adiestramiento, acostumbrado a trabajar bajo presión y en una condición física y mental óptima. Es imprescindible tener experiencia previa en entrenamientos de alta exigencia.

Duración estimada: 36–48 horas (incluyendo la fase de privación de sueño, el entrenamiento y la recuperación obligatoria).

II. MATERIALES Y EQUIPAMIENTO

Entorno seguro y controlado para los ejercicios tácticos.

1) **Equipamiento táctico**:
   a) Marcadoras
   b) Protecciones completas
   c) Material necesario para los escenarios.
2) **Cronómetros y material para pruebas cognitivas** (retos de memoria a corto plazo, problemas de lógica, etc.).
3) **Botiquín de emergencias** disponible y presente durante todo el ejercicio.

4) **Zonas de descanso** designadas y controladas para la fase de recuperación.
5) **Material para el circuito de fatiga**:
    a) pesas, cajones
    b) cuerdas de arrastre.
    c) Monitores de frecuencia cardíaca (recomendados para un seguimiento individual).

III. FASES DEL EJERCICIO

1. Fase de privación parcial del sueño (18–24 horas previas)

Objetivo: Inducir un estado de privación de sueño controlado y seguro.

Protocolo:

Reduciremos el tiempo de sueño de cada alumno entre un 30% y un 50% la noche anterior al ejercicio. El equipo de instructores y el personal médico realizaremos una supervisión constante para detectar cualquier signo de fatiga excesiva o síntoma preocupante.

Notas clave: Los participantes no deben acumular falta de sueño en los días previos. La supervisión continua es la principal medida de seguridad en esta fase.

2. Calentamiento suave (15–20 minutos)

Objetivo: Activar el cuerpo y la mente de forma muy ligera, teniendo en cuenta el estado de fatiga inicial.

Ejemplos de ejercicios:

a) Movilidad articular y estiramientos dinámicos suaves.
b) Ejercicios de respiración controlada y concentración.
c) Ejercicios de coordinación de baja intensidad.

Notas clave: El calentamiento debe ser extremadamente suave para no agravar la fatiga ni provocar lesiones.

3. Fase de fatiga física controlada (20–30 minutos)

Objetivo: Generar un nivel de fatiga física notable, pero sin llegar al agotamiento, antes de las pruebas principales.

Circuito de intensidad moderada:

1) Sentadillas con peso moderado x 12 repeticiones
2) Flexiones x 8 repeticiones
3) Dominadas asistidas o remo x 10 repeticiones
4) Zancadas x 10 repeticiones por pierna
5) Plancha isométrica 30 segundos

Notas clave: El foco está en la resistencia muscular, no en la potencia máxima. Tenemos que monitorizar la frecuencia cardíaca y la percepción del esfuerzo de cada alumno. El objetivo no es agotar, sino sumar la fatiga física al desgaste mental ya existente.

4. Ejercicios tácticos y cognitivos bajo estrés combinado (2–3 horas)

Objetivo: Medir el rendimiento en tareas tácticas y cognitivas bajo el efecto combinado de la fatiga y la falta de sueño.

Ejercicios tácticos (adaptables a FoF): Escenarios que obliguen a tomar decisiones rápidas, a comunicarse de forma clara y a ejecutar habilidades técnicas con precisión. La complejidad de los escenarios irá aumentando para poner a prueba la resistencia mental y física acumulada.

Ejercicios cognitivos:

1) Pruebas de memoria operativa, atención, y resolución de problemas bajo presión de tiempo.
2) Mediremos los tiempos de reacción y la capacidad para mantener la concentración.

Notas clave: Analizaremos cómo la fatiga y la falta de sueño afectan a la concentración, la coordinación, la comunicación y la capacidad de razonar con claridad.

5. Fase de recuperación y Juicio crítico extendido (6–8 horas)

Objetivo: Asegurar una correcta recuperación física y mental, y realizar un análisis profundo de la experiencia.

Actividades:

1) Descanso y sueño ininterrumpido en una zona tranquila, oscura y controlada.
2) Hidratación y nutrición adecuadas para la recuperación.
3) Juicio crítico: Una vez recuperados, realizaremos un análisis individual y en grupo sobre el impacto de la fatiga y la falta de sueño, las estrategias que usó cada uno para sobreponerse y las lecciones aprendidas.

Notas clave:

Es obligatorio monitorizar el estado de los alumnos durante la recuperación. Tenemos que tener previsto, si es posible, el acceso a apoyo médico o psicológico si algún participante lo requiere.

******

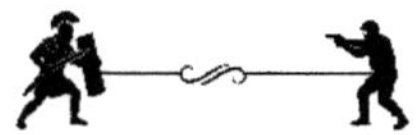

Recuerdo allá por principios del año 2000, la primera vez que cayó en mis manos uno de los libros de Gabe Suarez[54]. Aquello fue un encuentro que me sorprendió profundamente por la cantidad de información que transmitía y las numerosas ideas que me proporcionó; tantas, de hecho, que no dudé en aplicarlas de inmediato al adiestramiento en mi trabajo. Sabedor de la trayectoria de Gabe Suarez y sus primeros trabajos sobre FoF, y a pesar de que la influencia de los instructores del otro lado del «*mar Océano*» en España no era todavía muy notable por aquel entonces, mi curiosidad sobre el tema se despertó con tal intensidad que me impulsó a investigar a fondo, explorando los trabajos de autores tanto americanos como los escasos referentes patrios que abordaban el tema. Aquella intensa búsqueda me llevó, inesperadamente, a abrir nuevas puertas y ventanas. Fue así como descubrí las armas lúdico-deportivas de *airsoft*, las grandes oportunidades que ofrecían al entorno profesional para la simulación táctica. A partir de ese instante, los ejercicios que en mi entorno se conocían simplemente como «*de contacto*» adquirieron una dimensión completamente nueva, permitiéndome experimentar de primera mano cómo las imprudencias en los procedimientos se traducían en un tangible «*picor*» en cualquier parte del cuerpo.

Este camino singular me llevó a desarrollar programas propios, ejercicios, entrenamientos y, por supuesto, a difundirlos mediante talleres o jornadas formativas. Por aquel entonces, éramos pocos en España quienes nos atrevíamos a hablar abiertamente de *Force on Force*. De hecho, no eran pocos quienes lo comparaban con simples «batallitas» de airsoft, negando de plano la utilidad de «*jugar con pistolitas*». Pese a esta resistencia inicial, no cejé en mi empeño; progresé, difundí y evolucioné constantemente la manera de enfocar el FoF en todos los eventos formativos en los que me he visto involucrado durante estas dos últimas décadas. Hoy el panorama ha cambiado bastante y cada vez

[54] *Suarez, Gabe. The Tactical Advantage: A Definitive Study of Personal Small-arms Tactics. Boulder, CO: Paladin Press, 1988.*

más el FoF forma parte de muchos planes de formación; aun así, todavía nos queda mucho recorrido por delante. Así, perseverando en mi labor y con la convicción de un auténtico apóstol del método, seguiré mientras las fuerzas no me abandonen, dedicado a hablar y a enseñar las innegables virtudes de este tipo de entrenamiento realista.

Me conformo con que el compendio de todas estas páginas se convierta en un sólido punto de partida, una herramienta valiosa que inspire y oriente tanto a instructores como a alumnos en su apasionante búsqueda de la excelencia en el adiestramiento.

Concluyo este recorrido con la firme esperanza de que este libro sea de gran utilidad para los profesionales de la seguridad, y que las herramientas y conceptos aquí presentados contribuyan significativamente a elevar el nivel de entrenamiento y, en última instancia, a salvar vidas. Confío plenamente en que esta obra les sirva como catalizador indispensable para la reflexión y el debate continuo sobre las mejores prácticas en el entrenamiento FoF, promoviendo activamente la innovación y la búsqueda constante de la excelencia operativa.

José Ángel Soguero

Libros

- Baile Ayensa, José I. y María F. Rabito Alcón. *Tratando... trastorno por estrés postraumático*. Madrid: Ediciones Pirámide, 2020.
- Berengueras Duch, David *Cara a cara ante una intervención armada: Una visión científica de las bases neurológicas, conductuales y operativas policiales en las técnicas de tiro de la intervención armada*. Círculo Rojo 2021.
- Benson, Herbert. *The relaxation response*. Nueva York: William Morrow, 1975.
- Boyd, John R. *A discourse on winning and losing*. Maxwell AFB, AL: Air University Library, 1987.
- Boyd, John. *The Essence of Winning and Losing*. Maxwell AFB, AL: USAF, 1995.
- Boyd, John. *Patterns of Conflict*. Maxwell AFB, AL: USAF, 1976.
- Bryant, S. M. y T. B. Malone. "*Human factors in multi-national operations*". En: N. Johnston, N. McDonald y R. Fuller (Eds.), *Aviation psychology*. Aldershot, UK: Ashgate Publishing, 2004.
- Cannon, W. B. *Bodily changes in pain, hunger, fear and rage*. Nueva York: D. Appleton and Company, 1995.
- Carlin, Mark. *El síndrome de Burnout: comprensión del pasado, análisis del presente y perspectivas de futuro*. Sevilla: Wanceulen Editorial S.L., 2014.
- Cooper, Jeff. *Principles of Personal Defense*. Boulder, CO: Paladin Press, 1972.
- Coram, Robert. *Boyd: The Fighter Pilot Who Changed the Art of War*. Boston: Back Bay Books, 2004.
- Driskell, James E. y Eduardo Salas (Eds.). *Stress and human performance*. Mahwah, NJ: Lawrence Erlbaum Associates Publishers, 1996.
- *En la línea de fuego: La realidad de los enfrentamientos armados*. Madrid: Tecnos, 2014.

- Grossman, Dave y Loren W. Christensen. *On combat: The psychology and physiology of deadly conflict in war and in peace*. Madison, WI: PPCT Research Publications, 2007.
- Grossman, Dave. *On killing: The psychological cost of learning to kill in war*. Boston: Back Bay Books, 2004.
- Jiménez, Javier F. *Sesgos Cognitivos: Aprende a Pensar Mejor (Ensayo Psicología)* 2024.
- Klein, Gary. *Sources of Power: How People Make Decisions*. Cambridge, MA: MIT Press, 1998.
- Klinger, David. *Into the kill zone: a cop's eye view of deadly force*. San Francisco: Jossey-Bass; Chichester: John Wiley, 2006.
- Koch, Richard. *El principio 80/20: El secreto de lograr más con menos*. Barcelona: Ediciones Paidós, 2009.
- LeDoux, Joseph. *The emotional brain*. Nueva York: Simon & Schuster, 1996.
- López de Silanes Martínez, Guillermo y Gonzalo Lacasta López. *Estudios fisiológicos aplicados a la instrucción de combatientes*. Granada: Universidad de Granada, 2024.
- Marina, José A. *Anatomía del miedo: Un tratado sobre la valentía*. Barcelona: Anagrama, 2009.
- Miller, Fernando. *Performance Extrema: El arte de desafiar nuestros límites*. s.l.: Fernando Miller, s.f.
- Musashi, Miyamoto. *El libro de los cinco anillos*. Traducido por Antonio Carrillo Moya. Barcelona: Dojo Ediciones, 2010.
- Nitobe, Inazo. *Bushido: El alma de Japón*. Traducido por Isobel Richardson. Barcelona: Plutón Ediciones, 2024.
- *Policías, muerte en la calle*. Madrid: Tecnos, 2019.
- Porges, Stephen W. *The polyvagal theory, neurophysiological foundations of emotions, attachment, communication, and self-regulation*. Nueva York: W. W. Norton Company, 2011.

- Reivich, Karen y Andrew Shatte. *The resilience factor: 7 essential skills for overcoming life's inevitable obstacles*. Nueva York: Broadway Books, 2002.
- Sapolsky, Robert M. *Why zebras don't get ulcers*. Nueva York: Henry Holt and Company, 2004.
- Selye, Hans. *The stress of life*. Nueva York: McGraw-Hill, 1956.
- Skinner, B. F. *Tecnología de la enseñanza*. Barcelona: Labor, 1976.
- Steffens, Guillaume y Anne-Christine Cadiat. *Los criterios SMART: El método para fijar objetivos con éxito*. Barcelona: 50Minutos.es, 2016.
- Suarez, Gabe. *The Tactical Advantage: A Definitive Study of Personal Small-arms Tactics*. Boulder, CO: Paladin Press, 1988.
- *Una mirada desde la Verja. Con vocación de servicio*. Madrid: GeU, 2013.
- Vega, Henar. *Trabajar en llamas*. Córdoba: Almuzara, 2023.

Artículos y otros documentos

- American Psychiatric Association. *Diagnostic and statistical manual of mental disorders* (5ª ed.). Arlington, VA: American Psychiatric Publishing, 2013.
- Anshel, M. H. "*A conceptual model and implications for coping with stressful events in police work*". *Criminal Justice and Behavior*, 27(3), 2000, pp. 381-400.
- ASOPOL (Asociación Profesional de Policías - Centro Superior de Estudios Policiales). *Informe 1/11. El agente de policía: Reacción ante el peligro*. 2011.
- Bloom, B. S., M. D. Engelhart, E. J. Furst, W. H. Hill y D. R. Krathwohl. *Taxonomy of educational objectives: The classification of educational goals. Handbook 1: Cognitive domain*. Nueva York: David McKay Company, 1956.
- Cannon, W. B. "*Organization for physiological homeostasis*". *Physiological reviews*, 9(3), 1929, pp. 399-431.
- Endsley, Mica R. "*Toward a theory of situation awareness in dynamic systems*". *Human factors*, 37(1), 1995, pp. 32-64.

- Jerath, Ravinder, T. Edry, Valerie A. Barnes y V. Jerath. "*Physiology of long pranayamic breathing: neural respiratory elements may provide a mechanism that explains*". *Medical hypotheses*, 85(6), 2015, pp. 759-766.
- Joëls, Marian y Tallie Z. Baram. "*The neuro-symptomatology of posttraumatic stress disorder: From fragmented memories to hormonal therapy*". *Endocrine reviews*, 30(5), 2009, pp. 439-462.
- Kinman, G. y A. J. Clements. "*Occupational well-being in the security industry: A systematic review*". *Security Journal*, 24(3), 2011, pp. 224-242.
- Salas, Eduardo y C. S. Burke. "*Teamwork: Emerging frameworks*". En: N. Johnston, N. McDonald y R. Fuller (Eds.), *Aviation psychology*. Aldershot, UK: Ashgate, 2000, pp. 245-260.
- Shaffer, Fred y J. P. Ginsberg. "*An overview of heart rate variability metrics and their physiological origins*". *Frontiers in public health*, 5, 2017, pp. 258.
- Wickens, Christopher D. "*Multiple resources and mental workload*". *Human factors*, 44(1), 2002, pp. 103-119.

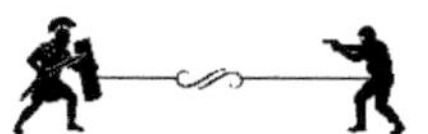

www.ingramcontent.com/pod-product-compliance
Lightning Source LLC
LaVergne TN
LVHW020658110826
845149LV00012B/2037

* 9 7 8 8 4 0 9 8 1 7 5 2 8 *